汇集思想　纳于大麓

THE URBAN LIFE

OF

THE MING DYNASTY

陈宝良　著

大明风华

明朝人的城市生活

岳麓書社 · 长沙

图书在版编目（CIP）数据

大明风华：明朝人的城市生活 / 陈宝良著. —长沙: 岳麓书社，2023.1（2024.1重印）

ISBN 978- 7-5538-1646-3

Ⅰ.①大… Ⅱ.①陈… Ⅲ.①中国历史—明代—通俗读物 Ⅳ.①K248.09

中国版本图书馆CIP数据核字（2022）第192425号

DAMING FENGHUA:MINGCHAO REN DE CHENGSHI SHENGHUO

大明风华：明朝人的城市生活

著　者｜陈宝良

出 版 人｜崔　灿

出版统筹｜马美著

策划编辑｜陈文韬

责任编辑｜陈文韬 刘书乔

责任校对｜舒　舍

书籍设计｜罗志义

营销编辑｜谢一帆 唐　睿

岳麓书社出版发行

地址｜长沙市岳麓区爱民路47号

承印｜长沙鸿发印务实业有限公司

开本｜880mm×1230mm 1/32　印张｜14.625　字数｜320千字

版次｜2023年1月第1版　印次｜2024年1月第2次印刷

书号｜ISBN 978- 7-5538-1646-3

定价｜108.00元

如有印装质量问题，请与本社印务部联系

电话｜0731-88884129

前　言

　　明帝国，这是个颇有吸引力的王朝。通过戏曲小说，流传下来许多至今仍为里巷熟谙的故事与人物，诸如《玉堂春》中为爱情受尽苦难而终又结局欢喜的苏三，《牡丹亭》中爱得死去活来的杜丽娘，《西游记》中蔑视神权、大闹天宫的孙行者，《金瓶梅》中为权势、金钱、肉欲而丢了性命的破落户西门庆。无论是在繁华的大城市中的梨园，抑或乡村的小茶馆，人们对这些故事、人物，总还是那么津津乐道，兴味盎然。

　　国门之外的世界没有忘记朱洪武创立的大明帝国。那些历尽艰险、乘大帆船来到大明的西方传教士，带回去了中国文化，他们记录的大明帝国的事情和风俗，确实让西方优雅的绅士们吃惊非小。

　　华夏儿女没有忘却大明帝国。《海瑞罢官》让老百姓懂得了在黑脸包公之外，还有一个海青天；《李自成》让老百姓知道了在侠客名册上，不单单只有水泊梁山义士，还有像李自成、张献忠这样的草莽英雄。

一部《金瓶梅》让人艳羡不已，有了洁本，不妨再去求全本，贪婪的劲头如食鸦片一般。文人雅士，世俗百姓，概不能例外。这似乎就是现代人对明代城市生活的感性认识。其实这反映的不过是明代城市世俗生活的侧影。若想了解帝国的城市风景，以及雅致的烟粉生活，不妨再去读一读《帝京景物略》和《板桥杂记》。两相比较，方成合璧。

大致从正德时期（1506—1521）开始，明代城市生活从结构的深层发生了剧变。至万历中期，由于西方耶稣会士东来，也即外部文化力量的引发，新的思想迅速萌生，产生了强烈的变革要求，这样就在原有城市生活变革的基础上更加深了一步。在晚明文化的变革期里，历史的陈旧的传统受到了来自各方文化力量的猛烈冲击，思想比以前任何时候都活跃。个体的、特殊的、纯自己的东西的扩展势必不能为旧的社会观念所容，必然会同旧的社会观念发生激烈的冲突，并广泛地渗透到社会生活和个人生活的各个领域。像晚明这样的时代，势必给人一种风气突变的感觉，像杜丽娘那种不顾一切的爱情，在这样的时代才可能出现。

这种风气突变的现象，简单地说，就是城市商业繁荣、资本主义萌芽所导致的拜金主义与纵欲主义，以及追求个性自由，也即城市生活的俗化现象。套用明朝人的流行说法，就是"一了此心，则市金可攫，处子可搂"，完全是人性的直露、赤裸。具体表现为对人格独立的孜孜追求，争取思想的自由，憧憬人伦世俗的生活情趣，不屑以圣贤为冠冕的教条，憎恶灭没个人真性情而安于欺世盗名的假道学。反映在城市风尚上，就是厌故喜新，出现了日新一日的流行时尚。这一旷古巨变，透过社会思潮以及各种生活风俗，在晚明文化的各个领域都有不同程度的体现。

"上有天堂，下有苏杭。"在闲暇时间渐多、旅游风尚日盛的今天，这句话已是妇孺皆知。殊不知，在明代，苏州的闻名并不仅仅因人造的园林之胜，杭州的名扬天下也不只在于西湖那天然的湖光山色，而是这两座城市中的人。

据说，当时的苏州人聪慧好古，善于模仿古法制物，造假古董，所临摹的书画、冶淬的鼎彝，能令人真赝难辨。苏州人又操持全国各地城市的流行风尚，举凡斋头清玩、几案、床榻，苏州人都喜选用紫檀木、花梨木为质料，式样古朴，不尚雕镂，即使需要雕镂，也多采用商、周、秦、汉的古式，为海内所效仿。当时流行两个新名词，就是"苏样"和"苏意"。凡服装式样新鲜、离奇，概称为"苏样"；人们见到别的稀奇鲜见的事物，也径称为"苏意"。薛冈《天爵堂文集笔余》记载，有人刚到杭州上任做官，笞打一个身穿窄袜浅鞋的犯人，枷号示众，一时想不出如何书封才好，灵机一动，写上"苏意犯人"四个大字，人以为笑柄。

杭州俗尚浮诞，轻誉而苟毁，道听途说，无复裁量。譬如某地有异物，某家有怪事，某人有丑行，一人倡之，百人和之。当面质疑，信誓旦旦，犹如目睹，其实如风一般，起无头，过无影，寻无踪迹。外地人抓住这一点，毫不客气，嗤之为"杭州风"。谚云："杭州风，会撮空。好和歹，立一宗。"杭州人又喜欢掺假，如酒掺灰，鸡塞沙，鹅、羊吹气，鱼、肉注水，织作刷油粉，所以谚又云："杭州风，一把葱。花簇簇，里头空。"

北京、南京又是如何呢？明代城市中曾流行一句歇后语："南京沈万三，北京枯树弯——人的名儿，树的影儿。"说的是出生在苏州的沈万三。这个沈万三究竟是死于元末，还是卒于明初，在学术界尚存在争议。即使如此，在民间传说的话语体系中，他曾因修建南京城而着实风光了一番，并因家有聚宝盆而留下了富可敌国的盛名。北京的枯树年头一定很久了，当然是虬曲的，或许还是一株折干掉枝的歪脖子老槐树，但不知在哪条胡同内，史无明载，不敢妄测。不过，南京、北京绝不是一个沈万三、一棵枯树所能代表的。他们或许一度是南京、北京的象征，但绝非这两座城市生活的全部。南京的扬名，除了六朝古都的名头、虎踞龙盘的形势，很可能与秦淮河两岸的河房、河中的桨声灯影以及旧院中的名姝有关。北京城给外方人留下的最深的印象，也莫过于棋盘街的车马人声，灯市、宫市的古玩、方物，新帘子胡同的小唱、娈童，以及皇城外的"私窝子"。

扬州有"盐都"之称。盐为一日三餐所必需。徽州盐商云集于此，除了求利，恐怕也是看上了扬州是烟花粉黛聚集之地。他们心中想的是二十四桥的风月，那里曲房密户，妓女逐队倚门卖笑，是销魂的好去处。要不然，就是看上了扬州懂得琴棋书画的"瘦马"，娶回去做小妾，以尽于飞之乐。

开封城的繁盛，早已是北宋年间的旧事，大相国寺也只不过给人留下了淡淡的一点回忆。明帝国内的百姓看上开封，也许是因为城内设有"淫店"，从那里可以买到专供淫乐的稀奇古怪的淫具、春药。

"苏州样，广州匠。"广州工匠的产品在明代很闻名，不过，若说起知名度，还应推广州濠畔朱楼。据说在盛平年间，濠畔香珠犀象如山，花鸟如海，饮食之盛，歌舞之多，过于秦淮。倘若不信，请看孙典籍的《广州歌》："广南富庶天下闻，四时风气长如春。……朱帘十里映杨柳，帘栊上下开户牖。闽姬越女颜如花，蛮歌野曲声咿哑。崞峨大舶映云日，贾客千家万家室。春风列屋艳神仙，夜月满江闻管弦。……"粉腻生活，亦可想见。

中国人讲究"食不厌精，脍不厌细"，还留下了现在名扬四海的"孔府菜"。清帝国的皇帝被赶下龙椅后，清宫菜满汉全席、民间菜烤鸭却被保留了下来。相比之下，明帝国倒是颇有些遗憾。明宫内的名菜烹龙炮凤，大可与满汉全席媲美；从当时的风靡程度来看，杭州的烧鹅也绝不比北京的烤鸭逊色。两者的失传，实在是件憾事。否则，今天的老饕们在大饱口福之余，也可谈谈明宫掌故、杭州风情，以助雅兴。

大家都知道，城市是被一堵甚至几堵城墙围起来的空间。城墙里面聚集着形形色色的人，有峨冠博带的士绅；有走街串巷，打着各种响器，一年四季吆喝市声不同的贩夫；有高挴袖口，攥子秤锤不离身的无赖光棍；有衣不蔽体，存身冷铺、悲田院的叫花子；有穿金戴银，一身妖气的名姬、歪妓。

不过，在明帝国的城市人中，最惹眼的莫过于商人、妓女。

在传统社会，商居"士农工商"四民之末，地位之低，不言而喻。明代中期以后，商人的地位逐渐提高，他们对走江湖、逛娼楼的生活乐此不疲。张来仪《静居集》中有诗云："长年何曾在乡国，心性由来好为客。只将生事寄江湖，利市何愁远行役。烧钱酾酒晓祈风，逐侣悠悠西复东。浮家泛宅无牵挂，姓名不系官籍中。嵯峨大舶夹双橹，大妇能歌小妇舞。旗亭美酒日日沽，不识人间离别苦。长江两岸娼楼多，千门万户恣经过。人生何如贾客乐，除却风波奈若何！"如此看来，这不仅是商人生活的剖白，简直可以看作一曲"贾客乐"。

明代的大商巨贾，绝不仅仅是鲜衣怒马，金钱如丘，绨锦如苇，一掷千金，只知一味贪图享乐，而是很有头脑，在巩固自己经济地位的同时，通过各种手段提高社会声誉，光耀门楣。汪道昆《太函集》记载了徽商汪某教育其子时所说的一段话："吾先世夷编户久矣，非儒术无以亢吾宗，孺子勉之，毋效贾竖子为也。"商人已不满足于掌握"贾道"，拥有大笔财富，还要通"儒术"，博取科第，在政治上占有一席之地。许多商人附庸风雅，结交文人墨客，正如陈继儒在《晚香堂小品》中所说："新安故多大贾，贾呰名，喜从贤豪长者游。"他们在醉饱之余，对精神享受也不乏追求，喜看戏听曲，通俗小说时常放在案头、夹在行囊，还盖造园林、把玩古董、收藏书画、研习诗文，其中不乏行家里手，有些甚至具有较高的文艺修养。

至嘉靖、隆庆、万历年间，商人的地位更是发生了显著变化。据说，被公认为文坛盟主的王世贞曾对一位徽州的朋友詹景凤说："徽州商人见着苏州文人就像苍蝇追逐羊膻一般。"

朋友却答道："苏州文人见着徽州商人也像苍蝇追逐羊膻一般。"王世贞无言以对，只好付之一笑。这则小故事说明，王世贞虽然自命清高，却看到了徽州商人由于经济实力的增长开始了文化上的追求；他的朋友眼界更高，一言道破过去以圣贤之徒自居而羞于言利的文人正在朝着拜金主义者演变。

曾经与士子演出了一幕幕"才子佳人"剧的妓女，在从良上也开始转向拜金主义。文名颇盛的状元钱福，息归田里后，听人说江都某妓动人，就整装去江都，但此妓已嫁盐商。后因贾人重状元才名，才得以与此妓一见。为此，钱福只好撰一绝句嘲讽这位妓女："淡罗衫子淡罗裙，淡扫蛾眉淡点唇。可惜一身都是淡，如何嫁了卖盐人？"诗句固然在嘲弄中透露出惋惜之情，但更多的还是自我解嘲。

正德至万历年间，明代城市处于鼎盛时期。当时物价甚贱，不妨开列一张正德初年南京市面上的物价单子：

猪肉每斤好钱七文或八文；牛肉每斤四文或五文；水鸡一斤为一束，只须四五文；莲肉用抬盒盛卖，每斤四五文；干燥而大的河柴，银一两，可买三十担；鱼、虾每斤四五文。

很显然，当时的柴米油盐、鸡鸭鱼肉，诸般食用之类，无一不贱。假如数口之家，每日大肉，所费不过二三钱银子。权贵富豪乃至大贾，当然可以过着花天酒地的豪奢生活。即使那些小户人家，肩挑步担之流，每日赚得二三十文，也可过得一日了。到了晚上，还要吃些酒，醉醺醺说些笑话，唱吴歌，听说书，冬天烘火，夏天乘凉，百般玩耍，活脱脱一幅升平安乐图。

好景不长。到了天启年间，物价骤贵。再开一张当时南京城内的物价单子：

鹅一只，钱五百余文；鸭一只，钱二百余文；鸡一只，钱二百余文；猪肉一斤，钱四十余文；羊肉一斤，钱四十余文；牛肉一斤，钱二十余文；驴肉一斤，钱二十余文；红布一尺，钱十五文；绿布一尺，钱十五文。

至崇祯年间，李自成已经起兵，烽烟四起，可绍兴城中的民众还在醉生梦死。张岱《张子诗秕》中有一首《寓山士女游春曲》，如实地反映了这种情况。他们只当还在"太平盛世"中穷欢极乐。天不亮，游人就乘船从郊外赶到寓山（山阴祁氏名园），青年男女尤其兴高采烈。姑娘们打扮得花枝招展，油头粉面，至有脂水涨腻之感，轻薄少年穿梭于姑娘中间，乘机向她们挑逗，弄得她们腮红颊涩，头也不敢抬。一直玩到太阳偏西，船上传来催人回家的阵阵鼓声，游人还在码头上流连忘返。

当李自成的军队攻打北京城的炮声一响，北京人惊醒了，他们的升平梦破碎了，顿感颠沛流离的日子离他们不远了。北京陷落以后，消息传到江南，一时人心惶惶，不知所措。随之而来的是清兵大举入关，八旗兵的铁蹄践踏在南北城市的大街小巷。

甲申、乙酉之际的两朝鼎革，打破了士大夫富足、宁静的生活，使他们陷入困顿、动荡的境地。南京秦淮河与杭州的盛衰，为他们提供了充足的感伤题材。想过去，金陵、杭州，选妓征歌，挟弹吹箫，一片繁华。看今日，时移势易，歌台舞榭，化为瓦砾。京城的繁华，转瞬成了过眼烟云；繁盛的秦淮，也已鞠为茂草；莺歌燕舞、游人不断的西湖，更是变成饮马之池，游人寥落，一片荒凉。昔日的冶游客先后埋骨青山，美人也栖身黄土；旧日的生活已经远去，往事不堪回首，怎能不让人悲痛，不让人感伤！

经历了明清易代的士大夫，大多怀有一种感伤情绪。当昔日繁华的秦淮河畔已化为瓦砾场的时候，有一人在破板桥边吹曲洞箫，矮屋中一老姬开门出来道："这是张魁官的箫声！"旧日之事，依稀犹在；人已作古，声却依然。

清初时明朝遗民的感伤主义作品大量涌现。余怀《板桥杂记》的基调是怀恋过去的生活，以感伤的情绪写出秦淮河的兴衰史。冒襄的《影梅庵忆语》借对自己小妾董小宛的相思之情，表达了对过去风流雅致生活的留恋，其基调同样是感伤的。《如梦录》一书，记明代开封鼎盛之时的繁华景象，因李自成决河灌汴，使锦绣中原一旦付诸东流，汴梁无边光景徒为一场梦境，无非也表现了对过去繁华生活的依恋。张岱的《陶庵梦忆》《西湖梦寻》，以散文式的笔调写历史的实事，诸如南京、苏州、扬州、杭州、绍兴的梨园、勾栏与节日生活。

士大夫百般留恋的明代城市胜景、繁华生活究竟是怎样的呢？当然，它不同于蒙古族建立的大元帝国的"被发左衽"。随着大明帝国的建立，"胡风"旧习洗刷殆尽，汉唐衣冠文物制度得以恢复确立。它也不同于满族入关以后建立的清帝国的

"剃发""顶戴花翎"以及旗袍。明代的城市生活有其独具的特点，它既是汉唐以来民族传统的，却又新颖独特，对传统是一种叛逆，即明人所谓的"反道乱德"，从而与世界性的近代化历程桴鼓相应。

我愿以拙笔尽力描摹那些旧日的雪泥鸿爪，多取角度，用文字作一幅明代城市生活的长卷，读者诸君不妨慢慢读下去。

目 录

	街市行纪	002
城市风景	走进胡同	019
	城里人与乡巴佬	028

	宫样与苏样	038
	丰腆精食与粗茶淡饭	078
衣食住行	宫风士韵民用	115
	船舫马房	152

礼下庶人	社交礼仪	166
	家礼：冠婚丧祭	201

	节日与仪式	218
	幽默人生	235
	大众传播：民谣	247
市井民俗	粉墨登场	260
	旅游生活	275
	逗闷的乐子	286

	皇冠心态	308
	天潢印象	329
	太监的生活	347
从庙堂到江湖	士绅百态	357
	市井众生相	373
	人在江湖走	390
	妇女面面观	401

| 飘摇的传统 | 城市风景线 | 416 |
| | 文化变革的冲击波 | 427 |

城市风景

街市行纪

关于城市的定义，由于不同学科所采用的观点和方法有很大差别，导致对它的阐释各不相同。不妨试举几例：在地理学家眼里，城市是个像山岳一样的自地面升起的突出物；在历史学家看来，城市始终不过是一个政治单位；到了统计学家那里，则是通过居住区的范围，即人类生存的空间，以及居民的人数，来确定城市；经济学家一直把城市作为一个经济单位，把城市看作是经济发展过程中的某一阶段的典型形式；社会学家认为，城市是当地共同的习俗、情感、传统的集合，这些东西是从当地的生活实践中产生的，并且具有某种典型的文化特征。

在中国，城市是一方的政治中心，有一整套管辖城市及其附近地区的官僚机构；是军事重镇，有坚固的城防设施以及一定数量的驻军；是权贵或其他有钱人的销金窟，有众多供人消遣的青楼酒馆；是无赖游民的避难所，在城市的肮脏之地，犯罪活动最为猖獗；是产生市民阶层的温床，大量脱离了土地的农村人口涌入城市，成为市民阶层的后备军。

城市起源于最古老的、最具革命性的劳动分工，即耕田与城市活动的分离。在中国，早在殷商时代，城市已粗具规模，及至战国，"三里之城，七里之郭"，"万家之县，万家之邑"，散布于各国。齐国都城临淄最称繁盛，七万户人家"甚富而实"，街市"车毂击，人肩摩，连衽成帷，举袂成幕，挥汗成雨"。随着商品经济日益活跃，城市也不断增加、扩展，城市的职能也起了变化，政治与军事职能依然存在，而经济职能发挥得更为充分，城市的商业气息也更趋浓厚。

城市，这一对乡下人充满着诱惑力的地方，经过步履蹒跚的发展以后，到了明代，更是得到长足的发展。自明代中期以后，城市生活达到极盛，城市中，四方财货骈阗，有昆玉、琼珠、滇金、越翠，有洋货、皮货、参药；娱乐行业齐备，有游船、酒肆、茶店，有戏园、青楼。正可谓舟车辐辏，万货所聚，商贾云屯，人山人海，挨挤不开，一派喧闹繁盛景象。

那么，明代的城市究竟有多少？城市人口状况又是如何？

明仇英《清明上河图》（局部）

据16世纪来到中国南部的西班牙人拉达所著《记大明的中国事情》一书所载，明代城市总数是1720个，其中包括155个府城，235个州城，1155个县城，以及7个制盐的府城及其他城市。而明人郑晓《今言》却认为，嘉靖以后，明代有府城152个，州城240个，县城1134个，宣慰司城12个，宣抚司城11个，招讨安抚司城19个，长官司城177个，共计1745个。两者所记稍有差异，西班牙人拉达所记数字大概基于1566年版的《广舆图》。若将一些边地城市（尤其是卫城）或镇城计算在内，明代城市的数目将大于这两个统计数字。

在城市最低人口数的标准方面，中国完全不同于西方。在西方，法国的统计标准规定一座城市至少应有2000居民，而这正是1700年前后瓦尔齐城的人口数。英国的统计标准定为5000人。据调查，中世纪末期，德国全境约有3000个地点取得城市资格，而这些城市的平均人口数为400人。若以此人口最低限度数作为确定城市的标准，那么，中国许多市镇甚至村落，均远远超过此标准。明代江南的许多市镇，人口少者也有几千人，一般为几万人，多者达近10万人。如福建泉州的同安镇，有1万或1.2万户人家，若以每户5口计，人口在5万～6万之间。（拉达《出使福建记》）而有些城市，人口却很少，甚至远远低于一个镇。如河南确山县城，经"流贼入屠"之后，城市中居民不过二三百家，不过千人左右。（王士性《广志绎》）由此不难理解，在明代，确定城市的标准，需要依靠政治、军事、经济三项综合功能，人口数的多少不过是一种参考的标准。

明代城市的人口数，依据现存的资料，可以作一大致的估计。如北京、南京、苏州、杭州、开封，在明代均属大城市，人口数相当多，大多超过百万或接近百万。大城市人口一般在50万以上，中等城市，有府城，也有县城，人口大约为30万～40万。至于1万人或低于1万人的城市，毕竟属于少数，大多数小城市，人口也在10万人左右。

如此众多的人口集中在一座城市中，势必形成摩肩接踵、挥汗成雨的街市景观。当我们对明代城市的基本状况有了初步了解以后，不妨选取街市这一角度，来观察明代的城市风情。

坊里，"古都鄙乡遂之遗也"。（万历《新修南昌府志》）显而易见，城市的坊里制度是与乡村的乡里制度相对应的，均为基层管理组织。两者之间的区别，确如明人所言："城中曰坊，近城曰厢，乡都曰里。"（陶珽《说郛续》）

大致说来，明代城市的布局包括地理与行政两个方面。从地理布局来说，一般城中为坊，坊的外围为四隅，城门外的城郊为关厢。至于具体的设置安排，则因城市大小或地位的不同而稍显差异。从行政布局来看，明代城市又可析为以下两种：一是三级建制，即坊、牌、铺；二是二级建制，为坊、地方或社、坊。

街道是由铺直接管辖的地理单位。在都城北京，有一条棋盘街。明人蒋一葵《长安客话》说："棋盘街府部对列，街之左右，天下士民工贾，各以牒至，云集于斯，肩摩毂击，竟日喧嚣。此亦见国家丰豫之象。"棋盘街是北京最主要的街道，街道两旁遍布府部衙门。在府县一级城市中，也有一条主要的街道，或称府前街，或称县前街，大体上位于府县衙门之前。

街道是公共道路设施，它两旁的院落、店铺则为私家住宅或买卖场所。

什么是街道？明人认为，"日中之市曰术，言街，从俗也"。（崇祯《松江府志》）北京宛平人"呼经行往来之路曰街，曰道，或合呼曰街道。或以市廛为街，以村庄为道"。（沈榜《宛署杂记》）从上可知，首先，街就是市，又称"术"，而街不过是俗称；其次，街又为经行往来之路，而街与道的区别，则不过是市廛与村庄之分。

街道的设置，大多以钟鼓楼为中心，向四方辐射，按四个方向依次设街，如中街、东街、南街、西街、北街、前街、后街。不仅城中有街，城门外的城郊也有街道。譬如，葡萄牙人克路士在《中国志》一书中就说广州郊区"一排排的房屋跟城内的相似，街道也和城内一样修得好并且是直的，大部分铺设整齐，有的很宽大，也有牌楼，但不多。城内城外有的街道都同样在沿房的一侧或另一侧植树遮荫。郊区的街道在尽头处都有门，派有专人看守，他的职责是每晚锁门，玩忽职守要严惩，每条街都有一名警察和一所牢房"。显然，城市郊区的管理大体上与城内相同，值得引起重视。

城市街道的铺设很多采用了石板，显得干净整洁。拉达就说福州、泉州的城市中，"大路铺石板，还有建筑良好的石桥"（《记大明的中国事情》）。在川北保宁、顺庆两座府城中，也是"咸石板甃地"（王士性《广志绎》）。城市的街道笔直划一，主要街道都很宽阔，有的可容10人至15人并马而行，还不包括两侧修盖良好的带遮顶的人行道。（克路士《中国志》）据说，广州城内的大街比里斯本的新铁市街还要宽。（克路士《中国志》）南京的街道也很宽阔，"虽九轨可容"（谢肇淛《五杂组》）。

在南方的一些城市中，河流纵横，城市依河而建，河两岸自然形成了街道。绍兴城的布局，"一街则有一河"，嘉兴、湖州也有相同景观。（王士性《广志绎》）福州城内，有很多水道，"像墨西哥城，船只装载必用物品由此进出"（拉达《出使福建记》）。福州城建在水上，"许多条河流经过它，河岸是倾斜的，很宽阔，作为城市的街道使用"（伯来拉《中国报道》）。葡萄牙人克路士说福建、广东的城市差不多都建在河畔，这些城市在不太深和不太湍急的河流上筑有雄伟和精美的石桥作渡河之用，"这些桥形成城市的主要集市，那里售卖各种食物"（克路士《中国志》）。

北京作为都城，其街巷的设置最为合理，而且大街均较宽阔。北京又为皇宫所在地，在宫禁中，也设有东一长街、西一长街，"街有楼，楼以石为座，铜为壁，铜丝为窗户。中设路灯，每日晚，内府供用库监工灌油燃火"。宫中还有夹道，供皇帝御驾行幸时用。起初无遮盖，只好行于日中。至崇祯年间，田贵妃命在夹道上"作篷簅"，从行者得以休息。（《明史》）

街作为道路，用来供行人或车马行走。同时，街又是市场，街的两旁店铺鳞次栉比，摊位成群。明人顾起元如此说南京："盖国初建立街巷，百工货物买卖各有区肆。"（顾起元《客座赘语》）这种现象同样引起了一些外国人的注意。葡萄牙人伯来拉在《中国报道》中就说福州的街道是铺平的，"有大批的商贩，各人在他店门挂一块大牌子，写明他出售何种商品。手艺人也写明他的行业"。西班牙人拉达也对福州城内临街住户生活与商业合一的情况做如下记载："每户大约临街占地14英尺，通常分两间，中间是一个小院，临街那间又分为两间，前面用作店铺。"（拉达《记大明的中国事情》）

南京为明代的留都，城内的市廊、廊房供铺户买卖之用，而廊下则为行人道。在南京，"自长安街至大中、三山，抵水西门，路甚整洁，民居两廊可步，尤便行人"。（张瀚《松窗梦语》）关于街道旁的两廊，外国人也有一些记载。葡萄牙人克路士《中国志》一书说到广州，"商人的大街是最主要的大街，两侧都有带顶的通道"。这种带顶的通道就是廊，供人行走，又可避风雨或日晒。自明中叶以后，城内街道两侧居民纷纷起盖虚檐，"侵罩街路"。在虚檐之外，"又起披檐"。此外，商家耸起门面，而一些强梁之户，更是"高架月台"，使街道日趋狭窄。（万历《新修南昌府志》）于是，有人就感叹："试观今日之街巷，果昔日之街巷乎？日促日窄，如蚕食然。"（万历《福宁州志》）

明代城市大多经过系统的规划，街道两旁居民住房，一般以官沟为限，不得超越，否则就是违章。明中期以后，民居蚕食街道现象的蔓延，势必带来很多弊端。首先，向外伸展的虚檐、披檐，大多将官沟堵死，一遇雨季，骤涨漫街，水道不通；其次，虚檐、披檐左右相连，无砖墙相隔，板薄蓬干，容易发生火灾；最后，街坊居民中的中下户，住房里面大都是泥地，屋又低矮，屋中阴暗，如果再在屋外加盖重檐，屋中采光更差，阴气闭郁，阳气不畅，容易得病。

明代城市街道两旁的店铺，鳞次栉比，名目繁多：有茶楼、茶坊，门上挂着水帘子，屋内支起炉子，以茶招揽四方客人，专售梅汤、和合汤、胡桃松子泡茶。有酒馆、酒店，挂着大大的"酒"字旗。如果是一座大酒楼，就更加气派。里面有百十座阁儿，周围都是绿栏杆。四处衍衍窠子里的粉头妓女都到酒楼赶趁，怀抱琵琶，弹唱曲儿，或者吹笙品笛，替公子王孙或食客侑酒。有各种食店、面店，买卖各种吃食。如羊肉面店，日宰羊数只，面如银丝，有蒜面、肉内寻面，兼卖扁食、夺魁。此外，还有杂货铺、绸缎铺、当铺，如此等等。

在这众多的店铺中，涌现出了一些在全国知名度相当高的店铺。它们不仅在本城消费者中颇有声望，同时也在全国各地的客商中留下了良好的信誉。

明佚名《皇都积胜图》（局部）

明代城市文化的繁荣，得力于雕版印刷业的发达。北京是当时全国的政治文化中心，印刷业虽不发达，但全国几大印刷地的书籍都汇聚京城发售。洪家老铺就是当时北京一家久负盛名的书铺。据韩泰华《无事为福斋随笔》记载，这家书铺位于西河沿，主要刻《缙绅齿录》一类的书籍。读过《儒林外史》的读者，一定对马二先生留有印象。这位马二先生，就是当时相当风行的八股文的选家，而在明代确实存在着许多这样的人物。明代实行八股科举取士，书生们要揣摩风气，必须熟读八股文章，因此那应时的制艺要有刻本。这种士子的八股文章，着实给书坊店铺做了一桩好买卖，而一般操持选政的作家，便成了书坊店里的台柱子。据说，自明末以来，时文选家当数吕留良最为有名，天盖楼出的本子风行海内。将这些选本拿到书坊发卖，"其价一兑至四千两，可云不胫而走矣"（王应奎《柳南续笔》）。此外，在万历末年，江西的艾南英、陈际泰等人的八股选本也风行一时，苏、杭的书坊店铺纷纷高薪聘请他们评选文章。

苏州皋桥西偏一带，有一家孙春阳南货铺，天下闻名。孙春阳，宁波人，万历中，弱冠应童子试，不中，于是弃去举子业，专门从事商业，到苏州开设一家小铺，这就是后来著名的孙春阳南货铺。据说孙春阳开店，如州县衙署一般，也分为六房，分别有南北货房、海货房、腌腊房、酱货房、蜜饯房、蜡烛房。买者到柜上交钱，取一票，再凭票到各房取货，由管总掌管其事，一日一小结，一年一大结。由于店规很严，再加之货物选制甚精，此店自明及清，延续了234年。（钱泳《履园丛话》）在制香业中，当推戴春林香铺最有名。此铺所卖桂花油，以及其他一切香料，原料都取自苏州，其制法精妙，为其他香铺所不能，所以其名独著。以此铺所制的安息香来说，香中细篾，先埋土中三年，然后取出削制，因此焚香时绝少灰尘，也无竹气，只有氤氲馥郁而已。（孙兆溎《花笺录》）

由于商业竞争的无情，一批店铺败下阵来，湮没无闻，取胜者则成为名店，甚至百年老店。尽管如此，城市中新开张的店铺仍是源源不断。每当市肆初开，必盛张鼓乐，户结彩缯。一些人持果核堆盘前去祝贺，用屏风围起来实行祀神的仪式。就拿北京来说，在正阳门东西街，每当店铺开张，所制招牌有的高达三丈多，泥金杀粉，或用斑竹镶嵌，或镂刻金牛、白羊、黑驴诸形象，作为店铺的标志。在这些店铺中，酒肆一般横扁连楹，其余的店铺或悬木罂，或悬锡盏，缀以流苏，也算城市一景。（朱彝尊《日下旧闻》）

为了对城市店铺有更深的了解，再以苏州为例，细细道来。苏州铺面，大多有名无实，这是由它一团虚华的风俗决定的。

苏州城中，有古董店。店铺设置得相当清雅，栏杆曲折，摆着许多小古董出售，其实很多是赝品，骗骗外路人而已。诗云："清幽雅致曲栏干，物件多般摆作摊。内屋半间茶灶小，梅花竹笪避人看。"

有清客店。苏州出闲人清客。这种店铺并无他物，只有茶具炉瓶，手掌大一间房儿，却又分作两截。屋内挂着条幅，号称董其昌所书，其实也是假冒的。清客候人闲坐，兜揽的不是生意，而是嫖赌。诗说清客店："外边开店内书房，茶具花盆小榻床。香盒炉瓶排竹几，单条半假董其昌。"

有茶寮。一般兼卖面饼，饼的味道不怎么样，只能骗骗来自"燕齐秦晋"的外路客。诗说茶寮："茶坊面饼硬如砖，咸不咸兮甜不甜。只有燕齐秦晋老，一盘完了一盘添。"

有酒馆。红裙当垆，模样娇，体态盈，引来狂蜂浪蝶，说是喝酒，实是看人。至于酒中是否掺水，则顾不得许多，因为意味自在酒外呢。诗说酒馆："酒店新开在半塘，当垆娇样晃娘娘。引来游客多轻薄，半醉犹然索酒尝。"

有小菜店。店中所卖各色小菜盛放在攒盒内，种种都是用梅酱、酸醋或是饴糖捣碎拌成。诗说小菜店："虎丘攒盒最为低，好事犹称此处奇。切碎捣齑人不识，不加酸醋定加饴。"

有海味店。所卖为虾、鲞、风鱼一类。诗说海味店："虾鲞先年出虎丘，风雨近日亦同侪。鲫鱼酱出多风味，子鲚鳊皮用滚油。"

有席店。诗云："满床五尺共开机，老实张家是我哩。看定好个齐调换，等头银水要添些。"那个卖席的老张，刚才还自夸老实，一转眼工夫就将客人选的好席换成次货。用戥子称银子时，还连向客人说："添些，再添些。"

店家开铺，挣的是辛苦钱，可是一旦名落铺户，就有责任负担朝廷、官府的采买。这种采买，其实就是一种额外的徭役负担，因为官府多者给半值，有时甚至一文不给。当然，那些开在衙门附近的酒肆，却是靠衙门吃饭，着实做了不少好买卖。明代城市的诉讼案件较多。每当衙门中的胥吏、书手承牌拘取罪犯被告，或者发票传原告，就到衙门附近的酒肆中厌饫饱餐一顿。胥吏称为"宾"，书手称为"主"，书手的帮手称为"朋友"，加上店家陪侍和吏、书的家奴，开桌入席，杯盘狼藉。当审案子时，合衙门的人铺垫酒钱，审过后，蜂拥入酒肆，大吃大喝。当然，这些衙门中人是分毫不会付钱的，最后都得由原、被告支付。有时官府也禁止在衙门前开酒店，但不过掩门改店而已，内堂酒楼，依然如市，而且不久又在曲巷中暗开酒店。

作为一个真正的城市，城墙内外的繁忙活动最明显的表现就是集市上人头攒动，市声鼎沸。任何城市首先必须是一个集市，没有集市，不能想象还会有城市；反过来说，在某一村庄附近，甚至在一片空地上或者两条道路交叉处，也可以出现集市，但未必就是城市。明代方志中，就曾将城市的坊市与乡村的集市做了必要的区分。如郧阳府竹山县，村镇市集有猪口市、益口市、保丰市等，旧的邑志将它们归入坊市，却为新志作者所否定，特加以严格区别："按，此所谓'市'，非城市之市，盖村落之中聚货交易，故亦谓之市耳，实一村镇也。邑志独以益水铺店入村镇，而余皆入坊市，误矣。"（万历《郧阳府志》）

当然，任何城市都需要扎下根子，受周围的土地和居民的供养。这就是说，没有市场就没有城市，没有城市就不会有地区性或全国性的市场。人们经常谈论城市在发展多种消费中的作用，恰恰忽略了一个最基本的事实，即最穷的市民也必须通过市场取得生活必需品。

明人曾作有一首《北关夜市》诗，对杭州北关外夜市的买卖盛况作了记述。诗道："北城晚集市如林，上国流传直至今。青芜受风摇月影，绛纱笼火照春阴。楼前饮伴联游袂，湖上归人散醉襟。阛阓喧阗如昼日，禁钟未动夜将深。"（田汝成《西湖游览志余》）夜市的出现，是明代城市商业繁荣的标志。当然，明代的夜市有很多属于"鬼市"，是盗贼销赃的去处。

城市聚集着相当多的人口，生活必需品以及文化用品的消费也非常可观，这就导致了全国性的专业市场的形成。

明代全国有四大书市，即北京、南京、苏州、杭州。

北京本城的刻本很少，然因海内舟车辐辏，巨贾携书而至，加之故家藏蓄之书也不时出现在市场上，所以成为一处著名的书市。北京的书肆大多在大明门之右，礼部门之外，以及拱宸门之西。每次朝廷会试举子，书市就设在会试场前。到花朝节后三天，移到灯市。每月朔望及下浣五日，则移到城隍庙中。

明仇英《清明上河图》（局部）

　　杭州的书肆大多分布在镇海楼外、涌金门内、弼教坊、清海坊等处。每遇乡试，书肆就迁到贡院前。花朝节后数日，迁于天竺。上巳后月余，则迁往岳坟，因当地游人渐众。佛教一类的书籍多在昭庆寺发卖，书贾全是僧人。

　　南京书肆，多在三山街及太学前。苏州书肆，多在阊门外，及吴县县衙前。（胡应麟《少室山房笔丛》）

　　在北京有五大集市：朝前市、灯市、内市、穷汉市、城隍庙市。其中以内市、庙市、灯市最为著名。

　　内市在皇城之内，紫禁城之外，一般为每月初四、十四、廿四日三天开市，众多士绅可以游观。内市的繁丽"不如庙市，然诸货亦毕集"（蒋德璟《游宫市小记》）。

　　城隍庙市在京城之西城隍庙，每月朔望并廿五日开市，东近弼教坊，西接庙墀庑，列肆长达三里。每当开市之日，商贾

明仇英《清明上河图》中的书肆

毕集，"大者车载，小者担负，又其小者挟持而往，海内外所产之物咸集焉"。庙市所售，各样货物无所不备，如供士大夫用的图籍椠铅，武士用的弓矢，农夫用的钱镈锄铫，工匠用的斧凿刀铁，富贵人家用的明珠大贝，贫夫用的敝衣败履，儿童玩的玩具，妇女用的粉黛脂泽，以至释家用的鱼螺铙鼓，俳优用的篹筝箫管。即以绫锦来说，产地不一，分别来自滇、粤、闽、楚、吴、越。（吴溥《送司训徐君序》）

上元灯节灯市，起于初八，至十三日而盛，迄十七日罢。从早到晚，为灯市；从晚到早，则放灯。市场在东华门东，绵亘达二里长。每当开市之日，"省直之商旅，夷蛮闽貊之珍异，三代八朝之骨董，五等四民之服用物，皆集。衢三行，市四列，所称九市开场，货随队分，人不得顾，车不能旋，阗城溢郭，旁流百廛也"（刘侗、于奕正《帝京景物略》）。明人冯琦有《观灯篇》，其中说："五都万宝集燕台，航海梯山人共回。白环银甕殊方至，翡翠明珠万里来。"（孙承泽《天府广记》）灯市货物之丰富，于此不难想见。

明代南京为留都，地在辇毂。南京人有往昔龙袖骄民之风，为人游惰，不够勤劳，所以自粮食、柴薪而下，百物都"仰给于贸居"。所有市场店铺，也均为外地人所开。如典当铺，在正德以前均为本地人开，至万历以后，与绸缎铺、盐店一样，均为"外郡外省富民所据矣"（顾起元《客座赘语》）。

作为一个消费性城市，南京对外地日用百货的依赖也相当大，从而孕育了较为发达的市场。南京城的集市主要有：大市，在大市街，旧天界寺门外，为物货所聚；大中街市，在大中桥西；三山街市，在三山门内斗门桥左右，为时鲜果品的专业市场；新桥市，在新桥南北，主要经营鱼、菜；来宾街市，在聚宝门外，销售竹、木、柴、薪等；龙江市，在金川门外，主营柴、炭；江东市，在江东门外，聚集了很多客商船只，贩卖米、麦等货物，为粮食市场；北门桥市，在洪武门街口，多卖鸡、鹅、鱼、菜等物；长安市，在大中桥东；内桥市，在旧内府西，多卖羊只、牲口；六畜场，在江东门外，买卖马、牛、驴、骡、猪、羊、鸡、鹅等畜禽；上、中、下塌房，在清凉门外北，专售缎匹、布帛、茶、盐、纸、蜡等货；草鞋夹，在仪凤门外江边，屯集木筏，为木材市场。（《洪武京城图志·街市》）此外，南京旧院曲中也有专业市肆，以产品的精洁闻名，举凡香囊云舄、名酒佳茶、饧糖小菜、箫管瑟琴，均属上品，很多人不惜高价购买。（余怀《板桥杂记》）

上述南北两京的市场，基本上体现了以下几个特征：一是北京集市的建立，反映了《周礼·考工记》中"前朝后市"的理论。二是定期的庙市的出现，反映了中国传统宗教性庙会的经济功能，除了北京的城隍庙市之外，郑州的药王庙市与杭州西湖边上的香市，大致也是相同类型的市场。三是集市的设立，大多在街口、桥的上下或城门外的关厢地带，因为这些地方往往是交通要道，为市民必经之处，容易人集成市。如16世纪葡萄牙人克路士来到中国南部的一些城市，就看到了这样的景象："这些桥形成城市的主要集市，那里售卖各种食物……这种桥也形成城镇的主要集市，那里卖各种东西，但主要是食物，同时舟船运载大量粮草驶抵桥的两侧，出卖运来的货物。"他又说："市集通常设在城门及大街的牌坊下。"（克路士《中国志》）这就是最好的例证。

走进胡同

　　拿树木打比方，街道是树干，胡同则是枝节。

　　在街市中，摆摊设肆的人是为了卖，逛街的人是为了买，买卖双方，为些微小利，争执不下，一片喧嚣。走进胡同，市声渐渐远离，炊烟袅袅升起，房檐窗前挂着的鸟笼、蝈蝈笼，多少增添了原野山林的味道，家长里短的俗事，也别有一番风情。

　　胡同是一条温情的长绳，绳边镶嵌着千百个家庭。春夏秋冬，循着长绳，虽然人们都是来去匆匆，但那见面习惯的问候，却是发自内心的真诚。

　　关于胡同的起源，明清两朝人均有考证，说法也不一。明人张萱《疑耀》言："京师人呼巷为衙衙（胡同），世以为俗字，不知《山海经》已有之。"一般说来，弄就是巷。南方称弄，北方称胡同，不过是方言不同而已。明人谢肇淛《五杂组》引元《经世大典》，认为元代有"火衖（弄）"，胡同就是"火衖（弄）"的音转。不管解释多么不同，北方的胡同相当于南方的弄，则是毋庸置疑的。

　　在北方城市中，巷与胡同往往并称并存。一方面，巷、胡同并称，从基本意义上说，巷等同于胡同。如小说《梼杌闲评》第七回说到，魏进忠进到新帘子胡同，为了去椿树胡同，就"出巷子来，引着娘走上大街"。显然，两个概念可以互换。另一方面，巷又与胡同并存，自成称呼。如临清城中，除了白布巷、手帕巷外，尚有烧酒胡同、羊毛胡同。（康熙《临清州志》）在开封城内，既有称巷的，如单凤巷、第四巷，也有称胡同的，如豆腐胡同、镟匠胡同。（《如梦录·街市纪第六》）

巷的称呼起源也很早。据说，姜嫄生后稷，"诞，置之隘巷"。可知帝喾时就已有巷的名称。（王三聘《古今事物考》）隘、巷并称，一方面说明巷比起街来稍显狭窄，另一方面说明巷的两端有隘门或栅，正如街的一端有牌坊一样。明人言："居之所邃曰巷。"（崇祯《松江府志》）由此可知，巷与街相较，显得僻远，并不喧闹，而且巷只是作为居民住处，并非人声鼎沸的市场。当然，明代城市中的许多巷子，除了供居民居住之外，尚作为手工业小作坊的所在地，并以此得名。如山东临清的手帕巷，以专产手帕著名。小说《金瓶梅》第五十一回说到清河县也有一个手帕巷，"有名王家，专一发卖各色改样销金点翠手帕汗巾儿"。

在胡同、巷子的两端，多设隘门、木栅。如正统十二年（1447），监察御史柳华巡按福建时，在城内大小巷通道上，首尾各立一隘门，"门上为重屋，各置金鼓、兵戈、器械于其上"。将居民编为什伍，由总小甲统领，夜则轮番住宿于隘门之上，鸣鼓击柝，以备不虞。（张萱《西园闻见录》）又如杭州城里，在巷子两端设有木栅，各由役夫管理，户捐钱粟，募游手充任。（查继佐《罪惟录》）从小说《豆棚闲话》第十则中可知，为了防盗，这些巷门到夜深以后都要紧闭，不让行人走动。

在城市中，无论人们喜欢的娱乐生活是听曲看戏，还是赌博嫖妓，凡是寻求同一种刺激方式生活的人，总是常常聚在一个固定的地方，其结果是，这些相同的嗜好和性情把人口分隔成种种道德区域。

在明代城市中，大多存在着诸如此类的道德区域。北京的戏班很多，他们有固定的居住地。小唱、弦索这类戏班子均居住在新帘子胡同、旧帘子胡同。在这两条胡同内，"两边门内都坐着些小官，一个个打扮得粉妆玉琢，如女子一般，总在那里或笑谈，或歌唱，一街皆是"。大班都分布在椿树胡同，"沿门都有红纸帖子贴着，上写某班某班"。（《梼杌闲评》）居住在帘子胡同内的这些小官，有些就成了官绅的娈童。在明代，帘子胡同几乎成为同性恋、男妓的代名词。如张岱《陶庵梦忆》说到绍兴龙山放灯，"有无赖子，于城隍庙左借空楼数楹，以姣童实之，为帘子胡同"。在扬州，无论是名妓、歪妓，均居住在钞关一带，有巷九条，"巷口狭而肠曲，寸寸节节，有精房密户"。

胡同内、巷子里相邻而居的人们，本能地理解与己为邻的人，保持良好的友谊。当地一些头面人物，诸如士绅、商界领袖抑或无赖团伙的盟主，不论他们在城里多么专横跋扈，但他们必须与自己的邻里平等相处，因为他们的权力从某种程度上说是邻里赋予的。他们同自己邻里的相处必须十分小心，以诚

明仇英《清明上河图》中的青楼

相待，不敢稍有相欺，因为他们在当地有共同的利益。

邻里均通晓自家事务，对别人也很难隐瞒相欺，一家发生的事情，很难躲过邻里的眼睛与耳朵。在城市邻里中，有长舌妇，如三姑六婆，穿梭于街巷之间，出入于高门小户，"张家长，李家短"，传播内部新闻；也有如小说《金瓶梅》中郓哥一类的包打听人物，活动在酒楼、茶馆、妓院，包打听一些桃色新闻，谁家女子养汉，哪家男子包娟，也是一清二楚，说得绘声绘色。

自明代中期以后，江南城市风俗恶薄，歌谣、口号、小曲盛行。"各人自扫门前雪，莫管他人瓦上霜"的训条，只是挂在口头而已。事实上，邻里中谁家出了浪荡不肖子，邻里人就会编成一出曲儿，互相传唱，加以讽刺；寺院中和尚偷女人，左邻右舍巷里人均晓得，尽管畏怕和尚势大，无人敢惹，也会编出小曲，供人歌唱，加以讥讽；小说《金瓶梅》第九回中破落户西门庆与潘金莲通奸，害死武大郎，"那条街上，远近人家无一人不知此事，都惧怕西门庆有钱有势，不敢来多管，只编了四句口号"，加以嘲弄。

邻里是村舍生活方式和小城镇的典型产物。其突出表现是亲密无间、互相协作的社会关系，以及强烈的社会意识情感。在现代城市中，虽然仍能看到人们在物质空间上比邻而居，然而在邻居之间，既无密切的协作，又无亲密的联系、交游，或与这种空间上的近邻相适应的集团意识。

明代城市正处于中世纪城市向近代城市的过渡阶段。在邻里之间，仍然保持着密切协作的亲情关系，交往密切。每当时令节序，邻里间就互相祝贺，以饮食互相馈赠。在北京，元旦盛行拜年之俗。此日出游，道逢亲友邻里，即在街上叩头，表示礼节。（沈榜《宛署杂记》）在杭州，每当立夏日，家家将各种果品放到茗碗中，在亲友邻里之间互相馈送，称为"立夏茶"。立夏茶又称七家茶，顾名思义，当在邻里七家之间互相馈赠。（万历《钱塘县志》）开封城内，每遇各种节日，往往流行送节礼：二月初一日中和节，节礼送面及果品、肉菜之类；三月二十八日东岳庙大会，送礼用酥饼、馒头、南果品、欢喜团儿；五月五日端午节，送礼用角黍、油馓、时鱼、麻姑瓶酒；八月十五中秋节，节礼用月饼、西瓜等。（《如梦录·节令礼仪纪第十》）这种节日送礼的习惯，很多流行于亲戚宗党之内，但也不排除邻里之间节日期间在礼仪上的交往。

在这种邻里礼仪交往中，不能不提及"打网义"这种民间习俗。自正德、隆庆以后，在河北保定很流行这种风俗。

"打网义"借端不一：亲友邻里间年龄未知，托称耄耋，集人拍金拜寿，以此网利；有的鞠子未育，即把生女当作生男，借生子开宴网利；有的抱病饮药，需要药钱，于是在邻里间酿集金钱，假装酬谢医生，实为网利；有的家从东厢移到西厢，也要开席祝贺，称"暖房"，以此网利；至于父命子名，兼赠别号，称为"贺字"，都要设宴，邀集邻里；更有不假题目，直接网利，称"告助"。尤为可笑的是，在邻里之间，甲赴乙集，空手而去，称"上欠"；等到下次乙赴甲集，也是白嚼，称"准账"。邻里间正常的礼仪交往，流变为虚伪的网利习俗，说明明代城市中邻里间的温情关系同样渗透进了"利"的因素。

每当遇到婚丧大事，邻里间的交往就更为频繁。婚姻为喜庆大事，男子定聘、迎娶，抑或女子嫁人，均有"完婚""会妆"的习俗，邀请邻里，设宴款待，以共享欢乐，而邻里也须送上贺礼，表示祝贺。至于遇到丧葬之事，邻里必定前去帮忙、祭奠，有些甚至通过"善会"或"约"这种社团形式加以互助。如河北真定，流行善会，"或五六人、十数人，期日为一会，出财物若干，择谨厚者收之。遇岁时祈报，及会中医药殡葬者，皆取给焉"。在河北，还有丧葬互助之"约"，每十家出银若干，共计若干，付约长收贮，由约副司其出入。先将邻里间各自父母的缞麻重服及期功缌麻等服一一制备，放置一个柜中。遇到约中有人办丧事，抬至其家分散。事毕以后，再付约长收贮。他家有丧，除了衣衾棺椁由丧家孝子自办外，其

余如设斋、立灵、铭旌或一切应酬，均由约中十人代办，孝子不过"执杖哭泣而已"。（徐霈《四礼议》）

邻里间的交往多在妇女之间进行，妇女受礼教约束，正式的社交活动贫乏，只好借助邻里交往打发闲暇。邻里间妇女交往，先是"会茶"，即聚在一起喝茶聊天，联络感情。如在浙江吴兴，每月朔望，妇女就在堂中设立茶果，茶多达30碗，用来供奉土地神。供奉完毕，"或通饮啜于邻姬"。（徐献忠《吴兴掌故集》）这种妇女会茶的习俗，在小说《金瓶梅》中也有反映，如小说第六十八回说道，"文嫂和他媳妇儿陪着几个道妈妈子正吃茶"；第六十九回说到文嫂到了林太太家，"便把家中会茶，赶腊月要往顶上进香一节，告诉林氏"。其次，邻里间妇女的交往还表现在节日期间的一起出游。每当清明或其他宗教节日，邻里妇女就相约，一起出去扫墓、进香，顺便游览寺观庵院。

邻里妇女的互相交往显然扩大了妇女的视野，也不可避免地使妇女之间互相影响。当时流行的一首山歌唱道："对门隔壁个姐儿侪来搭结私情，郎得教奴弗动心。四面桃花我看子多少个样，郎教我靓池豁浴一身青。"（冯梦龙《山歌》）这首山歌的标题叫"学样"，显然歌中之"奴"，是受了对门隔壁"姐儿"的影响。

每当宗教节日，邻里间必有聚会，或结"香会"，或结社，前往远处进香。在北京，每年三月二十八日俗称东岳神生辰。民间皆各随其地，预集近邻，结成"香会"，月敛钱若干，由会头掌管。"至是盛设鼓乐幡幢，头戴方寸纸，名甲

明陈洪绶《斗草图》（局部）

马，群迎以往"，朝拜东岳，称为"拜香庙"。妇女结会也如
此。（沈榜《宛署杂记》）这种邻里间的佛会，在小说中也有
所反映。如《禅真逸史》第二十一回说到，腊月底，张太公家
里新塑一尊值年太岁灵帝君，"迎接一班平日诵经念佛的老道
友到家念佛"，同临佛会。进香之会，有时又称"香社"。在

山东兖州，市里小民，"群聚为会，东祠泰山，南祠武当。岁晚务闲，百十为群，结队而往，谓之香社"。（万历《兖州府志》）香会或香社，是城市邻里间的一种宗教社团，反映的是邻里的群体意识。

城里人与乡巴佬

读过鲁迅小说《阿Q正传》的人应该还记得，生活在乡下未庄的阿Q进了一趟城之后，城里人的一些事着实让他感到疑惑，诸如把长凳说成条凳，煎鱼时所放的葱切成细的葱丝，而不是如乡下那样都加上半寸长的葱叶。进了公堂，阿Q就连一个圆也画不圆。

从小说写作的时代背景来看，阿Q应该是清末农民的典型形象。不过，由于长期的传统闭锁生活的沿袭，使得乡下农民的人格进化不大。明代的农民，大概也可以作如是观。

城里人则迥然不同。他们在长期与各方人士接触中，开阔了眼界，积累了很多经验与知识。例如：明代北京，妇人遇到官轿可以不引避。当时有一位吏部尚书坐轿来到长安街，途中遇一老妇，脸上包着头巾，不引避。隶人误以为是男子，"呵而触之"。老妇摘下头巾，当面叱责这位尚书道："我在京住了五十余年，这些见了千千万万，罕希你这蚁子官？"说完，头也不回，坦然离去。（朱国祯《涌幢小品》）一个老妇将堂堂吏部尚书视为"蚁子官"，可见城市妇人眼界不小。

那么，城里人究竟是怎样一种形象呢？简单地说，市井人物，各色各样，令人眼花缭乱——

有徽州商人。他们为人俭朴，往往来来，只是布衣草履，徒步肩挑，真个是一文不舍，一文不用，相当俭啬。

有相公。他们气宇轩昂，穿戴整齐，虽称"相公"，却是满街闲逛。打油诗说相公道："举止轩昂意气雄，满身罗绮弄虚空。拼成日后无聊赖，目下权称是相公。"

有后生。他们遍体绸缎，冒充名公，实是在街上靠卖俏混日子的轻薄子。打油诗说后生道："轻佻卖俏后生家，遍体绫罗网绣鞋。毡帽砑光齐揪鬝，名公扇子汗巾揩。"

有孝子。举殡完后，他们无不醉归，丧事如同喜事。诗说孝子道："堪嗟孝子吃黄汤，面似蒲东关大王。不是手中哭竹棒，几乎跌倒在街坊。"

有清客。又叫篾片、忽板、老白赏。这些人专门在嫖行里帮衬，大老官嫖了婊子，这些篾片就在一旁陪酒、玩耍。

有时妓。她们装束淡雅，名头正旺，引来很多清客帮衬，嫖客也如苍蝇逐膻。诗说时妓道："妓女新兴雅淡妆，散盘头发似油光。翠翘还嵌双飞鬓，露出犀簪两寸长。"

有老妓。她们人老珠黄，即使如何打扮，也无嫖客上门，清客也不愿帮衬，只好自己到处拉客。有诗说老妓道："涂朱抹粉汗流班，打扮跷蹊说话弯。嫖客奋多帮衬少，拉拉扯扯虎丘山。"

有老龙阳。城市风尚，多好男风，后生娈童，出尽风头。有诗说老龙阳道："近来世道尚男风，奇丑村男赛老翁。油腻嘴头三寸厚，赌钱场里打蓬蓬。"

有和尚。不论肚里通或未通，只要粗粗认得几字，丛林中觅几本语录，买几本注疏，坐在金刚脚下，练熟声口，假斯文结识几个禅友，就可冒充大和尚，实际上茹荤饮酒、淫奸妇女，无所不为。有诗说和尚道："三件僧家亦是常，赌钱吃酒养婆娘。近来交结衙门熟，篾片行中又惯强。"

有花子。他们整天蓬头垢面、衣衫褴褛，出入灯节庙会，寺院祠庙，伸手向人要钱。有诗说花子道："蓬头垢面赤空拳，褴褛衣衫露两肩。短簿祠前朝暮立，声声只说要铜钱。"

给"城里人"画了像之后，再来看看他们与"乡巴佬"在本质上的区别。城市与乡村在文明中代表着相互对立的两极。两者之间，除了程度之别外，还存在着性质差别。城与乡各有其特有的利益、兴趣，特有的社会组织和特有的人性。换言之，两者之间形成了既相互对立，又相互补充的世界。两者的生活方式互为影响，但又绝不是平起平坐的。

城市与乡村生活的差异，造就了"城里人"与"乡巴佬"两者在人格上的不同。大体说来，城里人有自身特有的城市心理。城里人思维方式是因果论的、理性的；而乡下人的思想方式则是自然主义的、幻想式的。城里人做出的一切行为，都有一个明确的目标，并要达到一定的目的，概括起来无非是为了一个"利"字。无论是富商大贾追逐高额利润，抑或走街串巷的小商小贩为了蝇头小利，他们都整日忙忙碌碌，使城市显得熙熙攘攘，一片繁忙景象。当然城里也有闲人，诸如帮闲清客、闲汉之流，但他们之"闲"，只是相对于劳动或职业而言，就其行为来说，为了生计，也是整天奔波，无论是采取捧粗腿抑或诈骗的手段。乡下人则是保守的，一切都顺其自然。农民的劳动完全不必以日计算，只需照四时节气行事，过着播种、耕耘、收获、贮藏、庆典这种自然而又有序的生活。他们靠天吃饭，当岁腊庆典之时，既庆丰年有成，又祈祷上苍保佑来年五谷丰登，对上苍、未来充满着幻想。

在明代，人口流动越来越频繁。各行业的工匠艺人从一个地区流落到另一个地区，到处去寻找就业机会。城市为个人的特殊才干提供了市场，使他们获得了职业上的部分自由。城市中"脚夫市""厨役市"等劳动力市场的存在，就是最好的例证。个人从城市生活的不自觉的广泛合作中能找到机会，从城市生活的多种利益和任务中也能寻到机会，去从事适合自己的职业，发挥自己的才智。在城市环境中，每一种谋生的手段，甚至包括乞丐的行乞、流氓的讹诈，都带有职业的性质、秩序的性质。城市给了人们谋生和选择职业的自由。即使找不到职业，也有失业、游手的自由。在农村，人们生来就是农民，并且一直就是农民。农民是一种存在，是对自我的一种整体的和静态的规定。农民"拥有的"或占有的东西是他的田地、他的继承物，就像别的人"拥有"职业、"具有"一种才能。没有选择是整个农民生活的特点，这在生活开始的时候特别明显，因为农业劳动者的职业从来就不是选择的，而是天生的，或从父辈那里继承的。

人口流动的频繁，使人们获得了更多的信息。经过城市风雨洗礼的城里人，显然不同于依附、守成于土地的"乡巴佬"。如果做一些直观肤浅的对比，两者特征的反差还是很明显的：一

明佚名《夏景货郎图》

边是缺乏教育，言谈举止笨拙，衣衫破旧灰暗，乡土气息浓厚的农民；另一边是受过一定教育，或没有受过教育却见过世面，举止优雅，即使家无担石之储，也每日衣衫崭新整齐，说话头头是道，总是轻松自如、生活安逸的城里人。

城里人太轻浮、太浅薄，以致无法让人信赖。他们至少是不老实的，因为他们生活在一个人造的虚伪环境中，可以依仗狡黠和弄虚作假取得成功。而农业劳动者面对的是天气、季节、土地、作物和牲畜等自然力量，无法弄虚作假。因此，生活在自然之外的和人造的环境中的城市人，就像是生活在集市上的牲口贩子，碰不上毫无弹性的自然。明代的城里人，很多就是靠欺骗和愚弄他人生活的。

城里人瞧不起乡下人，专门欺骗乡下人。他们以为乡下人愚笨，称他们为"柴头"（北京人土语）、"豺头"、"杓子"、"艮头"（杭州人土语）、"酒头"（嘉兴人土语）、"鹅头"（苏州人土语）。城市中的巨猾恶棍、游手无赖，常利用农民的穷困或无知，诱骗贩掠其妻子儿女。如河南汝宁府固始县，一些巨猾无赖专做诱人寡妻或掠人男女的肮脏勾当。（嘉靖《固始县志》）在广东东莞，嘉靖、隆庆年间被拐骗到澳门卖于佛郎机作仆妾者，就有上千人之多。（叶权《贤博编·游岭南记》）

城里人好讼见官，小有纠纷，动辄打官司，视若儿戏。尤其是一些刁头、歇保，专以打官司、把持民间诉讼为业。一般说来，除了民风好讼之地，农民多不见官，遇到七品芝麻官下乡，鸣锣开道，躲避唯恐不及。明代有一句谚语："衙门日日向南开，有理无钱莫进来。"（田艺蘅《留青日札》）多一事不如少一事，乡村农民是轻易不打官司的，民间纠纷多由地方老人调解。

城里人与农民所处环境的差异，造就了城里人在心理上的部分优越感。他们看不起农民，将农民当作取笑的对象，在江南的城市中，俗尚侈靡，人情乖离，竞相将"本实"的农民作为"嗤鄙"的对象。（徐献忠《吴兴掌故集》）市井小民，百虚一实，不事本业，将"四方之人"，尤其是乡下人，视若"椎鲁可笑"。（谢肇淛《五杂组》）聚在市廛中的游手无赖，更是看不起田野之民，"诮胈胵为愚"。（何乔远《名山藏》）如果一个人闭户不出，终生未入城市，就会"父兄羞之，乡党不齿"。（康熙《徽州府志》）

城里人与乡下人之别，并不能证明城市与乡村是两个完全隔绝的区域环境。恰恰相反，农村和城市互为背景：我创造你，你创造我；我统治你，你统治我；我剥削你，你剥削我。以此类推，彼此都服从共处的规则。

正如法国历史学家布罗代尔所说："沙漏可以翻个儿：城市使乡村城市化，乡村也使城市乡村化。"（布罗代尔《15至18世纪的物质文明、经济和资本主义》）城市和乡村从来不会像水和油一样截然分开，它们同时兼有分离和靠拢、分割和集合的相互依存的关系。

事实确是如此。城市需要农村劳动力的补充。自明代中期以后，农村人口开始分化，逐渐流入城市，既补充了城市劳动力的不足，同时也带来了城市与农村之间的文化交流。农村人口的分化是伴随着农村土地兼并日益加剧而来的。据嘉靖四十年（1561）给事中周诗言，当时天下豪宦"连田阡陌"，他们的势力足以行奸弊，不会被赋税徭役所困，而一般的齐民百姓却"困于征求，顾视田地为陷阱"，这样，乡下人只好"富者缩资而趋末，贫者货产而佣庸"。（《明世宗实录》）富者逐末经商，往返于城市与乡村之间，实际上就是一种对农业劳动的摆脱；贫者货产佣庸，不一定就脱离了农业劳动，但确实也有一部分农民摆脱了沉重的农业劳动负担，成为城市平民。据当时人的记载，农村分化出来的人口的去处，大致不外乎以下几条出路：一是为乡官家人；一是"蚕食于官府"，即为衙门胥役；一是逐末经商；一是游手趁食。（何良俊《四友斋丛说》）抛开前两种人不说，后两种人事实上必然会与城市工商业发生不同程度的联系，成为城市平民的后备军。这种人口分化，固然有些是诸如土地兼并、赋税加重等原因所致，而有些则是因为人口过分稠密，无法在当地生存，才移徙他乡城市，游食天下。如浙江的绍兴、金华二府与江西的抚州就是如此。绍兴、金华二府，因为生齿繁多，本处的室庐田土，远远不够人口之用，所以只好游食他乡。其中儇巧敏捷者，"入都为胥办"，次者就只好"兴贩为商贾"。（王士性《广志绎》）江西抚州人稠地狭，如果身未有技，或足不出外，就无法养家糊口。抚州人外出，从事的主要是堪舆、星相、医卜、轮舆、梓匠等职业。（王士性《广志绎》）为了生存，他们甘愿背井离乡，远走他乡。但每当他们衣食有着落，或者富贵发达之时，他们同样会回乡寻根，乡土观念依然很重。这就是说，农村人口流入到城市并成为城市平民以后，并未隔断与农村的联系。传统的农民意识在市民中依然根深蒂固。尽管他们摆脱了土地的束缚，但终究无法脱离农民意识的拘囿。市民与传统的农民在文化兴趣上有诸多雷同之处：他们不愿对朝廷规范的官方祭祀活动表示尊敬，却与农民一样，对民间的宗教祭祀活动表示出极大的兴趣，佛、道信仰以及民间诸神信仰在这些人中仍然十分流行；他们对儒家经典并无多少好感，对孔孟或儒家的先贤不屑一顾，却对流传于民间的戏曲、小说乃至民歌兴味盎然，对梁山泊众绿林好汉肃然起敬，对关云长这样的忠义人物也顶礼膜拜。如此等等，不一而足。换言之，城里人虽已游离于土地，却无法摆脱大文化环境的控制。

与此同时，乡村也离不开城市，并从城市中获得部分的好处。明代的乡村也存在着城市化的倾向。尤其是大量市镇的崛起，更对农村造成了不小的冲击。在市镇中，人口积聚日渐增多，商业兴旺，有些甚至吸引了四方客商。由于市镇与乡村在地缘上接近，这就使得乡村农民同样接受到了商品经济的洗礼以及城市季风的吹拂。市场的竞争，部分开启了农民的头脑，使他们变得精明起来；市场上的奢华，更使一部分农民对乡村生活感到厌倦而走向城市。

衣食住行

宫样与苏样

如果说道路、建筑是城市的门面，那么服饰就可以称为城市人的脸面。常言说得好，"穿衣戴帽，各有所好"。兴趣的不同，社会等级的差异，造成了城市人的服饰，无论是面料、样式，还是尺寸、颜色，差别很大。

追求时髦是人们的普遍心态，然而并不能人人如愿。在贵贱有别、礼序井然的等级制社会中，富贵人穿绫着缎，平民百姓穿着布衣草鞋，甚至衣不蔽体，早已是不言而喻的事实。明朝城市中的人们完全凭个人喜好、财力之所及，以及习俗趋向，去穿着打扮，使服饰千姿百态，却是明中期以后才有的事情。

贵贱有别

洪武元年（1368）的某一天，都城南京，风和日丽。一群不知深浅的军人、游民，足蹬截短高帮、用金线作装饰的短靴，穿着鲜艳华丽的服装，聚在一起蹴鞠玩耍。突然，街上蹿出一帮公人，一扬铁链，将这些人锁住，带到五城兵马司。经上报朝廷，这些人均被卸了脚。

　　这批人为图一时兴致，付出的代价太大了——一件很不经意的小事，使他们成为触犯朝廷大法的罪犯而被砍了脚。事情的缘由还得从明太祖朱元璋制定的法令说起。

　　众所周知，自元世祖起兵大漠，统一中国以后，变易中原旧制，使原本中原地区的衣冠制度荡然无存。这种"胡俗"的特点就是，不论士绅还是庶民百姓，都是辫发椎髻，衣服则为裤褶、窄袖，还有辫线腰褶。妇女的衣服为窄袖短衣，下穿裙裳。洪武元年（1368），朱元璋下了一道诏书，恢复唐代的衣冠制度。诏书规定士绅百姓都在头顶束发；朝廷官员的装束为头戴乌纱帽，身穿圆领袍，束带，着黑靴；士子百姓的装束是戴四带巾，穿杂色盘领衣，不得用黄、玄两种颜色；教坊司乐工头戴青色卍字顶巾，系红绿两色帛带；士绅百姓妻子的首饰允许使用银并镀金，耳环用黄金并珍珠，钏、镯用银，穿着的衣服为浅色团衫，用纻、丝、绫、罗、绸、绢制成；乐妓则戴明角冠，穿皂褙子，不许与庶民妻子相同。（《明太祖实录》）

　　明太祖朱元璋主要从面料、样式、尺寸、颜色四个方面确立了一套服饰的等级制度，不同等级的人，都只能使用本等的服饰，不能混同，更不许越礼犯分。

　　从服饰面料来看，只有王公贵族、职官才能使用锦绣、纻丝、绫罗等高级面料，庶民百姓之家不能穿着锦绣一类的衣服，只能用绸、素纱。首饰只有皇宫后妃、命妇可以用金、玉。一般百姓家的女性，起初耳环可以用黄金、珍珠，钏、镯并其他首饰物只能用银，或在银上镀金，到了后来，更是严加限制，百姓家妇女首饰只能用银。

至于品官、庶民服饰的面料、质地，在洪武六年（1373）颁布的法令中也有详细规定，并予以整齐划一。一品、二品官，用杂色文绮、绫罗、彩绣，帽顶、帽珠用玉；三品至五品官，用杂色文绮、绫罗，帽顶用金，帽珠除玉外，其他可以随意使用；六品至九品官，用杂色文绮、绫罗，帽顶用银，帽珠用玛瑙、水晶、香木；庶民百姓用绸、绢、纱、布，巾环不许用金、玉、玛瑙、珊瑚、琥珀等作为饰物；掾史、令史、书吏、宣使、奏差等杂职，凡是未入流的官员，所用均与庶民相同，帽不用顶，帽珠可以用水晶、香木；校尉束带、幞头、靴鞋，雕刻杂花象牙绦环，其余与庶民同。（《明太祖实录》）

明朝官员服饰

就服饰的样式而言，各色人物也均有自己的本等服饰，不能僭越。职官的装束大致已如上述，总体上为头戴乌纱帽，身穿圆领袍，腰间束带，脚蹬黑靴。职官的服装也以品级的高下而样式不同，等第俨然。职官的装束均为圆领袍，并以袍上的绣图区分品级高下。袍上绣图均为动物图案，明人已作"服色歌"，颇易区分并记忆。其中《文官服色歌》云："一二仙鹤与锦鸡，三四孔雀云雁飞，五品白鹇惟一样，六七鹭鸶鸂鶒宜，八九品官并杂职，鹌鹑练雀与黄鹂。风宪衙门专执法，特加獬豸迈伦彝。"《武官服色歌》云："公侯驸马伯，麒麟白泽裘。一二绣狮子，三四虎豹优，五品熊罴俊，六七定为彪，八九是海马，花样有犀牛。"（璩昆玉《古今类书纂要》）此外，尚有两项特殊的规定：一是从一品至六品的职官，可以穿四爪蟒图案服色，并用金绣制成；二是勋戚之家，只有合法继承爵位的嫡长子一人可以用纱帽束带，即文官服色，其余只能照武官品级服色使用。（《明太祖实录》）

教官虽属文官系列，按品使用文官服色，但他们为人师表，需有所尊重，在服色上也当另作规定。起初，府州县学官的冠服与士人未入仕者相同，而阴阳、医学等技术之流却有冠带。洪武二十六年（1393），朱元璋下诏，给学校训导冠带。（《明太祖实录》）

生员、贡监为缙绅的后备力量，一向为明太祖所重视，所以也有他们的本等服色装束。洪武二十四年（1391），朱元璋命工部制生员巾服样式，三易其制，始定生员衣冠。这就是生员头戴软巾，腰系垂带，身着襕衫。襕衫始于唐代，唐人马周采用三代时的布深衣，又在其下加上襕及裙，称之为"襕衫"。明代生员的襕衫用五色绢布制成，宽袖，皂色缘，皂色绦。（《明太祖实录》）根据明代旧制，生员贡举进入国子监以后，服色一无所变，直至殿试并选授官职后，才改穿命服。洪武年间，曾允许监生戴遮阳帽，作为长途遮阳之用。这种遮阳帽就是举人员帽，大体上与唐代的席帽、宋代的"重戴"相近。举人监生往往偷戴此帽，作为自己的本等冠服，以便与生员监生有所区别。洪熙年间，又将监生的蓝衣改为青袍。（祝允明《野记》、徐复祚《花当阁丛谈》）

令史、典史在职官系列上是杂流，也有自己的本等服色。以前，五军都督府提控、掾史，六部都察院都吏，各道书史，都已制巾，样式与庶民之巾不同。洪武三十年（1397）下诏，命天下令史、典吏都戴"吏巾"。（《明太祖实录》）

僧道服色虽与职官、庶民不同，但其内部也是等级森严。洪武十五年（1382），制定天下僧道服色。僧人分禅、讲、教三种。禅僧穿茶褐常服，青条玉色袈裟；讲僧穿玉色常服，深红条浅红袈裟；教僧穿皂色常服，黑条浅红袈裟。僧官与此相同，只有僧录司官员袈裟的缘纹及环，都用金线作装饰。道士的常服为青色法服，朝衣全用赤色。道官与此相同，只有道录司官员法服、朝衣的缘纹用金线装饰。（《明太祖实录》）

除武官品级服色外，将士的服装也有统一规定。早在洪武元年（1368），就制成将士的战衣，称"鸳鸯战袄"。（《明太祖实录》）此名的缘由，大概是因为这种战衣表里异色，将士可以变更而服，也即里外翻着穿。洪武二十一年（1388），又颁布中外卫所马步军士的服色。其中规定，驾前旗手卫军士、力士均穿红胖袄，盔甲之制如旧。其余卫所军士也穿红胖袄。胖袄的制式为长齐膝、窄袖，里面装满棉花。（《明太祖实录》）到永乐年间，将士服饰又稍有变化。当时，一般在京卫所的军士仍用棉花、棉布制成冬衣。但是，在各卫所寄居着一些鞑靼官军，这些官军在服饰上的待遇就稍为优厚，可以穿绸着绫，其中都督、都指挥穿金绞丝衣，千百户、卫所镇抚穿绞丝绫衣，舍人头目穿绢绸衣，一般的旗军人等仍穿胖袄、裤，着鞋。（《明太祖实录》）

妇女尤其是诰命夫人的服饰式样，也是井然有序。洪武五年（1372）二月，定文武官员命妇服饰。命妇服饰均有大衣、霞帔，以霞帔上金绣纹饰的不同来区分命妇的等第。至于民间妇女，礼服只能用素染色，绝对不能用纹绣。（《明太祖实录》）同年九月，又定命妇礼服式样。命妇礼服为圆衫，用红罗为面料，上绣重雉作为等第。其中一品九等，二品八等，三品七等，四品六等，五品五等，六品四等，七品三等，其余则不用绣雉。（《明太祖实录》）洪武二十四年（1391），又定命妇冠服。其中公侯伯命妇与一品命妇相同，穿大袖衫，用真红色；二品至五品，绞丝绫罗随意使用；六品至九品，绫罗绸绢随意使用。霞帔褙子均用深青色缎匹，公侯及一品、二品命妇，金绣云霞翟纹；三品、四品，金绣云霞孔雀纹；五品，绣云霞鸳鸯纹；六品、七品，绣云霞练雀纹；八品、九品，缠枝花纹。命妇的首饰，一品至四品冠，用金首饰；五品至九品冠，用抹金的银首饰。当然，不同品级内首饰质料虽相同，又

以件数多寡加以区分。（《大明会典》）

除确定命妇与庶民妻子衣服首饰等级之外，待字闺中女子的服饰，也有统一规定。按照宋代制度，女子年二十而笄，未笄之前，服饰之制，史无明文。洪武五年（1372）规定，闺中女子服饰一概作三小髻，金钗珠头巾，穿窄袖褙子。（《明太祖实录》）

明代服饰制度除贵贱有序以外，另外重要的一点就是良贱有别。乐工、优伶、娼妓这些贱民，其服饰显然又要低庶民百

明佚名《右副都御史韩夫人之像》

姓一等。明太祖在南京乾道桥创立了一座富乐院，其中男子戴绿巾，腰系红搭膊，足穿带毛猪布靴，妓女戴皂色冠，身穿皂色褙子，出入不许穿华丽的衣服。（顾起元《客座赘语》）前文有述，乐工起初是戴青色卍字顶巾，系红绿二色帛带，而乐妓则戴明角冠，穿皂色褙子。顾起元的记载与此稍异，说明其间仍稍有变化。到了洪武二十一年（1388），教坊司女子就连戴冠穿褙子也在禁止之列。很显然，乐工、优伶、娼妓处于社会最底层，对其服饰的限制无非是以此与庶民相别。

服饰的尺寸大小也有定制。明代服饰的尺寸追求宽大，反对便易短窄，以求遵守古制。其中规定官员衣服宽窄以身为度。文官衣长自领至裔，离地一寸，袖长过手，复回至肘，袖桩广一尺，袖口九寸。公侯、驸马与文职相同。耆民、儒士、生员衣服尺寸与文职同，只是衣袖稍短，过手复回，不及肘三寸。庶民衣长离地五寸，袖长过手六寸，袖桩广一尺，袖口五寸。武职衣长离地五寸，袖长过手七寸，袖桩广一尺，袖口仅出拳。军人衣长离地七寸，袖长过手五寸，袖桩广不过一尺，窄不过七寸，袖口仅出拳。（《明太祖实录》）显然，这种对衣服尺寸的规定包含以下两层用意：一是通过衣身、衣袖的长短及袖桩的宽窄、袖口的大小来区分官与民的不同身份，长、宽、大者为官，短、窄、小者为民。这种观念根深蒂固，流衍至清末民初，以致时称缙绅为"峨冠博带"，劳动工人为"短衣帮"。二是借此区分文武，在服饰上更多地考虑文武的差异。武官、军人的衣服尺寸比文职短小，其用意显然已将实用性考虑在内。换言之，文官衣服尺寸追求观瞻，而武官、军人衣服则更考虑实用。

此外，朱元璋还限定服饰的颜色，以此确立等级。当时规定，玄、黄、紫三色为皇家专用，而官吏军民的服装，均不许用这三种颜色，违者即属触犯法律。（《明太祖实录》）

服饰等级制度确立后，被作为典章制度写入《大明律》以及具有法律性质的《大诰》，官吏军民均须遵守，不得违例越级穿戴服饰。这套服饰制度，从头上的巾帽直至脚下的靴鞋都有一定的规矩。在洪武年间，朱元璋屡次申述服饰禁例，一旦发现有人违犯，就严惩不贷。如洪武二十二年（1389），又颁布了一些有关巾帽的禁令。禁令规定：所有文武官员，除了本等纱帽外，遇到雨天，可以戴雨帽；公差外出，允许戴帽子，入城则不许；将军、力士、校尉、旗军平常只能戴头巾，或戴"楂脑"；官下舍人、儒生、吏员及老百姓，平时只能戴本等的头巾；至于乡村的农夫，可以戴斗笠、蒲笠，并出入市井，而不从事农业的市井小民则不在允许之列。（《明太祖实录》）洪武二十五年（1392），又申明穿靴禁令。禁令规定：只有文武百官并同籍父兄、伯叔、弟侄、子婿，及儒士、生员、典吏、知印、承差、钦天监文生、太医院医士、瑜伽僧人、正一教道士、将军、散骑舍人、带刀之人、正伍马军并马军总小旗、教读《大诰》师生等，可以穿靴，但不可以用红色扇面、黑色下桩，以免与内官内使的靴混同；北平、山西、山东、陕西、河南及南直隶的徐州，因为天气寒冷，允许百姓穿牛皮直缝靴；校尉力士和乐工，当承应差使时可以穿靴，出外则不许；其他庶民百姓，不许穿靴，只能穿皮札𩍐。（《明太祖实录》）凡有违犯，即处以极刑。不过，民间百姓也有为穿靴不怕死的，不但穿靴，而且将靴裁制成各种花样，用金线蓝绦镶嵌。如南京五城兵马司就曾查获过违禁犯人颜锁住等38人，他们故意更改皮札𩎿的样式，做成半截靴、短靿靴，靴里与靴靿一般长，还安上抹口，最后都被严惩。（《南京刑部志》）

明太祖朱元璋刻意创设的一整套服饰制度，除了变革"胡风"、恢复唐制，其中的内容仍然包括传统等级制与礼教两大特征。

其一，这套服饰制度自始至终贯穿着传统等级制，是为了维系贵贱之等，以便良贱有别。等级制的理论基础是"天尊地卑，理势之必然"，就是为了让百姓居处安分，安于本等服饰，不得僭用。

其二，这套服饰制度的宗旨是恢复"敦朴之风"，戒奢侈，求俭素，这与传统礼教如合符契。明人吕坤在《四礼翼》一书中，就从礼教出发，规范士君子与家庭妇女的服饰，认为君子"能以美衣为辱身，便有三分道气矣"。同时，他又主张，女子在家，"但与布衣，鲜明者只是绸缣，不与纱罗缎绢"。至于妇女的首饰，他认为，富贵之家金珠固所不废，但也不必"满头遍体"。这样，服饰又与以礼教为内容的道学风气遥相呼应。

其三，服饰可以部分反映人的行为特征。明代理学家薛瑄曾在《读书录》中说了这样一段话："古人衣冠伟博，皆所以庄其外而肃其内。后人服一切简便短窄之衣，起居动静，惟务安适，外无所严，内无所肃，鲜不习而为轻佻浮薄者。"这段话为我们解开明代这套服饰制度的真谛提供了便利。朱元璋刻意创立的这套服饰制度，除了追求服饰的宽大，还规定官民只能穿右衽衣，禁止穿对襟衣。众所周知，穿着右衽而又宽大的衣服，尽管姿态优雅伟博，却并不实用，不如简便短窄或对襟的衣服显得方便。这套服饰制度的本意就是让人们穿上右衽而又宽大的衣服后，油然产生出一种庄严肃穆的感觉，不敢"惟务安适"，借此规范人们的行为特征。

其四，这套服饰制度又反映了朱元璋的小农经济思想，体现了明初农业社会的基本生活特征。朱元璋认为，"足食在于禁末作，足衣在于禁华靡"。为此，他自己过的就是相当俭朴的生活，宫室器用"一从朴素"，饮食衣服"皆用常供"。这就不难理解朱元璋在服饰制度上禁止庶民"衣锦绣"的用意了。

服妖

万历年间，在江南的一些城市中，服饰穿戴上出现了令人惊骇的怪现象，以致被当时人称为"服妖"。

当时曾有一位闲居的官员，名唤李乐，进了一趟城，突然惊奇地发现，满街走动的生员秀才，他们全是红丝束发，嘴唇涂着红色的脂膏，脸上抹着白粉，还用胭脂点缀，身穿红紫一类颜色的衣服，外披内衣，一身盛妆，如同艳丽的妇人。回到乡下家中以后，这位老先生感慨万千，改古诗一首予以揭露："昨日到城郭，归来泪满襟。遍身女衣者，尽是读书人。"

（李乐《续见闻杂记》）

　　其实，这位老先生有点大惊小怪了。这种惊世骇俗的现象在此时的明代城市中比比皆是，已经见多不怪了。

　　每一个王朝都有一套固定的服饰制度，这不但为礼教或法律所维护，而且植根于人们的内心深处，形成一种"理所当然"的心理定式。一旦有人对已有的陈旧呆板的服饰稍露不满，从自己的财力或追求生活美的角度出发穿衣戴帽，就会引起旁人的不满，被卫道士指责为"服妖"。

　　自明代中期以后，城市服饰争奇斗艳。"服妖"的出现，与其说是对传统的反叛，毋宁说是一种基于城市繁华之上的商业社会的生活特质。正如前面所说，明代服饰等级制度自创立起，就不断有人违例穿戴。到永乐、洪熙年间，突破服饰禁令的现象更是时有所见。如永乐九年（1411），北京就出现了戴"圆帽匾头"的人，并非本等巾服，属于"乖于礼制"的行为。（《明太宗实录》）仁宗洪熙年间，教坊司乐人的靴帽衣服往往违式穿戴。至成化、弘治以后，服饰式样翻新，不分男女，面料也日渐奢华，官方的服饰禁令已是烂倒至极。

　　明代中期以后，城市服饰风尚出现的一些新动向，概括起来说，主要表现在以下几个方面：

　　（一）僭礼越分。等级制已被打破，僭用服饰习以为常。僭用之风首起于缙绅内官，大张于教坊妇女，其风流被一般百姓。

　　以蟒服为例，明代品官服饰原无蟒服制式。自成化、弘治以后，内外官员均以着蟒服为荣。蟒原指大蛇，为蛇属，非龙类。蟒无角无足，龙则角足俱备，但当时官员所穿蟒服大致多为龙形，而非蟒象，名为蟒服，实则龙衣。不仅品官穿用蟒服，到了后来就连内官（太监）也多乞讨蟒服。（徐学聚《国朝典汇》）不言而喻，蟒服的出现，及其图形由蟒形变为龙象，不仅仅是一般的服饰僭妄，甚至是对至高无上的皇帝权威的冲击。在洪武年间，明太祖朱元璋只允许官员在下雨天戴雨帽。至天顺年间，官员却擅自创制雨衣，而且面料相当精致，系用红毡制成，称"红毡雨衫"。（《明英宗实录》）

对教坊司乐工、妇女的服饰，朝廷屡有禁令，限制其僭用。不过从天顺年间以后，禁令已形同虚设，僭用也习以为常。他（她）们穿的衣服，多用纱、罗、绫、缎制成，花样也千姿百态，内衬大红织金，头上戴的首饰用金、玉、宝石制成，并有珠环。

身穿蟒服的官员

在这种风气的影响下，民间百姓也超越礼制法令规范下的本等服饰，追求美衣鲜服，采用金、玉做首饰也习以为常。当时北京民间百姓的服饰，面料僭用大红织金罗缎、遍地金锦；首饰则用宝石珠翠；衣服花样五花八门，有蟒龙、飞鱼、斗牛、大鹏、狮子、四宝相花、大西番莲、大云等；颜色则有姜黄、柳黄、明黄、玄色、绿色等，紫、红二色原在严禁之列，但在百姓服饰中也成了很平常的东西。甚至有些老百姓穿着皮靴，大模大样地走入紫禁城中。

拿首饰来说，由于当时城市首饰业发达，加之城市居民的虚荣心，民间妇女穿金戴银、满头珠翠蔚然成风。如成化年间，在北京就有屠宗顺等数家首饰铺，专门以贩卖宝石为业，为妇女提供宝石首饰。在杭州，有专门从事金箔、销金之业的工匠、商人，除上供之外，大多用于民间百姓的首饰、衣裤。（田汝成《西湖游览志余》）

（二）服饰由敦朴转向好美。奢侈是晚明城市风尚的基本特点，即使家无担石之储的庶民百姓，也要刻意打扮，装饰门面。

在等级制与礼教的束缚下，明初俗尚敦朴。无论诸生士子，还是市井小民，无论去学校还是市肆，都穿一布袍，十分俭朴。布袍的色彩，士子为素色，市井小民为缁色，不过随冬夏寒暑时令的更迭稍加更换。即使那些殷实的家庭，穿着稍为华美，也不过是将薄缣纱制成衣服，平时藏在箱笥中，等到吉礼嘉会等重要场合才拿出来穿用，过后又收藏如故。

到了晚明，俗尚奢侈，衣服也追求华美，凡衣必用绮纨制成，如果有人不这样，还穿着布袍，反而会被市人嘲笑羞辱。

　　这种奢侈之习，倡导于士大夫。如有名臣之誉的张居正，性喜华楚，穿衣"必鲜美耀目，膏泽脂香，早暮递进"，以致在当时士大夫中形成一种"侈饰相尚"的风气。（沈德符《万历野获编》）士大夫俗尚侈饰，庶民百姓纷纷起而仿效。在明初，皇帝的近体衣服即内衣均用松江产的三梭布制成。明太祖所穿红纻丝拜裍，立脚处也不过是红布，而非绫罗绸缎。到了晚明，一些富贵佻达子弟甚至用纻丝绫缎做成衣裳的裉（张萱《西园闻见录》），显然已是暴殄过分，奢华至极。

　　（三）厌常斗奇，服务淫巧。服饰的等级制度一旦被冲破，随之而来的是服饰的僭用与对华美的追求。服饰追求华美，势必产生一种厌常斗奇的心理，并对服饰样式随时进行革新。不妨拿河北大名府作例子，当地老百姓的衣服样式颇有特色，一件衣服上下分成两种颜色，甚至用马尾织成裙子穿用。

　　服饰革新的结果导致服饰的多样化。与明初整齐划一、等级分明的服饰不同，明中期以后的服饰已是花样翻新，众彩纷呈。缙绅士大夫很热衷于创制服饰新式样。据记载，张悦任都察院金都御史时，就身穿马尾衬裙。（《明孝宗实录》）张悦为百僚之显官，却身穿市井浮华的服饰，说明服装式样革新已是一种趋势。士大夫闲居，平常所穿，出现了曳撒、程子衣、道袍三种式样，总称"裤褶"，是一种戎服。裤褶的式样，或短袖，或无袖，衣服中间有折断，分为上下两截，下截有横折，再下面又有竖折。袖子长的，称为曳撒；腰中间折断，再加一道横线，称程子衣；无横线的，则称道袍，又称直掇。此后，又因为程子衣、道袍过于简单，士大夫宴会时，都改穿曳

撒。（王世贞《觚不觚录》）

下面以南京、松江为例，考察明中期以后城市服饰的变化，以见服饰新式样之多。

在隆庆、万历以前，南京人的服饰还称得上较为朴谨，官员戴忠静冠，士子戴方巾，万历中期以后，从头到脚的服饰已是殊形诡制，日新月异。士大夫头上所戴之巾，名称就很繁多，有汉巾、晋巾、唐巾、诸葛巾、纯阳巾、东坡巾、阳明巾、九华巾、玉台巾、逍遥巾、纱帽巾、华阳巾、四开巾、勇巾。巾的上面，用玉结子、玉花瓶作点缀，巾的侧面用大块大玉环作装饰。纯阳、九华、逍遥、华阳等巾，前后增加两片，随风飞扬，煞是好看。巾的齐缝都用皮金作缘饰，质地为帽罗、纬罗、漆纱，有的甚至用马尾纱、龙麟纱。颜色有天青、天蓝二色。甚至有用马尾织成巾的，这类巾又分为瓦楞、单丝、双丝等名色。足上穿的靴履，开始只有云履、素履，后来鞋样陆续增加。新式样纷纷出现，有方头、短脸、球鞋、罗汉靸、僧鞋。鞋跟由高变低，并以浅薄为时尚，以致走路时显得有点拖曳。鞋的颜色，有红、紫、黄、绿，无所不备。（顾起元《客座赘语》）

松江在明代有"棉都"之称，服饰的式样五花八门。就冠髻而言，明初帽用六瓣缝合在一起，下面用檐作点缀，表示"六合一统"的意思。至晚明，士人已将唐巾、晋巾看作简陋，少年都喜戴纯阳巾，此巾横折成两幅，正好盖住头的前后。又有披巾，戴时只披后面的一幅。还有将巾，用蓝线制成小云朵，点缀在巾的两侧。至于云巾，则是将蓝线作披巾的边饰，前面系一块玉，有的则是小如意，或是玉结。女子的发髻，也是随时而变。松江女子发髻崇尚小而矮，发髻分别有纯阳髻、官髻，或以珠子作点缀，或在髻后垂络，有的则用翡翠做成龙凤样式，作为装饰。拿服装来说，男子服装喜用广袖，垂大带，与身相等，衣上所织花纹新异，有雪梅、水田等数十种。女子衫袖如同男子，领缘用绣靶，如莲叶一般大，披在肩上，称作"围肩"，有些围肩也用金珠作点缀；裙子用彩绣，至于挑线织金，已被视作拙陋。

再来看看鞋与袜子。在明初，松江民间多穿布履，也有镶履，并有二镶、三镶两种制式。颜色用青蓝，或用红绿，称作"朝鞋"。至晚明，鞋的色彩采用纯红，各种镶履已很少有人穿用，而是新创了道鞋、球鞋、靴头鞋。此外，还有一种董鞋，鞋面浅而稍阔；有网绣鞋，用彩线织成花样。鞋的面料，有的用纱，用皮金做衬，也有用布制作，称布条鞋。至于袜子的样制，开始较窄，后渐宽大，但较短，大致与鞋相等。袜子的质地，多用纱、罗、绸、绫制成。（崇祯《松江府志》）

城市服饰的日新月异，必然导致"时装"的出现。在晚明，城市服饰样式的更换尤为迅速。譬如南京妇女的衣饰，起初样式十余年一变。到了晚明，妇女的衣饰，包括头上发髻的大小高低，衣袂的宽狭修短，花钿的样式，服装印染的颜色，鬓发上的首饰，以及鞋袜的工巧，不到两三年就有了变化，淘汰旧式样，流行新式样。尤其是南曲中妓女的衣裳装束，"四方取以为式"，领导着天下服装的新潮流。南曲妓女的服饰，大约以淡雅朴素为主，不崇尚鲜华绮丽，体现了一种全新的审美情趣。妓女的衣衫全由嫖客措办，巧样新裁全出于假母（鸨儿），余下之物假母自己使用。所以，假母虽年事已高，也盛装艳服，光彩照人。妓女衣之短长，袖之大小，都随时变易，在当时有"时世装"之称（余怀《板桥杂记》），就是今天的时装。

在厌常斗奇风中，不能不提到当时服饰中恢复"胡风"的倾向。假若说朱元璋建立大明帝国，恢复汉唐衣冠，是民族意识的一种反映，那么，弘治年间北京居民在服饰上崇尚"胡风"，显然已无民族意识的影子，不过是一种基于个人喜好的服饰审美趋向。据说，当时北京的百姓每到冬天，男子一概用貂狐之皮制成高顶卷檐的帽子，称为"胡帽"。妇女也用貂皮裁制成尖顶覆额的披肩，称为"昭君帽"。此风所及，北直隶各府及山东、山西、河南、陕西等地也争相仿效。（何乔新《何文肃公文集》）这种"胡风"不仅表现在服饰上，而且在语言上也有所反映，譬如，北京儿童在街上嬉戏聚谈，或者相互骂詈，均不作中华正音，学成一种鸟兽声音，称为"打狗吣"。由此看来，蒙古文化对明代北京民间生活还是有些影响的，这或许与当时北京附近地区驻扎着一些鞑靼官员有关。

随着服饰的不断革新，奇装异服也出现了，这就是"服妖"。服妖云云，除了上述的服装新式样外，尤其表现在喜新厌旧，突出一个"奇"字。所谓奇，一方面是服饰上的男女错位，也即男穿女服，女穿男衣；另一方面，也是指各种怪异服装。据记载，江南富贵公子的衣服，"大类女妆，巾式诡异"。（李乐《见闻杂记》）与此相反，当时妇人的衣服却如文官，裙则如武官（郎瑛《七修类稿》），体现了一种女服男装化的倾向。

服妖的出现，大多源自那些人格狂放、行为怪诞的人，他们的穿着打扮别具一路，怪模怪样，也形成一时的风气。如苏州人卜孟硕，曾经在夏季首挽高髻，身穿大红苎皮袍，跣足行歌市中。所用"障面"，长三四尺，而袖很小，仅方广数寸。（钮琇《觚剩》）山阴人祁骏佳，打扮也以"嗜奇"出名，平常去冠弛带，用墨纱束额，"而以金线圜其文"。有人问他是什么用意，他解释是"季布髡钳遗意"。（顾公燮《丹午笔记·祁骏佳嗜奇》）

巧裁宫样缕金袍

皇宫内后妃宫女的服饰，即"宫装"，始终与命妇及民间妇女保持着一定的距离。无论是面料还是裁制的式样，宫装均自具特色。明宗室朱权所作宫词云："谁剪吴江一幅绡，巧裁宫样缕金袍。妖娆偏称腰肢小，每向龙墀侍早朝。"（朱权《宫词七十首》）词中所言"宫样"，就是明宫服饰样式的通称。

明宫后妃宫女均来自民间。每当她们入宫，必然会将一些民间妇女的服饰式样带入宫中。同时，明代江南尤其是苏州一带的服饰样式一直有时装化的趋势，当时人称之为"苏样"，对明宫服饰的影响也至为深远。

在谈到宫中服饰之前，有必要对皇帝与内臣的服饰做一些介绍。根据明代的制度，皇帝在祭天地、宗庙之时，穿衮服，戴冕旒。古冕计有十二旒，每旒又有十二玉，前后各用玉144颗。宋代的冕，称作"平天冠"，共用北珠245颗，麻珠4590颗，调珠8604颗，可见戴冕是地位至尊的象征。当皇帝祭社稷时，则戴通天冠，穿绛服。（徐复祚《花当阁丛谈》）如前所述，明太祖朱元璋在服饰上崇尚简素，此风至明世宗犹有遗存。入隆庆朝，穆宗尚奢侈，服装大致已是一天一换。

宫中内臣（太监）服饰，一向也有定例，必须遵例而行。至明末，由于太监擅权，变革服饰、违例穿戴习以为常。史梦兰《全史宫词》说，明末太监多戴束发冠，蟒龙蟠绕，下加额子，左右插长雉尾。王誉昌《崇祯宫词》说，崇祯年间，有一名大太监，头戴翼善冠，上嵌一颗巨珠，为夜光珠，紫光如莲花，至晚光耀五彩，如琉璃一般。

内臣的朝冠本与外廷相同，为七梁或五梁。司礼监掌印太监在祭中霄时，戴朝冠。后魏忠贤增加二梁，改成九梁。（秦征兰《天启宫词》）至后，太监又将"铎针"别在帽上。铎针由金银珠宝镶嵌而成，其名色分别有"大吉胡芦""万年吉庆"等。除铎针外，还有"枝个""桃杖"，均为簪钗之类饰物，别在官帽之上。

内臣所穿之衣一般称"裋褐"，颜色青红不等，穿红色裋褐的内臣称"穿红近侍"。至于那些有权势的贵近内臣，则穿"红蟒帖里"。同时，他们还在郄襕加一襕，称作"三襕"，另外又新创了双袖襕蟒衣，两袖各加一蟒。根据明代制度，遇到大忌辰或修省，内臣穿青素衣；而在桃庙忌辰，则穿青绿花样。所谓"青素"，就是夏天用屯绢，冬天用玄色纻。到天启年间，太监已置旧制于不顾，用天青、竹绿色花纱罗代替青素，里衬淡红内衣，内外掩映，煞是好看。魏忠贤创制了"牌缞"，悬挂在贴里外面，用明珠作装饰，又创制了织金寿字喜字纱纻，腰间系"扁辫"，即一种绒织阔带。每遇雨雪天，太监用扁辫束衣离地，以防衣服被泥污染。

至于宫中内臣中的长随、小火者，则只能带"平巾"，穿着的衣服也较为简单。

洪武朝时，马皇后服用俭朴，为六宫表率。自中期以后，宫中服饰已习奢侈，花样翻新，不胜枚举。旧制，明宫后妃冠用鸦青石作点缀，有时也用珠。崇祯朝时，田贵妃将珠改成琲。（佚名《烬宫遗录》）皇后所戴之冠，称"博鬓冠"。在明初，亲王的妃子也可以戴博鬓冠，到永乐年间，此制废除。据《大明典礼》载，宫人也戴乌纱帽，用花作装饰物，帽额上

马皇后像

缀有圆珠、结珠、鬓梳、垂珠、耳饰等物。乌纱帽是宫人礼服，至于常服，大概只是用青纱护发，再在外面插上钗钏一类首饰。

在明宫后妃中，流行用花插头，作为一种时髦的装饰。如崇祯帝之后周皇后就喜用茉莉花制成簪形，戴在头上。每天清晨，她"摘花簇成球，缀于鬟髻"。这种装饰，颇得崇祯帝欣赏，于是他命宫中才人将桂花"簪于冠"。宫人不仅用天然之花作为头上的装饰物，而且还剪彩为花，以此作为首饰。如崇祯帝的妃子袁贵妃擅长剪彩花，每年入冬就自制花朵，以为妆助，宫中称为"消寒花"。（王誉昌《崇祯宫词》）于是，在明宫中形成了插戴各色花朵的风气。崇祯帝宠妃田贵妃，专戴一种叫"象生花"的新式花。田贵妃善于打扮自己，以博得皇帝的宠幸，因此成为宫人效法的榜样。

除花之外，明宫宫眷还用楸叶作为首饰。每当春日，宫娥还头戴"闹蛾"，"掠风撩草，须翅生动"。据查考，"戴闹蛾"，就是逮蝴蝶戴在头上作为饰物。有时闹蛾又用真草虫制成，中间夹杂成葫芦形状，如豌豆一般大，称作"草里金"，一枝可值二三十金。

由于天启皇帝乳母客氏的倡导，宫中宫人都效法江南，作广袖低髻，形成一时风气。熹宗之后张皇后生性淡静，厌薄如此装束，喜欢窄袖高髻，装束如图画中所绘古人像一般。

宫中后妃服饰，明初即有定制，用品级补子。永乐三年（1405），重新制定皇妃礼服、常服样式。其中有缘襈裙，红色，绿缘襈，织金花凤文绫绿纱罗随用。据《大明典礼》，宫人的衣服一般为紫色，圆领窄袖，衣上遍刺折枝小葵花，以金圈之。宫女衣服上的护领均用纸制成，一天一换，以保持洁净，而纸护领专门由江西玉山县上贡。（李诩《戒庵老人漫笔》）至于宫中乳母，则穿黄裀。

宫中后妃的服装一般随季节不同而有所变化，如每年自三月初四日至四月初四日，宫眷穿"罗衣"，到了四月，换穿"纱衣"。纱衣为暑衣，一般不用纯素。自从崇祯帝后周皇后穿纯素暑衣，以白纱为衫，被崇祯帝赏为"白衣大士"后，一时宫眷裙衫都用白纱裁制，里面用绯交裆、红袙腹作衬，里外掩映，很有看头。至于品级补子，宫眷也在品级之外，随时令节序不同而随意更造名称服用，如腊月廿四日祭灶后，穿"葫芦补子"；上元节，穿"灯景补子"；五月，穿"艾虎毒补子"；七夕，穿"鹊桥补子"；重阳节，穿"菊花补子"；冬至，穿"阳生补子"。（桐西漫士《听雨闲谈》）宫眷每当梳洗时，用刺绣的纱绫阔腹束在胸腹之间，称"主腰"。

宫中靴鞋，名色众多。每当岁节朝贺，宫眷都穿纻靴，或穿缎靴。崇祯朝时，只有周皇后穿棉鞋，不穿靴，以示与众妃、宫女相别。崇祯五年、六年间，宫眷在鞋上绣出兽头，用来避邪，称为"猫头鞋"。

宫中化妆，自具特色，以致后来被讹传为"宫中秘方"，其实并无多少神秘之处。如熹宗乳母奉圣夫人客氏，就用宫人口中津液饰鬓，自称此方传自岭南祁异人，称之为"群仙液"，可以令人老无白发。而有些化妆品，本来就是由民间传入宫中的。如明宫宫眷化妆脸部，采用一种"珍珠粉"，其制法是采用紫茉莉花实，捣取里面的核仁，蒸熟即成；到了秋天则用"玉簪粉"，其制法是取玉簪花蕊，剪去其蒂，形状如一个小瓶，再在里面放进民间所用的"胡粉"，蒸熟即成。这些方子都是熹宗张皇后从民间学习的。崇祯皇帝不喜欢宫眷涂泽，每次见到宫眷施粉太重，就笑道："活脱像庙中鬼脸。"于是，明宫中一时又流行淡妆。

明宫服饰在很大程度上受到民间的影响，尤其是江南时装风气的熏染。如民间的护帽在宫中也十分流行，称作"云字披肩"。宫中后妃用花作头饰，这在民间也极为流行。如杭州妇女就喜以"玉簪花助新妆"，将它插在鬓髻旁。瞿宗吉《玉簪花》诗云："白露初凝气候凉，花神献宝助新妆。移来银色三千界，压尽金钗十二行。秋水为神冰琢骨，龙涎作炷麝传香。不须石上忧磨折，长在佳人鬓髻傍。"（田汝成《西湖游览志余》）崇祯朝时，周皇后原籍苏州，田贵妃居扬州，都习用江南服饰，称为"苏样"。田贵妃入宫以后，凡衣鞋之类，也全用"南制"。其母"岁制以进"。（李清《三垣笔记》）在往昔，宫中妇人喜欢高髻居顶，随后也"雅以南装自好"。宫中流行尖鞋平底，"行无履声"，即使周皇后，也"概有吴风"。袁贵妃原骑马善射，但为崇祯帝所不喜，后来不得不学南装，"袅袅行步"。（史玄《旧京遗事》）

概言之，明代宫廷服饰具有这样一些特征：

首先，皇帝的好恶决定了宫眷服饰的时尚。女为悦己者容，后妃为了博得皇帝的欢心，不惜牺牲个人的喜好，在服饰上迎合皇帝的口味。

其次，宫廷服饰不仅反映了等级制在宫内的存在以及时尚的变化，更是民间风俗在宫廷生活中的一种折射。

最后，明宫后妃与宫人多选自民间，这是明代的特点。这就决定了明宫服饰生活必然受到民间庶民生活的影响，尤其是受到江南服饰时尚的影响。

服饰名色

在说到城市人服饰名色之前，不妨举小说《金瓶梅》为例，看看市井人的穿着打扮。

小说记西门庆道："头上戴着缨子帽儿，金玲珑簪儿，金井玉栏杆圈儿；长腰才，身穿绿罗褶儿；脚下细结底陈桥鞋儿，清水布袜儿；手里摇着洒金川扇儿。"短短几句，就让一个市井破落户、浮浪人的形象活跳出来。

再来看应伯爵："头上戴一顶新盏的玄罗帽儿，身上穿一件半新不旧的天青夹绉纱褶子。"活脱脱一副靠凑趣、捧粗腿过日子的帮闲相。

潘金莲一登场，小说就说她"描眉画眼，傅粉施朱""梳一个缠髻儿，着一件扣身衫子，做张做致，乔模乔样"，从穿着打扮来看，显然也是市井小妇的装束。

这些都使我们想到服饰的品种，诸如巾帽、衣裳、鞋袜、首饰、化妆。明代的城市人到底是一副什么样子？

（一）巾帽

正如前述，明代巾帽有一套制度，但在制度之内，式样变化较大，增加了不少品种。即以珍珠冠而言，在抄没的奸相严嵩的家产中，珍珠冠就以凤饰不同而分为珍珠五凤冠、珍珠三凤冠。（佚名《天水冰山录》）同时，巾帽之式样不断创新，出现了一些新制式。如明中期以后，无论官员还是士庶，"多制高檐桶子冠"。嘉靖年间，士子也新创了"凌云巾"。

"巾"原来是指佩巾，用来拭物，即明代的手巾、汗巾。后成裹头之物。巾又是帗属，即妇人之袆，也就是帨巾，一说巾是卑贱之人所服，但另一说认为古代有帻无巾。不过，古代天子也有戴巾的先例，显然不可一概而论。

巾者，谨也。在古代，佩带巾，即须自谨，修于四教。明人叶子奇《草木子》言："纱帽圆领，唐服也，仕者用之；巾笠襕衫，宋服也；巾环襵领，金服也；帽子系腰，元服也；方巾圆领，明服也，庶民用之。"可见，古代庶人也可以戴巾，至明定制，庶民不得服巾。

巾的名色，明代有四方平定巾、汉巾、晋巾、唐巾、诸葛巾、纯阳巾、东坡巾、阳明巾、九华巾、玉台巾、逍遥巾、纱帽巾、华阳巾、凌云巾、云巾、四开巾、勇巾等，如果仔细统计，品种达几十种。这些巾式，或为明朝新制，或承袭前代旧式。

"帽"者，冒也，为裹头之物。上古时用羽毛及皮制帽。明代则用纱罗、纻丝、马尾、牦牛尾、棕、藤竹、蒲等制成。帽的檐有的圆，有的前圆后方，有的如楼子，是兜鍪的遗制。所谓"楼子"，就是明代南方村落中小孩所带的五彩帽，此外，明代小孩还带双耳金线帽。明代冠、帽，制式较多，举其荦荦大者，有冲天冠、堂帽、圆帽、中官帽、席帽、幞头等。

戴四方平定巾的男子

　　妇女裹发之物，命妇用金冠，以金凤衔珠串，其式照品级不等；命妇平常家居，或庶民妻女则有"冠髻"或"包头"。

　　冠髻高过二寸，大如拳，有的用金银丝挽成。若用乌纱，就在顶上装珠翠沿口，又另装金花衔珠，如新月样，抱于髻前，称为"插梳"。其后式样有变，髻扁而下，高不过寸，大仅如酒杯，虽仍用金银丝挽成，插梳之制却废弃不用。银丝髻内映红绫，光彩焕发，并与素色有别。崇祯末年，髻变得越来越大，而且扁，只用乌纱为质，任人随意自饰珠翠，不用金银。女子之髻随时而变。明末，松江女子髻式分别有：发髦，小而矮；纯阳髻，有云而覆后；官髻，有梁。髻的装饰物，或用珠作缀，或垂络于后，也有用翠装饰成龙凤式样。崇祯年间，开始流行松鬓扁髻，其发际高卷，虚朗可数，临风吹拂，甚为雅丽。

包头即古之缠头。在古代，用锦制成。在明代，妇女包头冬用乌绫，夏用乌纱，每幅约阔二寸，长倍之。崇祯以前，包头用全幅斜褶，阔二寸许，裹在额上，即垂后，两杪向前，打成方结，并无裁剪。年老妇人还加上锦帕，至于年少妇人，则用白花青绫帕单裹缠头。崇祯中期，缠头之制又是一变。样式开始崇尚狭窄，将整幅料子截为两半，将单幅又分为二幅，幅方寸许，斜褶阔寸余，一施于内，一加于外，外面的稍狭一二分，而在外幅的正面装成方结。

妇女首饰用头发制成，则称"假头"，又称"假髻"。有人认为假髻始于晋太元年间。不过，据史实看来，早在东汉章帝时，假髻即已存在。明弘治末年，北京的妇女也流行戴假髻。张弼《假髻篇》云："东家女儿发委地，辛苦朝朝理高髻。西家女儿发及肩，买装假髻亦峨然。金钗宝钿围珠翠，眼底何人辨真伪。夭桃窗下来春风，假髻美人归上公。"所言即指此。

（二）衣裳

按照古制，上下一体，上为衣，下为裳，即裙。至明代中期以后，才出现了上下分为两截的衣裳。据明代制度，无论是官员，还是庶民百姓，衣裳都有定制，不能僭越。明中期以后，衣裳又创制了许多新的名色。如前面提到，分别有曳撒、程子衣、道袍等。据抄没的严嵩家产清单，男女衣裳的名色有衣、袍、圆领、褶子、披风、袄、裙，质地有缎、绢、罗、纱、绸、绒、改机、宋锦、蟒葛、貂裘等，至于面料花色，则更为繁富。

妇女的服装最为多姿多彩，明代也不例外。据旧礼，妇女之服"不殊"，意思是说衣裳上下同色。但在明代，只有越地妇女还穿一色青的服装，别的地方多改为上下二色。

妇女的服装又称"内装"。内装的领饰，一向分为三等：大的将白绫裁成云样，披及两肩，胸背刺绣花鸟，用金珠、宝石、钟铃缀饰，令走动有声，称为"宫装"。次者称"云肩"。小者称"阁鬓"，不过绣文缀装与宫装同。到了明朝末年，只有礼服上仍使用宫装，平常家居只用阁鬓，而且式样也有变化，或剪裁成金莲花，或结线为缨络样式，扣于领，倒覆于肩，任意装扮，更为轻便。

裳服，俗称裙。裙的颜色不一，有的用浅色，有的用素白，有的用刺绣，有的用羊皮织结，在下缝有金的缘饰，以便与衣衫相称。崇祯初年，裙专用素白，即使刺绣，也只刺在下边一二寸处；至于裙体，只有六幅。崇祯末年，始用八幅，腰间细褶数十，引动如水纹，而上边用大红一线，上或绣画二三寸，这是浅色画裙；有的画裙达十幅，腰间每褶各用一色，色都很淡雅，前后正幅，轻描细绘，随风拂动，色如月华，飘逸绚烂。

明代广西妇女还穿一种细裥裙，后曳地四五尺，"行则以两婢前携之"，裥多而细，称为"马牙裥"。这种裙子类似于百褶裙，而且属于长裙一类。杭州的妇女喜欢阔裥高系，崇尚软薄。北方妇人的裙子长可拖地，据说因为北方妇女不缠足，所以穿长裙，盖足遮丑。（田艺蘅《留青日札》）在衣裳名色中，有些属于独创，颇具特点，值得介绍。此类衣裳分别有罩甲、袜胸、背子。罩甲为外套，创自明武宗，士大夫穿服。其制比甲稍长，比披袄稍短。（王应奎《柳南随笔》）袜胸一作"抹胸"，又称"襕裙"，为女人胁衣。明代襕裙在内有袖的称"主腰"。领襟之缘，绣蒲桃花，"言其花朵朵圆，如蒲桃也"。（田艺蘅《留青日札》）背子始于隋，称"半臂"。其制去掉长袖，江淮之间称"绰子"，在明代又俗称"搭护"。（王三聘《古今事物考》）

（三）鞋袜

明代鞋袜的料类很多，单是较有特色的，在嘉兴就有绑腿袜、荡口鞋。（崇祯《嘉兴县志》）松江出的墩布袜很是有名，由客商收买，贩于全国各地。

鞋在古时有屦、舄、屐等名称，如步屦、舞屦。明代有高低鞋，与履相类，底称舄，用皮制成。舄用木置履下，干湿均宜。屐用木制成，称为木屐。明代广东妇女，不管晴雨夜昼，都穿木屐。当时流行连齿木屐，称拖屐。

鞋又称屩。屩，舞履也，类似于明代的靸鞋。靸鞋始于秦始皇即位二年，用蒲制成。至秦二世时，在靸鞋上加凤头，仍用蒲。此即明代无后跟凉鞋。晋永嘉元年（307）改用黄草制成，出现了伏鸠头履。此即明代黄草心鞋。在明代，靸鞋多为不缠足的人穿用。至于缠足的人，则用丝制成鞋，有时用羊皮销金箔制成，或者用蒲草麻葛制成。鞋面或绣凤头、伏鸠、鸳鸯，或绣云露花草。妇女鞋底用两种颜色的帛，前后半节合成，元时称为"错到底"。明代的鞋，也有用金宝珠玉作装饰物的，显得较为奢侈，大概为缙绅士大夫家穿用。

鞋的种类还有靴，属于"胡履"，赵武灵王所作，在明代仍沿用。靴起初是短靿，用黄皮制成，后渐变为长靿。

至于弓鞋之制，在明代以小为贵。履只有平底，有时也金绣装珠，但无高底笋履。崇祯末年，松江闾里小儿也缠纤趾，于是妇女弓鞋大多改成高底。"窄小者，可以示美；丰跌者，可以掩拙。"（叶梦珠《阅世编》）

袜者，足衣也。明代称作"膝裤"。明代有的妇女不穿袜，此风在唐时已然。膝裤，大概就是膝袜，属于女袜。旧施于膝下，下垂没鞋。女袜长幅与男袜相等，或镶彩，或绣画，或纯素，甚至有用金珠翡翠作装饰的。饰物虽各有不同，制式却大体相同。崇祯十年（1637）以后，袜的样式流行短小，仅施于胫上，下及于鞋，冬天，膝下另用绵幅裹绑，属于绑腿一类。

（四）首饰

据抄没严嵩家产清单可知，明代首饰大体分为金镶珠玉首饰、金镶珠宝首饰、头箍、围髻、耳环、耳坠、坠领、坠胸、金簪、玉簪、镯钏、帽顶、绦环、绦钩等名色。至于首饰的质地、花样，就更丰富了。

按照明代制度，命妇金冠，用金凤衔珠串。命妇私居时，首饰可用金钗、金簪、金耳环、珠翠。明末，已一概用珠翠。一般以金银为主，在上面装饰翡翠，如捧鬓、倒钗之类就用金银花枝制成，并在上贴翠加珠。妇女包头上作装饰用的珠花，下用珠边口，簪用圆头金银或玉。老年妇女用玛瑙。后来起了变化，改用金玉凤头簪，口衔珠结串，下垂于鬓；继而用金银珠林，式样斜方，但不用玉；最后干脆直接用金扁方。包头上用珠网束发，下垂珠结宝石数串，两鬓也用珠花、珠结、珠蝶等作装饰。碗簪起固定冠髻的作用，开始以大为美，玉质，镶金银装珠；后以小为美，用蜜珀镶金缀珠，或间用侧簪，有时也用金，制成团花样式，或纯金不镶，但装饰珠翠。总的说

明陈洪绶《斔龙补衮图》中簪珠翠发饰的贵妇

来，大抵有钱人家多用赤色精金及大白圆珠作首饰，寒素之家宁可淡妆无饰，也不屑用银花珠翠作首饰。

环珮俗名"坠胸"，大抵用金丝结成花珠，有时也用珠玉、宝石、钟铃等物，贯穿成列，施于当胸。便服放在宫装之下，命服则放在露帔之间。环珮与耳上金环，一向只在礼服上使用。

（五）化妆

明代城市妇女化妆，名色很多，大体承自前代，不过也有新创的化妆之式与方法。

《诗》有"蛾眉"之称，《楚辞》也说"蛾眉曼睩"。可见妇女画眉，自古已有。秦始皇时，宫中全是"红妆翠眉"。汉武帝时，令宫人"扫八字眉"。司马相如之妻卓文君眉如远山，时人效之，称"远山眉"。魏武帝时，令宫人"扫青黛眉"。此外，古代妇女画眉名色还有很多，诸如螺子黛翠眉、鸳翠眉、愁眉、墨眉、黄眉、开元御爱眉、小山眉、五岳眉、新月眉、月梭眉、垂珠眉、倒晕眉、分梢眉、涵烟眉，如此等等，眉的式样千奇百怪，画眉的色彩也各种各样。

妇女的柳叶眉、八字眉，"梢分而斜起"，大概从古代"分梢眉"变化而来。又有一种"眉间俏"，即古代的面花，有的在眉间贴花，有的则点珠，后用翠羽制成珠凤、梅花、楼台的形状贴在眉心，因为它小巧精妙，能增添艳丽，所以称作"俏"。眉的样子，因人而异，千差万别，有的人天生眉毛细长，不必修饰，有的人先天粗长，需要修饰。修眉的方法，或用线绞，或用刀削。（田艺蘅《留青日札》）

在古代，妇女匀面，不过施朱傅粉而已。汉代，妇女用丹青点颊。至六朝，崇尚黄色，称"额黄"，为额妆。唐代有"黄星靥"。辽代风俗，称漂亮妇女为"细娘"，脸上涂黄，称"佛妆"，属于面妆。在明代，额黄妆已不再流行。不过，"发拨"在明代城市妇女中仍有流传。拨者，捩开也。明代妇女理鬓，尚有"拨"，用木制成，形如枣核，两头尖尖，有三寸长，用漆涂上光泽，用来松鬓，称作"鬓枣"。鬓枣后来也不再使用，而是作薄薄妥鬓，犹如古代的"蝉翼鬓"。

据说，明代城市妇女化妆喜作"粉靥"，或如月形，或如钱样，又用朱匀面，即用胭脂点饰。在粉面之上，用胭脂点饰两颊，浓者称为"酒晕妆"，浅者称为"桃花妆"，薄薄施朱，用粉罩之，别称"飞霞妆"。在杭州，妇女匀面，流行"圆额"；也有人作成"花尖"式样，额中发际垂下，自成尖尖的花纹，很多妇女纷纷效仿，装饰成尖纹。

妇女染红指甲，始见于唐。据说杨贵妃天生手足爪甲是红色，称"白鹤精"，宫中效之，纷纷染红指甲。妇女纤手，细长修美，煞是风雅可爱，故有"春笋"的美誉。明人沈彦博有一首《纤手》诗，诗云："曾见花梢拣俏枝，宛如春笋露参差。金钗欲溜轻拢鬓，宝鉴重临淡扫眉。双送秋千扶索处，半揎罗袖赌阄时。香腮闷托闻嘶马，忙揭朱帘认阿谁。"此诗以妇女纤手为主题，从妇女服饰、闲暇生活、情感追求诸方面加以刻画，是很可把玩的。纤手红指如此动人，那么秃指妇人就不免被人们鄙薄，只好靠涂指甲弥补。至于指甲染色，一般采用凤仙花和白矾，捣碎和匀，染成红色。

妇女所用化妆品，史料记载较少，但也可知一二。如画眉，一般采用广东始兴县溪中所出石墨，称"画眉石"。一些富豪家庭的妇女还用蔷薇露调粉傅面。这种蔷薇露，就是花上之露，而蔷薇花与中土不同，大概产自占城。傅面用的粉，古称"飞云丹"，在明代则有"水银烧粉"。最上乘的化妆粉，明代称为"玉华花粉"。

服饰面料

董小宛，明末南曲中的名妓，色艺俱佳，名噪一时。冒襄，复社名士，名公之后，文名很盛。两人结成伉俪，郎才女貌，在当时哄传天下。据说，冒襄曾用西洋布替董小宛做了一件轻衫，用退红为里，穿在名姝身上，"不减张丽华桂宫霓裳"（冒襄《影梅庵忆语》），迎风站立，楚楚动人，飘若仙子，引起一时的轰动。

明人高季迪有一首《谢友人惠兜罗被歌》，歌道："蛮工细擘冰蚕茧，织得长衾谢缝蒉。蒙茸柳絮不愁吹，铺压高床夜香软。朔风入关凋白榆，塞寒此物时当须。……越罗蜀锦安可常？洞房美女谩熏香。谁知一幅春云暖，即是温柔堪老乡。"（田汝成《西湖游览志余》）诗人笔下的兜罗绒，也是其美无比。据说，兜罗绒产自琉球、日本，由商人带入中国，杭州织造局的织工也仿织，在明代鲜为人见。西洋布洁白如雪，产自荷兰、暹罗，也是相当名贵。不难想象，纺织业的发达，为明代服装提供了丰富多彩的面料，而朝贡制度的存在、海外贸易的开通，使一些产自外国的面料也源源不断传入中国。

按照质地的不同，服饰面料可以分为棉布、葛布、麻布、丝绸、毛织物等品种。

松江是明代的棉都，号称"衣被天下"，很多服饰面料出自松江，品种繁多。据说，明太祖朱元璋生活俭朴，所穿袍服均用三梭布制成。这种三梭布，就产自松江。不过，随着物质生活水平的提高，城市尚奢风气的形成，人们渐渐冷落三梭布，转而喜用云布。到了明末，棉布的品种更是花样翻新，分别有标布、官布、飞花布、丁娘子布、织花绒布。原先比较贵重的尤墩布，也因厚且重，不便制衣，以致织者日稀，转而流行紫花布。（崇祯《松江府志》）

松江府属上海县所产棉花布，分为以下三等：标布，上阔尖细，其中产自三林塘的属精品，周浦次之，县城最次。标布一般贩卖到陕西、山西、北京等地，每匹约值银一钱五六分，最精致的标布也不过值银一钱七八分至二钱。中机布，比标布稍狭而长，价格与标布相等，贩至湖南、江西、两广等地。小布，最为狭短，阔不过尺余，长不过十六尺，只贩至江西饶州等处，每匹值银只六七分。此外，上海县还有一种浆纱布，色如标布，稀松而软。（叶梦珠《阅世编》）

松江府属嘉定县的棉布品种有斜纹布、药斑布、棋花布、紫花布。斜纹布有时织成"水浪胜子"的样式，匀细坚洁，看上去如绒，其中的精品每匹值银一两。药斑布的制法，一般用药涂布，染成青色，干即拂去，就青白成文，并染成楼台、花鸟、山水、人物等花样，可以作茵、衾、幕之用。棋花布的色彩为青白交错，如棋枰，一般用来做帻帐。（万历《嘉定县志》）此外，松江还有细布。

宁波、绍兴出产的精葛布，仍属绵绸一类品种。纯正的葛布大致有以下几种：出于浙江慈溪与广东雷州的葛布，最为精致；其次出于江西，葛布粗细不一；出于江南金坛县的葛布，虽很细，但不能单做服装，必须夹里。当时流传着"非缙绅士大夫不服葛"的说法，可见葛布很贵重，价格也颇高。上等的葛布，每匹值银三两，长不过三丈一二尺。次等的葛布，一尺也值银五六分。

广东出产的葛布，当推增城女葛布最为精工。女葛由女子织成，一般只替自己的丈夫做衣服用，不在市场上出售。所以当时传下来了"北有姑绒，南有女葛"的说法。女葛布薄如蜩蝉之翼，不过日晒则绉，水浸则蹙缩，不能做常服穿用。

雷州有一种锦囊葛，最为精良，细滑而坚，颜色如象血牙，价值百钱一尺。锦囊葛可以制成袍、直裰穿用。雷州葛布因产地不同，尚可分为以下几种：正葛，产自雷州；善政葛，产自博罗；凤葛，产自潮阳，用丝作纬，又称"黄丝布"；美人葛，产自琼山、澄迈、临高、乐会，轻而细；春葛，产自阳春；龙江葛，产自广州。

以上种种葛布，均属于絟葛。此外，还有细苎布、鱼冻布、藤布、芙蓉布、罾布、蕉布。古时无木棉，均以细麻织成布。广东新会生产的细苎布，就是麻布。鱼冻布产自东莞，用丝和苎合织而成，柔滑而白，如鱼冻。藤布、芙蓉布，用木芙蓉皮纺丝织成，能除热汗。罾布产自新安南头。罾本来也由苎麻制成，当地渔妇将破敝的罾剪成条，细分为缕当纬线，用棉纱为经线，用石灰煮过，再用溪水漂净，织成布，即称曾布。蕉类的品种很多，可以织布的称作"蕉麻"。蕉麻或在山上天然生长，或在田中人工种植，收割以后，用脚踏，用纯灰水煮，漂令干，织成蕉布。（屈大均《广东新语》）

丝绸是服装的上等面料。明代丝绸主要产自杭州、嘉兴、湖州、松江、苏州诸府，尤其是苏州，在当时被称作丝绸之都。

丝绸的品种很多，可细分为绫、罗、绸、缎、纱、绢、改机、绒、锦、褐、琐幅等。所有丝绸面料，或织金，或妆花，或过肩，或闪色，工艺相当精致。以抄没严嵩家产所列衣服面料为例：缎，有大红织金妆花蟒龙缎、大红妆花五爪云龙过肩缎；绢，有大红妆花过肩蟒绢、大红织金蟒绢；罗，有大红织金妆花蟒龙罗、大红妆花过肩云蟒罗；纱，有大红织金妆花蟒纱、大红织金过肩蟒纱；绸，有大红妆花过肩云蟒绸、大红织金蟒龙绸；改机，有大红妆花过肩云蟒改机、大红妆花斗牛补改机；绒，有大红织金蟒绒、大红妆花过肩云蟒绒；褐，有西洋铁色褐；锦，有大红宋锦、五色妆花锦；绫，有大红织金绫、红绫；琐幅，有红琐幅、青琐幅。这些面料又因产地各异而品质不同。如云素绸，多产自南京、潮州、潞州、温州、苏州；绢，多产自嘉兴、苏州、杭州、福州、泉州。以上丝绸面料，均以桑蚕丝为原料。明代山东的茧绸，则以椒蚕丝为原料。这种蚕绸，色苍黑，气带椒香，即使沾上污秽，不必洗涤，自然掉落，价格与绒相等。

广东程乡的茧绸，为时人所贵。在罗浮又有茧布，用大蝴蝶茧缫丝织成。文昌所产蚕茧，只吃山栗叶，吐丝坚韧，用

明佚名《仕女图》

此茧缫丝织成的绸，可以久穿不坏。新安所产茧布，质量大体相同。至于南海官窑茧布、顺德龙江茧布，质量就稍为差劣。此外，广东所产丝绸面料还有绒纱、牛郎绸、五丝、八丝、云缎、光缎等品种。

锦产自四川，称蜀锦。蜀锦厚数分，织作工致，一缣值银50两。不过，蜀锦不适合做衣服，只能充茵褥之用。蜀锦只存于蜀王府中，在一般士绅百姓家并不流行。

大绒为毛织物，在明代极为贵重，而流行于北方的则以"姑绒"居多。姑绒细而坚，每匹长十余丈，价值百金，只有富贵之家才能制衣穿用。用姑绒当外衣面料，再用重而且厚的绫当衬里，做成袍，可以穿数十年。

在北京，马尾也成了制裙的面料，以致京城中的马尾多被人割去，成为地方一害。此外，北方流行"兽服"，就是用貂、狐裘皮制衣。而在南方，则有"鸟衣"，即用各种鸟布制衣。鸟布有天鹅绒、琐袱两种。天鹅绒制法，乃剪天鹅细管，掺杂机丝织成，其制巧丽，尤以大红色为上等品。天鹅绒分为冬夏两种，雨淋不湿，称"雨纱""雨缎"。广东制天鹅绒，改用土鹅毛，或用羊绒制成，品质较低，价格也贱。至于琐袱，大概就是前文提到的琐幅，原产自哈烈国，也用鸟毛织成，纹如纨绮，也以大红色最贵，但不便制衣。广东人仿织琐袱，"似素纺绢而自起云"，但品质明显不如原产地的。

在明代服饰面料中，有很多产自国外。如西洋布、高丽布，早在永乐年间就成了皇帝赏赐文武百官之物。西洋布分为冬夏两种，用作冬服的西洋布较厚，用作夏服的西洋布则较薄，"薄如蝉纱，洁比雪艳"。

服饰面料的染色，不仅色彩众多，而且不断更新。如红色，开始有大红、桃红、出炉银红、藕色红，后又新创水红、金红、荔枝红、橘皮红、东方色红；绿色，先有沉绿、柏绿、油绿，后又创天蓝、玉色、月色、浅蓝；茶褐色先有丁香茶褐色、酱色，后又创墨色、米色、鹰色、沉香色、莲子色；青色初有缁皂色，后又流行铁色、玄色；黄色，先有姜黄，后又创鹅子黄、松花黄；紫色，先有大紫，后又创葡萄紫。在明宫中，织染局还新创一种海天霞色，似白而微红。明代服饰面料的颜色，真可称得上五彩缤纷。

丰腆精食与粗茶淡饭

俗语道："民以食为天。"饮食是城市的人们一年中天天重复的内容。当皇宫中后妃享受着"烹龙炮凤"这种珍馐美味的时候，当缙绅士大夫追求丰腆精食和为长生不老而大谈养生的时候，城市中的平民百姓却为"开门七件事"而奔波、忙碌，品味的不过是粗茶淡饭，甚至食不果腹。

由俭趋奢

万历年间，北京，一个士大夫的家常宴会，席间宾朋满座，高谈阔论。席上杯盘错致，味尽水陆，庖厨之精，令人叹赏。小唱拨弦弄丝，唱着山歌野调，在旁侑酒，宾客煞是尽兴惬意。宴会已到了高潮，接下来就是上两道压轴的名菜，一道是火炙鹅，另一道是活割羊。所谓火炙鹅，就是将鹅罩在铁笼中，让它饮下椒浆，直接在火上烧烤，毛尽脱落，鹅未死，肉已熟了。而活割羊，就是从活羊身上割取羊肉，用火烧烤，肉已割尽，羊尚未死。

不难看出，晚明的城居士大夫留心烹饪，争奇斗巧。他们为了满足自己的口腹之欲，不惜标新立异，别出蹊径，残杀物命，暴殄天物。

当然，这只是明中期以后的城市饮食状况。"筵不尚华""筵会无珍异之设"，是明初城市饮食时尚的特点，这体现了明初物质生活的贫乏，同时也反映出明初饮食生活的俭素。

明太祖朱元璋建立大明帝国后，百废待兴，禁止一切奢华。饮食生活也不例外。这位出身农家，又当过游方僧人的明太祖，坐上皇帝宝座后，身体力行，崇尚朴素，饮食不过是"常供"，即家常菜肴，并无珍异美食。他每天早晚进膳，必有一道豆腐，以示不敢奢侈。马皇后也以俭朴自持，甚至亲自"主馈"，掌管宫内饮食。

为了防止世习奢靡，明太祖在饮食生活上确立了一套等级制度，并就饮食器皿的质料做了详细规定：公侯与官一品、二品，酒注、酒盏用金，其余的器皿用银；三品至五品，酒注用银，酒盏用金；六品至九品，酒注、酒盏用银，其余都用瓷；庶民百姓，酒注用锡，酒盏用银，其余用瓷、漆。至于漆木器，均不许用朱红、棱金及雕琢龙凤一类纹饰。（《大明官制·礼部》）此外，用黄金制成的酒爵，即使有品级的官员，也不许僭用。

在这种等级制度的制约下，明初的城市饮食普遍以俭素为时尚。当时的宴会，只是表示礼节的一种仪式，而并非穷奢极欲的场所。不妨试举几例。

在江苏南通州，明初一般是一席共宾主四人。如果宾客多，容纳不下，那么主人就坐在宾客的旁侧。用瓷杯行酒，自斟自酌，互相传递菜肴蔬果。食品也不很讲究，大多临时取来，酒也是从市上沽来，不追求丰腆，以求醉饱而已。有些庶民百姓家，终生不设宴待客。临时有故，就用盂羹豆肉招待客人，客人也不把这看作简单怠慢。一些贵家巨族，没有大故，也不开筵宴，不张灯结彩，更不用歌舞戏；偶然开一次宴会，请来了歌舞班子，人们一同前往观看，谈说数日不止。（万历《南通州志》）

江苏江阴县，明初宴会菜肴的数量也以八盘为限，四人合坐，凑成一席。（嘉靖《江阴县志》）

浙江新昌县，宴会很朴素，除了蔬果以外，再设馔数味，都取自土物。宴会器皿一般用瓦器，酒行至五七道即止。（万历《新昌县志》）

福建邵武府，直至嘉靖以前，还没有用鹅招待客人。（嘉靖《邵武府志》）惠安县，没有宾客或祭祀等大事，不专门杀鹅。（嘉靖《惠安县志》）

江西永丰县，宴会时只设肴四色至五色而止，果品取自土产，菜肴用家畜。（嘉靖《永丰县志》）

自成化以后，城市饮食生活日趋奢华。这种风气首先来自宫廷。就拿宫廷的斋醮为例，本应清素，不求华美，而且明初斋醮时所用果品也不过“散撮”，即散着堆在器皿中，所用不超过八斤。到了成化年间，果品都改用“粘砌”，即用糖将各色果品粘在一起，弄成一定的花样，用来装果品的盘子，也大至一尺，以致装满一盘需花费果品13斤。宫廷中倒是依然保持着吃豆腐的习惯，不过豆腐已不是由黄豆制成，而是用百鸟脑酿成，一盘豆腐需花费近千只鸟脑，显已奢侈至极。皇帝不仅不理朝政，而且嗜酒如命，嬉戏成癖。正德皇帝特别嗜好饮酒，常常随身携带杯勺，终日酣酗昏醉、颠倒迷乱。他还开设了一家"花酒店"，成为娼优的渊薮，可算是糜烂至极。

在好奢风气的浸淫下，城市饮食生活逐渐由俭素转向丰腴，果肴讲究，宴会不断，宴会时所用菜肴品种繁多，务求奢美。先前的喜宴最多不过水果五盘，菜肴六盘，汤三盏。明中期以后，即使很平常的宴会，菜肴动辄十样。在浙江新昌县，宦家贵族一开宴会，席上菜肴就有五干五湿十样，碟盘满桌，"设看卓然"。福建邵武，一开宴席，菜肴更是多达数十品。又如当时有一士大夫请客，菜肴果品共计百余样。（何良俊《四友斋丛说》）菜肴果品，不是产自本地的土物，往往是搜罗远方的珍异，水陆毕陈。如鹅在明代算是美食，一般不轻易食用，但当时有人请一次客，杀鹅达30余只，甚至在酒宴上出现了许多山珍野味，如鸽子、斑鸠之类。《明实录》上所说的"屠宰之类，动及千数；肥鲜之味，恒致百品"，就是明中期以后城市饮食生活骄奢无度的真实写照。

就宴会果品、食品、菜肴的样式来看，也务求华美好看，创制了许多新样式，主要有"糖缠""大样饼锭""簇盘""插花""粘果""高顶""狮人"等，竞为丰盛。在松江，流行"果山增高槑架"，也就是将果品在器皿上层层架叠，以示美观。

就席次来说，客人必须设专席，即一人一席，否则就是两人一席，已没有一席而三四人共享的例子。

饮食器皿也打破规定，大多僭用。士庶之家，初登仕途，就购置犀玉酒器作为宴会器皿，象箸、玉杯已习以为常。（于慎行《谷山笔麈》）松江士大夫家所用酒器，或用玉，或用金，玉为汉玉，金酒器由名匠按照古器式样打造，极为精美。在浙江嘉兴，有一家人请客，用银水火炉、金滴嗉，每位客人用金台盘一副，是双螭虎大金杯，每副约有十五六两重。宴会的费用也日渐增加，一般一席需花银一两，多者达数十两。

烹龙炮凤

明朝廷的定期宴会分为"大宴"与"常宴"两种。凡大祀天地以后，第二日必举行大宴，称为"庆成大宴"。在洪武、永乐年间，凡正旦、冬至、圣节，也举行大宴，仪式如庆成大宴。宣德年间，若朝官不参与大宴，就赐给节钱。永乐年间，凡遇立春、元宵、四月初八、端午、重阳、腊八等节日，在奉天门赐百官宴。遇到太子千秋节（即太子生日），在文华殿赐宴。宣德以后，凡遇皇太后寿诞，就在午门外举行宴会。这些都是"常宴"。一些不定期的赐宴也不时举行。如皇子出阁讲学，讲官进讲完毕，皇帝必赐讲官酒饭，所赐比常宴更为精腆，"非时横赐，又不与焉"。（朱国祯《涌幢小品》）崇祯十五年（1642）九月，崇祯皇帝在明德殿赐阁部大臣宴会，置宴榻12张，众人分东西就座入席，席上设有大花瓶，插鸡冠花，酒具用金葵花杯，大如盂，花有瓣，中心花点甚多。此外，还有在各宫举行的"奉宴"，以及对四夷的"赐宴"。

　　宫内的"内宴"也时常举行，并有独特的一套礼仪。万历皇帝初登帝位，宫中内宴，仁圣皇太后上座，慈圣皇太后犹在阁中，万历帝不敢同坐，稍久，才一起入座。万历皇帝到两宫皇太后处问安，都在座前设席，起居叩头，跪而受茶，不敢坐。内宴上座，万历帝坐东阁，中宫坐西阁。每一奏酒，万历帝亲自执爵，中宫皇后持樽长跪而献。毕后，仍旧各自退入东西阁，至乐再奏，又出，一直到乐九奏止。传旨两宫已起座，万历帝与中宫皇后仍跪下请留，不久就在阁内设小座，两宫太后、皇帝、皇后同座，行爵无算，才开始叙家常话。（于慎行《谷山笔麈》）

　　除内宴外，每遇时序节令，宫眷也举行宴会。如每年八月，宫眷在后花园赏秋海棠，举行"食蟹之会"。宴会毕，用紫苏草做汤洗手。天启年间，客氏还教宫眷剔蟹脑骨，铺置盘中，像蝴蝶的形状，按是否相似分出拙巧，以此作为笑料。

　　每遇时令节日，宫中的太监也举行宴会。如每年重阳节前后，内官设宴相邀，称为"迎霜宴"，席间吃兔肉，称为"迎霜兔"。（《天启宫词》）

　　宫中御膳自有一套管理制度。在天启以前，皇帝每日三时所进的御膳，均由司礼监掌印太监、秉笔太监或掌管东厂的太监轮办。到嘉靖朝，明世宗朝夕御膳，不用大官所供，都由左右大太监轮流供应，取其精洁便适。崇祯初年，御膳改由尚膳监供办。到崇祯十三年（1640），又改为旧例，由大太监按月供办。

　　明代皇帝的御膳究竟吃些什么？在一般人的想象中，皇帝

明神宗坐像

吃的一定是龙肝凤髓。诚然，普天之下，莫非王土，由于君临天下的特权，皇帝可以任意享用各地的贡物、时鲜，包括水陆珍馐、山珍海味。不过，龙、凤终究是传说中的东西，"烹龙炮凤"之宴也就不过是一种虚幻的象征而已，并非真正享受龙肝凤髓的美味。按照明代制度，每当遇到大的典礼，都要准备烹龙炮凤的宴会，宴会由光禄寺备办。所谓凤，不过是用雄雉代替，而牡羊则代替了龙。（《天启宫词》）诞幻荒唐，如同儿戏，不过，烹饪技术一定很高。在烹龙炮凤宴会上，还有其他食品，如大枣，称"安期枣"；又有桃，称"方朔桃"。皇帝不可能整天吃山珍海味。他们的饮食，完全凭个人的喜好，所吃食品或为名贵品种，而有些干脆就是民间的普通食物，假若赶上斋戒，尚须素食。如明世宗信奉道教，追求长生不老，平常所吃，有"麒麟脯""五色芝"。明熹宗喜食什锦海味杂烩，用炙蛤、鲜虾、燕菜、鲨翅等海味十余种，"共脍一处食之"。崇祯皇帝对燕窝羹情有独钟，每次膳夫煮好羹汤，先呈递给太监，经过五六人的品尝，参酌咸淡，然后进御。（佚名《烬宫遗录》）隆庆皇帝有时喜食驴肠，有时喜食果饼，由尚膳监、甜食房到东长安大街勾栏胡同采买；东宫皇后喜吃"市饧"，去崇文街坊采买。

遇到斋戒时，皇帝干脆食素，减节饮食。如明孝宗在一年之中食素的日子共达111天。在食素期间，不仅禁屠，而且赐宴也用素食，减省原本御膳所需的猪、羊、鸡、鹅等物。当然，皇帝确实是富敌天下，即使素食，其制作方法也是庶民百姓无法望其项背的。如崇祯帝每月要持十斋，但又嫌素膳无味。于是尚膳监就将生鹅褪毛，从后穴取出内脏，再将蔬菜放进鹅肚，煮沸取出，用酒洗净，另外用麻油烹煮成菜肴。

明宫饮食，原料大多为贡品，也有采办自民间的，再由尚膳监的膳夫烹调而成。在这当中，就出了不少独家所创的食品。仅以赐筵食品为例，品种已让人眼花缭乱，分别有：宝装茶食、响糖、缠碗、大银锭、小银锭、大馒头、小馒头、肉汤、粉汤、像生小花果子油酥、花头鸳鸯饭、马牛猪羊肉饭、棒子骨、羊背皮、黑白饼、甘露饼、大油饼、小点心、凤鸡、凤鸭、烧炸、按酒、果茶、鱼鲊、炸鱼、云子麻叶笑面果糕、软按酒，等等。（徐复祚《花当阁丛谈》）显然，品种已包括主食、甜食、茶食、菜肴、酒、茶、贡品等方方面面。下面依次予以介绍。

（一）主食

上述赐筵食品中，大馒头、小馒头、花头鸳鸯饭、马牛猪羊肉饭等大概属于宫廷内的主食。就馒头而言，明初即已存在，作为祭祀的供品。如祭功臣庙时，就需用馒头一藏，共5048个，由江宁、上元二县供面粉20担，祭毕送给工部工匠，以作饮食。（李诩《戒庵老人漫笔》）"捻转"为时令食品，"以为一岁五谷新味之始"，也为明宫主食。捻转制法，乃取麦穗煮熟去芒壳，磨成条即成。又有"包儿饭"，俗名"打菜包"。其制法为用各样精肥肉、姜、蒜，锉如豆大，用此拌饭，再用莴苣大叶裹食。此外，还有"熏虫"，每年二月初二日食用。所谓熏虫，或以黍面枣糕用油煎成，或者就是将面和稀，摊成煎饼。宫中还有一种"匾食"。崇祯朝时，翊坤宫内侍太监刘某最擅长制作匾食。所谓匾食，又作扁食，其实就是现在的饺子，宋时开封即有此名。

（二）茶食、甜食与时鲜果品

茶食与甜食，均为点心，主要指糕、饼一类的米面食品和一些糖制品。上述赐筵食品中，诸如宝装茶食、响糖、大银锭、小银锭、像生小花果子油酥、黑白饼、甘露饼、大油饼、小点心等均属此类。

饼类食品，如木犀花饼为南京宫内旧制。每当木犀花开时，就用木犀花和面制饼，并专设拣花舍人500名。（李诩《戒庵老人漫笔》）每年四月初八日，为浴佛节，朝中崇尚此节，就在这一天，朝廷赐文武百官吃"不落荚"，即一种面食。在湖广荣王府内，端午节吃"不落荚"，即今之粽子。（李诩《戒庵老人漫笔》）此外，尚有松饼、饆饠饼、减炸。减炸，疑即前述赐筵食品中的烧炸，也属饼类。

宫内有甜食房，专制甜食，造法器具均由太监经手，不令人见，所以所制甜食被外廷视为珍品。此类甜食，分别有丝窝虎眼糖、玉食糖粮、佛波罗蜜。

至于时鲜果品，每年四月尝樱桃，"以为一岁诸果新味之始"。此外，凤仙橘、小红梨在明宫所食果品中也算时鲜。

值得一提的是，自中期以后，明宫中茶食品装盘已由散撮变为粘砌，以致一年所费果品量猛增。譬如果品均用二尺盘粘砌，每盘高二尺，用荔枝、圆眼110斤以上，枣、柿260斤以上，每年共需94900余斤果品。

（三）菜肴

明宫菜肴，除一道烹龙炮凤名菜外，所制豆腐堪称一绝。如上述，明宫豆腐后改用鸟脑制成，无疑是美味佳肴。制作名品还有"老太家膳"，即由天启皇帝乳母客氏烹调的菜肴，因得天启皇帝欢心，故有此名。老太家膳的名菜，有炒鲜虾、人参笋。

明宫内还流行吃驴肉、狗肉和鸭肉。每年年末，各宫吃驴头肉。因宫中称驴为鬼，故称"嚼鬼"。天启朝时，权监魏忠贤贪饕，好吃狗肉，涂文辅等亲自将狗肉烹调好，在乾清殿内用手抓吃，须臾立尽。用鸭烹调而成的名菜，称"冰鸭"，其法，先一日将鸭煮熟，过一天凝成膏，即可食用。

明宫膳食所用蔬菜，由司苑局掌管，都用竹笼装盛进用。每当中元节，宫中就吃银苗菜，即藕的嫩芽。同时，又用新莲子做汤。

（四）茶

明宫用茶，均为贡品。洪武二十四年（1391），敕令天下产茶之处，岁贡茶叶，各有定额。因福建建宁茶品最上，所以宫内大多采用建宁贡茶。从宋代庆历年间以来，贡茶均制成小片龙凤团，凡二十饼重一斤，宫人在茶团上镂金。明初，建宁贡茶也"碾而揉之，压以银板"，制成大小龙团。后明太祖罢造龙团，只用芽茶。

进贡的茶叶，均以"春"命名。如宋宣和以前有"玉液长春""龙苑报春""万春银叶"，明代建宁贡茶有"探春""先春""次春""紫笋"等茶品。

至明末崇祯朝，周皇后家每年进贡阳羡茶。（王誉昌《崇祯宫词》）

（五）酒

明宫内法酒总名"长春"。以"春"字取酒名，自古已有先例，以此形容酒之美好。这是因为一年四季之景，只有春色最美。在明以前，荥阳有"土窟春"，富平有"石练春"，宜城有"竹叶春"，崇安有"曲米春"，剑南有"烧春"，吴县有"洞庭春色"。此外，还有春泉、浮春、成春、皇都春、留都春、十洲春、海岳春、蓬莱春、锦波春、浮玉春、秦淮春、丰和春、谷溪春、万象皆春、万里春等品名。

　　明宫内法酒比较著名的有"金茎露""太禧白"两种，都由太监监酿，光禄寺不得干预。金茎露至弘治初年才有酒方，其酒清而不冽，醇而不腻，味厚不伤人。太禧白色如烧酒，澈底澄莹，浓厚而不腻，为酒中绝品。（何良俊《四友斋丛说》）

　　宫廷用酒，由太监监酿，其中又可分为两种：一种为御酒房所酿，一种为太监在宫外造好进奉。御酒房所造之酒，除"金茎露""太禧白"外，还有"荷花蕊""寒潭香""秋露白""竹叶青"等数种。"金茎露""太禧白"两种酒为崇祯帝所喜，易名为"长春露""长春白"。天启年间，权监魏忠贤在外造办各种名酒，进奉给天启帝，品种有"金盘露""荷花蕊""佛手汤""君子汤""琼酥""天乳"等。

　　此外，明宫内酒品名见于记载的还有"桂花酝""菊花浆""芙蓉液""兰花饮"，据说达六七十种。

　　"寒朝最爱头脑酒。"这是明人敖铣咏酒诗句。诗中提到的"头脑酒"，既是宫中用酒，又在民间十分风行。所谓头脑酒，就是每到冬天，将肉和其他杂味放到大碗中，注入热酒，递给客人饮用，用来避风寒。每年冬至后到立春，朝廷就赐给殿前将军、甲士头脑酒。（朱国祯《涌幢小品》）《天启宫词》有诗云："后宫私做填仓会，骨董家常也学烹。"据注，北京正月二十五日吃酒，称"填仓"。细玩诗中"骨董"二字，所谓"填仓酒"，大概也是杂烩诸味的头脑酒。

　　（六）贡品

　　明宫饮食所用，除采买外，大多为贡品。这些贡品，又多为地方特产，甚至是珍馐美味。明王世贞《弘治宫词》云：
"五月鲥鱼白似银，传餐颇及后宫人。踌躇欲罢冰鲜递，太庙
年年有荐新。"诗中所言鲥鱼，即为贡品。由于明宫中普遍采
用藏冰方法，为保存时鲜贡品提供了可能。江苏海门进贡的是
鲥鱼，岁贡99尾。明初江阴侯家向皇宫进贡鲚鱼，后江阴所产鲚
鱼也就成了贡品。每年二月初二日，宫中吃鲊，称"桃花鲊"，
而宫中所用鱼鲊，就是来自湖广的贡品。湖广进贡鱼鲊始于成化
七年（1471），起初只有2500斤，后增至3万斤。天启皇帝酷嗜
的鸡鬉菜，就是由滇南进贡的，价格达每斤数两银子。

妓鞋行酒

　　小说《金瓶梅》第六回有这样一段描写："少顷，西门庆
又脱下他（指潘金莲）一只绣花鞋儿，擎在手内，放一小杯酒在
内，吃鞋杯耍子。"这种"吃鞋杯耍子"，就是在当时士大夫中
相当风行的"妓鞋行酒"。由今人眼光看来，这种饮酒方式近乎
庸俗污秽，而在明代，却被视作风雅，只是显得有点变态。

　　假若说明宫饮食生活是一个谜，有待进一步揭示阐释，那么
明代城居或因仕宦而客寓城市的士绅阶层的饮食生活，相较宫廷
饮食生活而言，就显得更为直露。士大夫的饮食生活丰富多彩，
形形色色：既有暴殄天物、穷奢极欲的宴会场景，又有"妓鞋行
酒"一类的放浪形骸，当然，也有对素朴清雅的追求。

　　从弘治年间开始，由于朝政宽大，官员多事游宴，蔚然成
一时风气。当时北京的富家和一些揽头，也趁官员在朝天宫、

隆福寺等处习仪，摆设盛馔，托一二知己邀士大夫赴宴，席间有教坊司的子弟歌唱侑酒。有些放荡不检的官员，就"私从顽童为乐"，行娈童之好。如郎中黄暐与同年顾谳等在北京西角头张通家饮酒，与顽童相狎，被缉事衙门访出拿问。（陈洪谟《治世余闻》）不过，京师官员的游宴吃酒，得到了明孝宗的支持。考虑到官员同僚宴会大多在夜间，骑马醉归，无处讨灯烛，于是明孝宗下令，各官饮酒回家，街上各个商家铺户都要用灯笼传送。南北两京均如此。

南京各衙门官员也天天摆酒，游宴成风，以致留下一段笑谈。时人何良俊说，南京各衙门摆酒，吏部是办事官吏，户部是箩头与揽头，礼部、六科是教坊司官俳，兵部是会同馆马头，刑部、都察院、大理寺是店家，工部是作头，太常寺神乐观道士、光禄寺是厨役。每摆酒一桌，只给银二钱，有些刻薄的人只给一钱半，食品菜肴却要丰备，最终还是苦了店家铺户。摆酒时所用器皿，一般客至供茶，用瓷瓯，宴客行酒，也只用瓦盏，这是当时的风气。只有盛唐、张凤冈二人有创见，供茶用银镶瓯，行酒用银杯盘。

士大夫不仅为应付官场交际而举行宴会，即使公余、家居，或在旅游途中，也开酒筵。如公安派文士袁宗道在游北京小西天东峪寺时，就在寺门右空地上与同好诸公开筵饮酒。（袁宗道《白苏斋类集》）

士大夫家居，平常日子也有家宴。在松江，士大夫家宴会，一般不让子侄辈陪坐。不过也有例外。如顾璘每有宴席，就让儿子坐在自己旁边；顾清每次宴会，也会让儿子坐在桌边。可见子侄辈也可与客人同坐，与客人谈谐共饮。

士大夫举行宴会的场所，除公署、私室，更多的是在名刹、园林中。这是明代士人的风气。如袁宗道曾与友人在北京崇国寺葡萄林下饮酒聚会；又与诸友在张园聚会。宴会座中，或谈禅说玄，杂之以诙谐；或谈学问，说宦游事迹，甚至谈人阴私。

在明代的士大夫中，固然不乏美食家，但更多的还是饕餮之徒。他们对于饮食菜肴，刻意求精，务为丰腆。正德时大臣宴会，赏赉庖役动辄费数百金。鹅为美味，明初士大夫食鹅时，必去掉头尾，而用鸡的头尾替代，有"御史毋食鹅"的说法。自中期以后，不仅吃鹅视为常事，而且暴殄天物，豪奢至极。如嘉靖、隆庆年间，无锡安氏家巨富，有"安百万"之号。他家饮食豪奢，专门在家宅旁另筑一庄，饲养家畜，以供膳食。平常养有子鹅数千只，每天宰杀三四只，有时夜半想吃鹅，来不及宰杀，就让厨子割鹅一肢，以供食用。吃毕，鹅还宛转未绝。（王应奎《柳南随笔》）按照惯例，朝廷每天都供给阁臣酒馔。可是阁臣夏言从不吃官方供给的酒馔，而是自己从家里带来丰饶的酒肴，"膳馐如王公"。（焦竑《玉堂丛语》）万历年间，张居正吃饭时，牙盘上食味已逾百品，但他还以为无下箸处。此类事史有先例，吴越王妃之兄孙承祐，凭借亲宠，恣为奢侈，每一次宴会，杀牲千数，平常每一顿饭，必须菜肴数十品才肯动筷。当他跟随吴越王车驾北征时，"以橐驼负大斛贮水，养鱼自随"，在幕舍中也脍鱼具食。他只管满足自己口腹之欲，至于费用，并不计较。

明佚名《同年饮宴图》（局部）

　　山珍海味吃腻了，就搜求"方物"，即地方名产。明末文士张岱就自称清馋，喜吃方物。他开列了一张自己吃过的全国各地特产单子，不妨引述如下：北京，有苹婆果、黄鼠、马牙松；山东，有羊肚菜、秋白梨、文官果、甜子；福建，有福橘、福橘饼、牛皮糖、红腐乳；江西，有青根、丰城脯；山西，有天花菜；苏州，有带骨鲍螺、山查丁、山查糕、松子糖、白圆、橄榄脯；嘉兴，有马交鱼脯、陶庄黄雀；南京，有套樱桃、桃门枣、地栗团、窝笋团、山查糖；杭州，有西瓜、鸡豆子、花下藕、韭芽、玄笋、塘栖蜜橘；萧山，有杨梅、莼菜、鸠鸟、青鲫、方柿；诸暨，有香狸、樱桃、虎栗；嵊县，有蕨粉、细榧、龙游糖；临海，有枕头瓜；台州，有瓦楞蚶、江瑶柱；浦江，有火肉；东阳，有南枣；山阴，有破塘笋、谢橘、独山菱、河蟹、三江屯蛏、白蛤、江鱼、鲥鱼、里河鰶。（张岱《陶庵梦忆》）这些方物，有些在当地百姓看来，也不过是土产常物，但要吃遍天下方物，近则月致之、日致之，远则岁致之，非如张岱这样有雄厚经济基础的士大夫，是很难想象的。像张岱这样耽耽逐逐，整天为口腹谋的人，在明代士大夫中并不罕见。

风气所及，专讲饮食烹调的食谱、菜谱、酒谱便成为士大夫中的流行著作，而饮食口腹之学也成了一种专门的学问，登上了大雅之堂。

士大夫的饮食生活不仅豪奢，而且还放浪形骸。"妓鞋行酒"就是最好的例子。妓鞋行酒，宋人已有先例。元末杨维桢访瞿士衡，即"以鞋杯行酒"。明隆庆年间，何良俊到苏州，在河下遇到王世贞，当天就在其家夜宴。何良俊袖中正好带着妓女王赛玉的鞋一只，醉中就出以行酒。王世贞乐甚，第二天就在扇上书长歌纪之，其中二句云："手持此物行客酒，欲客齿颊生莲花。"（何良俊《四友斋丛说》）

在士大夫中，也有人在饮食上保持俭朴，并不追求奢华，而是讲求清雅。据说，江西士大夫位至显官时，也不忘贫贱时的日子，称蔬菜为"旧朋友"。建文朝时常熟人黄钺，官为刑科给事中，曾用菜粥招待朝廷使者。兵科给事中蒋性中宴请地方长官周忱，肴不过五品，其中有菜一碟，美其名曰"金花菜"，实不过是草头而已。（何三畏《云间志略》）据李乐《见闻杂记》，布政司参政张楚城请人吃饭，席间只有一肉，外加一道"神仙菜"，其实就是腌菜。王恕巡抚云南时，每天所吃，不过猪肉一斤，豆腐两块，菜一把。顾清丁艰回家，状元出身的钱福来访，留其吃饭，只不过杀一鸡，买鱼肉三四品而已。苏州著名的文人画家文徵明的生活，就更为素俭。上午，他必吃点心，不过是饼饵之类，现吃现做；午饭，喝一点酒；晚饭，吃一面饭；到点灯时，再吃粥二瓯：一日三餐，并无稀奇之处。

上面所说的是缙绅阶层的生活。至于一般的士子秀才，他们的饮食似乎毫无珍馐美味可言。在明代的笑话中，流传着秀才抢孔庙祭祀完毕以后的祭品的故事，说明了秀才生活的穷困。据《如梦录》记载，在开封府，秀才参加乡试时，吃的不过是大米饭、细粉汤。浙江绍兴的秀才，平常会食，所吃也只是蔬菜、腐乳，至旬日，才吃点咸鱼，仍不知有肉味。

开门七件事

谚云："开门七件事，柴、米、油、盐、酱、醋、茶。"元人小词《折桂令》云："倚篷窗无语嗟呀！七件儿全无，做甚么人家？柴似灵芝，油如甘露，米若丹砂。酱瓮儿恰才馨撒，盐瓶儿又告消乏。茶也无多，醋也无多。七件事尚且艰难，怎生教我折柳攀花？"可见，柴、米、油、盐、酱、醋、茶是城市市民日常生活的必需品。缺了这些，是没有兴致"折柳攀花"的。明朝余姚人王德章诗云："柴米油盐酱醋茶，七般都在别人家。我也一些忧不得，且锄明月种梅花。"这说的是王德章安贫忘忧的节操。不过，七件事一概不具，尚能锄明月、种梅花，实不可信，不过是诗人的一种理想罢了。生活在现实中的明代城里人，谁也离不了这开门七件事。

柴，在《说文》里解释为小木散材，其意是说不能用作造屋及器用之材。大者析之为柴，小者合束为薪。《月令》有"收积柴薪"之语。据注，薪施炊爨，柴以给燎。在明代，总称为柴薪。

柴薪为燃料，是平民饮食生活的必需品。有些地方柴薪不足，只好拿别的代替，而且薪价较贵。如松江府无山陵林麓，只能用水滨的萑苇与田中种植的落实（即禾秆）作为柴薪，所以松江的柴薪价格贵于邻近府县，大约百斤一担的柴，值新米一斗，折合成银，大概是六七分或一钱不等。河南汝宁，烟火稠密，号称殷富，但柴薪缺乏，每当雨季连绵，即使富室也只能"裂门以炊"。

大体说来，明代城市炊爨所用柴薪，吴人烧草、禾秆，淮人烧荻芦，北方人烧煤或牛马粪。在北京，宫中奢侈，则烧石炭，俗称水和炭，可以和水而烧。石炭，即发香煤。据明制，宫中捣炭为末，用枣梨汁合之为饼，置于炉中。宫中还有红箩炭，属于木炭，由易州一带山中硬木烧成，用红土刷筐装盛，所以称为"红箩炭"。在民间，有些奢侈之家，用蜡代薪，即烧蜡。此外，还有用红纸代薪的，如江西黄编修家，有一次夜雪，正好柴薪告乏，就"取双红纸五千燃之"（郑仲夔《偶记》），堪称豪奢至极。

柴薪为城市百姓日常所需，所以明代城市中往往都有柴薪市场，定期交易。据《如梦录》记载，河南开封城内有专门的柴市，卖柴薪杂木等物。

米，在《说文》中认为是粟实。明代上贡米称"香粳米"，味道很香。软的称"长腰米"，颗粒很大，属于晚稻。晚稻的品种有八月白、银杏白、雪里青、落种、麻子乌等。其次则为黄籼，即占城稻，其品红尖头，性硬，属早稻。黄籼品种不一，糯者适合酿酒，贱者人也吃。北方人称米为大米，而称黍、粟为小米。大米北方人不经常吃，在极边地方最为贵重。南方贫穷人家一般吃大小麦、荞麦、黄黑豆、蚕豆、稷、粟，碰上饥荒之年，只好掘草根、剥树皮，以度朝夕。

明代城市的粮食，均从外地输入，于是就出现了专卖粮食的大米行、江米店。如开封城内，除江米店外，还有大米行，凡是来自郑州、辉县、光州、固始等地的各色大米，都归入行内，由米行专卖。

油，在《说文》中解释为膏。明代油的品种，徐光启《农政全书》说有豆油、青油、菜油、棉花油、柏油等。田中种菜，收其籽可以榨油，称菜油，也称香油，供烹调饮食之用。用芝麻榨油，称麻油，甚香，可以解毒，也可食。用黄豆榨油，称豆油，也叫臭油，在明代只作点灯用，不过小户人家也食用。用桐子榨油，称桐油，只能当漆用，人食用后就吐泻。用柏子榨成的是柏油，只能制烛。

在明宫中，因避讳，称油为"芝麻水"，可见宫中多用麻油，而麻油极贵重。当香油贵时，就熬猪油食用。徽州人以经商闻名天下，却极俭啬，一年四季都吃猪油。在深山穷谷，如於潜、昌化一带，很难得到油，只好取饭锅米汤炒菜，称"米油"。在广东，民间主要食用茶子油。此外，还有露化油、山柚油、海棠油、山竹果油、麻子油、蜜香油、榄仁油。

城市平民百姓用油，主要靠各地客商贩运。如嘉兴府崇德县，油料大多从镇、淮、楚、湘贩运而至，再在本地加工成油。（万历《崇德县志》）在城市中，往往设有油房、油店，或为从事榨油的作坊，或为歇息油商的店铺。

盐，在《说文》中释为咸。在明代，淮浙最盛产盐，设有盐场，由灶户、卤丁烧制盐。陕西有盐池，四川有盐井。盐的品种，从古以来就有木盐、石盐、白盐、红盐、伞子盐、水晶盐、黑盐、黄盐、紫盐、苦盐、饴盐等。

谚曰："盐筋醋力。"王霁云："君子喜食酸，小人喜食咸。"小人喜食咸，无非是因为盐能使筋骨强壮，是老百姓的生活必需品。由于明代盐政实行专榷制度，虽有贩私之盐，但远水解不了近渴，所以，一些山中小民得不到盐，只好终生茹淡。这种茹淡的境遇在城市贫苦市民中也存在。

酱，在《说文》中解释为醢。醢，肉酱。古代酱的品名，有豉酱、芥酱、榆荚酱、连珠酱、玉津金酱、元灵酱、葫芦酱、红螺酱、蚁子酱等。

古代的豉酱，在明代称为遏酱。明人所用的酱，主要是豆酱。其制法，用黄豆和小麦面拌匀，使其发黄，称为"酱黄"，再用盐和水成卤，下入酱缸，晒熟即成。酱汁称酱油。蚕豆也可造酱，磨碎的称细酱，也叫抐酱。明代富家用的有枸杞酱、玫瑰酱。城市平民很难尝到豆酱。

梅酱古为王者之饮，到明代，已成城市平民与村家的平常之物。梅酱制法，夏天取梅实打碎，和以盐及紫苏，赤日晒热即成。遇到酷暑，就用新汲井水，用少许梅酱调和饮用，可以解渴。

醋，即醯。明人所用之醋，用米或秫造，如造酒之法，制成酸香之味。醋分上、次、下三品：上品色红，称"珠儿滴醋"，次品色黄，下品色白。醋的品名，有腊醋、桃花醋、六月六醋、白酒醋等。因费粮食，城市百姓也不多造醋。明代谚云："若要富，卖酒醋。"可见，在明代卖酒醋二物，获利相当丰厚。

茶，即木萌。茶的别名，有槚、蔎、茗、荈。根据采集节气的不同，茶又可分为上中下三品：惊蛰为上品，清明为中品，谷雨为下品。茶多有伪造掺假，宋代称为"盗叶"，其品有柿叶、桴槛叶；明代的假茶有苦灯树、杨柳芽，称为"托叶"。城市小民所饮，多为托叶，而有些人则只饮米汤，终生不知茶味。

荷包饭·阁老饼

有一句俗语："民吃百谷。"当然，"百谷"是指成数而言，百姓平常所吃，只是麻、菽、麦、稷、黍五谷。不过，在明代，水稻已成为最主要的粮食作物。

水稻的品种最多。广东有香粳、余粳、赤粳、珍珠稻、赤粘、黄粘、花粘；长安有线米，粒长而大，胜于江南诸稻，每岁入贡；清浪卫有香稻，圆实而大；贵州也出产香稻。

明唐寅《斗茶图》

　　麦有数种，小麦称来，大麦称牟、穬，杂麦称雀、荞。

　　北方人只将大米称作粳稻，其余概称小米。如黍与稷同类，黍有粘、不粘之别，稷也有粘、不粘两种。凡粘黍、粘粟，统称为秫。粟与粱，则统称为黄米。又有一种芦粟，称为高粱。粱、粟的品种，名号很多，比黍、稷更甚，而山东人一概称之为谷子。

　　菽的种类，与稻、黍相等，有大豆、绿豆、豌豆、蚕豆、小豆、穞豆、白扁豆等品种。此外，还有豇豆、虎斑豆、刀豆，都可充蔬代谷。

甘薯，俗名红山药。薯有两种：一种称山薯，闽、广等地土产；一种称番薯，明末由海外传入。广东多薯，品种有白鸠、力薯、猪肝薯、番薯。用薯做成饭，称薯饭，可以当谷米之佐。将薯切成粒，再经蒸曝等工序，贮藏起来，称为薯粮。

玉蜀黍，旧称番麦、御麦，就是玉米，从外国传入。我国关于玉米最早的记载，据说见于明正德时修的《颍州志》。颍州在皖北，在此以前，大概沿海各地已有栽培。据各省方志记载，明代玉米已传入冀、鲁、豫、陕、甘、苏、皖、两广、云南等行省。

在明代城市饮食生活中，北人吃面食，南人吃米饭，大致也是通例。据宋应星的《天工开物》，明代燕、秦、晋、豫、齐、鲁等地，百姓所吃，小麦居半，而黍、稷、稻、粱仅居半。而川、云、闽、浙、吴、楚等地，种小麦的比例只有二十分之一，其余均种水稻。小麦收成以后，磨面，制成捻头、环饵、馒首，或作汤料之用，一般不用作正餐主食。在江南各府，如杭州、嘉兴、湖州、苏州、松江等地，均以大米作为主食。如嘉兴人多吃冬春米，不春的黄糙米卖给杭州商人。（崇祯《嘉兴县志》）

南方饭食的种类很多，尤以广东的"荷包饭"最为著名。在广东东莞，当地人用香粳米加上杂鱼、肉等，用荷叶包裹蒸熟，表里香透，称荷包饭。此外，西宁有乌饭，用浸透的青枫、乌桕嫩叶胶液和糯米，蒸熟为饭，色黑而香；南雄有粔籹，用蜡树叶捣和米粉做成，色青而香；长乐人用香桂皮叶蒸

饭，吃起来也有香味；琼州有椰霜饭，用南椰粉做成。（屈大均《广东新语》）

　　城市的贫穷人家无福吃干饭，就只能喝粥。当时有一首《煮粥诗》："煮饭何如煮粥强，好同儿女细商量。一升可作三升用，两日堪为六日粮。有客只须添水火，无钱不必作羹汤。莫嫌淡泊少滋味，淡泊之中滋味长。"诗中所反映的固然是一种通达洒脱的心理状态，但归根结底还是一种对贫穷的无奈。无奈才喝粥，粥的花样却不少，不妨引一"神仙粥方"为例。神仙粥的制法，乃用糯米约半合，生姜五大片，河水二碗，在砂锅内煮一二滚，次入带须大葱白五七个，煮至米熟，再加米醋半小盏入内和匀，取起即可。神仙粥虽功在食疗，但不排除是百姓在贫穷中创造出的一种养生食物。

　　明代南方人还用米粉为原料，制成各种茶素，也就是茶点。据屈大均《广东新语》载，广州的茶素有：炮谷，相当于爆米花，即用烈火爆开糯谷；煎堆心馅，用糯米粉做成大小圆子，入油煎；米花，用糯饭盘结诸饭，入油煎；沙壅，用糯粉杂白糖炒，加入猪脂煮；白饼，用糯米粳米相掺，炒成粉，再将其放入方或圆的印模中敲击，使坚如铁石；冬至吃米糍，称冬丸；平常有粉果，又称粉角，将白米浸泡半月，入白粳米饭中舂为粉，再掺入猪油做成鲜明的外皮，另以荼蘼露、竹胎、肉粒、鹅膏等做馅；饳食，乃用椰子、芝麻、豆糠制成糍，或用蕨、葛、菱、茨菰、甘薯做成粉。此外，茶素名点还有黄饼、鸡春饼、酥蜜饼、油糊、膏环、薄脆。需要指出的是，油糊、膏环用面制成，当属面点。

南方人虽不以面作主食，却以此作点心，而且品种较多。嘉兴人用麦粉制成糕，味道佳美；到了夏天，则将麦炒熟，点汤代茶。至于广东人的面点，更是花色品种繁多，令人目不暇接：广东人宴客时，用擘面、索面作为羹汤；市场上卖的有温淘、冷淘两种面，切成薄片，成蛱蝶双翘的形状，统称为"水面"；此外，面点还有干饼、襄衣油饼、怀饦、水晶包、卷蒸等品种。

说到茶素、面点，不能不提"阁老饼"。此饼由内阁大学士丘濬所创。丘濬是广东琼台人，可见此饼深受广东茶素、面点的影响。阁老饼制法，将糯米淘净，拌水磨成粉，沥干，由米粉二份、白面一份和在一起，里馅可随意，再摊熟，即成。此饼吃起来软腻适当，很是可口。丘濬曾拜托太监将此饼进贡给皇帝，深得皇帝喜欢，命尚膳监效法制作，却不合口味，因为太监根本不知此饼的配方及制作方法。（陈洪谟《治世余闻》）

明朝末年，由于葡萄牙、荷兰人陆续来到中国，西方制面包的技术传入中国，部分改变了中国南方人的饮食结构。据记载，当时中国南方人已知道用上好的麦子制作面包，这与中国传统的麦食诸如饼类是不同的。据说，面包制作是从葡萄牙人那里学来的。（伯来拉《中国报道》）

北京以面食为主，主食与面点品种很多，以饼为主。凡是用面制为食品，均可称为饼：火烧而食称烧饼，水瀹而食称汤饼，笼蒸而食称蒸饼，而馒头就称笼饼。以河南开封为例，见于《如梦录》一书记载的就有烧饼、火烧、烙馍、银丝、扁食、奇魁、蒜面、肉内寻面、切面、油箅、油糕、煎饼、油粉等。烧饼、火烧，其名最早见于《贵耳集》，至今汴中仍存此名，二者做法不同。扁食，即饺子。奇魁，可能就是今天仍流行的锅魁。在北京，有一种面食很著名，称"棋炒"，由烧饼铺户制成，用白面和香油、芝麻制成薄饼，切成棋子块状，炒熟即成。（沈榜《宛署杂记》）

明代糖食已很普及，而且花样极多。在开封城内，响糖铺所制的品种有连十、连五、连三合桌等各样糖果。响糖为喜丧、年节所用的糖供，有人物、鸟兽、果类之形，数品为一桌，论桌而卖。城内周王府所制的藕丝糖及其他糖果，远近驰名，号称第一。广东市肆所卖的糖果称茧糖，其实就是窠丝

明仇英《清明上河图》中的零食店

糖。由于形状及用途不同，可分为以下几种：糖通，炼成条子，形状玲珑；吹糖，吹之使空；糖粒，实心，大的称糖瓜；缯糖（即开封的响糖），做成番塔、人物、鸟兽的形状，吉凶礼节时所用；糖砖，祀灶时用。宴客时所用的糖果，有芝麻糖、牛皮糖、秀糖、葱糖、乌糖。

嘉定鸡·金坛鹅

中国人的饮食结构以素食为主，肉类食品品种虽多，却多以此作美味佳肴。西班牙人拉达在《记大明的中国事情》一书中，就记载了他在中国南部一些城市中所见到的丰富的肉类食品，有烧肉、鹅、鸭、阉鸡、熏咸肉及其他猪排骨、新鲜小牛肉和牛肉，另有鸽子和斑鸠等野味。葡萄牙人克路士在《中国志》一书中，也认为南部城市有大量牛肉和类似牛肉的水牛肉，有很多鸡、鹅和数不清的鸭，还用猪肉制成非常奇特的腌肉，而且还吃蛙。克路士在广州城郊发现一条饭馆街，"那里出卖切成块的狗肉，烧的煮的和生的都有，狗头摘下来，耳朵也摘下来，他们炖煮狗肉像炖煮猪肉一样"。广州城内一天肉类的消耗量，据说猪达五六千头，鸭1万或1.1万只，此外还消耗大量的牛和鸡。

在北方的开封城内，所卖的肉类食品有羊肉、熏鸡、鹅、鸭、牛肉、驴肉、猪肉。开封的羊肉面店，每天宰羊达数只。还有一个鹁鸽市，专卖鹅、鸭、鸡、猫等禽畜。

在肉类食品中，鹅一向被视作美味，所以有"御史不许食鹅"的规定，以示御史清廉公正。自明中期以后，已将鹅视作常味，甚至有些人家"日进数头"。事实确是如此，在广州、开封两城，鹅已很平常，消费量相当惊人。

有些地方专产地方名特肉食，并因此闻名全国。如嘉定鸡、金坛鹅就为当时名品，市场无售，士大夫家将它当作待宾上馔。嘉定鸡为三黄鸡，出自嘉定南翔、罗店，尤以嘴足皮毛纯全者为上品，重数斤，能治疾。金坛子鹅擅江南之美，饲养有专门的方法，色白而肥。

据明末西方传教士利玛窦说，明朝人只喝牛奶，而不用山羊奶做奶酪或作为饮料。（《利玛窦中国札记》）这种说法只是就其大概而言，同时也说明外国人眼中的中国人生活不过是管中窥豹，不可全信。其实，明代乳制品极多，市井驵侩制成售卖也很普遍，尤其是那些士大夫美食家，将乳酪制成多种花样。假若利玛窦吃过乳制名品"带骨鲍螺"，就不会说上述那番话了。如绍兴人张岱自养一牛，"夜取乳置盆盎，比晓，乳花簇起尺许，用铜铛煮之，瀹兰雪汁，乳斤和汁四瓯，百沸之，玉液珠胶，雪腴霜腻，吹气胜兰，沁入肺腑"，显然所制乳酪极美。他制乳酪的方法很多，或用鹤觞花露入甑蒸，趁热吃，极妙；或用豆粉掺和，沥成腐，冷吃，也妙；或用乳煎酥，或作皮，或酒凝，或盐腌，或醋提，无不佳妙。苏州人过小拙制成的乳制品"带骨鲍螺"，被称为天下至味。其法，用牛乳和蔗浆霜，再经过熬、滤、钻、掇、印几道工序制成。

明代福建流传着一句俗语："延平豆腐邵武伞，建阳妇人不用拣。"可见，豆腐是明代城市饮食生活中的常品菜肴，而延平豆腐则在当时很有些名气。据说豆腐创始于汉淮南王刘安。自宋以来，朱熹、苏平等人均有咏豆腐诗。明代江阴人孙大雅嫌豆腐之名不雅，将它改名为"菽乳"。

太湖莼菜舟山鲞

明人说到宴会奢华时，必以"水陆毕陈"形容，"水"即指水产品，包括海货与江河湖泊所产水鲜。

明代城市的水产品相当丰富，而且出现了专门的海菜店和专营水产品的集市。如开封城内，有海菜店，专卖各色海菜，又有干鱼店，糟物、海菜俱全。葡萄牙人克路士在《中国志》一书中，谈到中国南部城市中鱼非常之多，有好多品种，从不缺鱼。在城市中，有售鱼的街道，其实就是鱼市。西班牙人拉达所著《出使福建记》也说，在福建的同安镇，一条半里多长的街道，两侧沿街是一座真正的鱼市，售卖各种鱼类。伯来拉的《中国报道》记载，在离海较远的内陆城市，市场上也充斥着很多河里捕来的鱼：鲱鱼、石斑鱼、鲇鱼、旗鱼（剑鱼）、鲈鱼、鹳鱼。此外，还有许多淡水贝类。

这些淡水鱼，除从江河湖泊中捕捞的以外，很多是人工养殖的。明代鱼类人工养殖已很发达，有专门的《养鱼经》。当时有专门贩卖鱼苗的商人。渔民将鱼苗购回，放在鱼塘中养殖，用牛粪喂养塘里的鱼，鱼长得很快。在城濠里，也用同样的方法养鱼，供给官员食用。广州地多池塘，养殖鱼品种有鲢、鳙、鲩、鲮、鲫。

在海水、淡水产品中，有很多驰名全国的美味。就海产品来说，燕菜可说是食中佳品，即使皇帝也很嗜食。在明末，燕菜的价格为每斤价银八钱，显非一般平民百姓所能食用。福建所产西施舌、江珧柱这两种海味，名重天下。（王世懋《闽部疏》）广东海产品的品种相当丰富，然岭南人喜食鳙，即鲍鱼，此鱼其臭如尸，所以当时人有所谓"海畔有逐臭之夫"的说法。（杨继益《燕寓偶谈》）江苏、浙江海面，尤其是舟山渔场所产的"鲞"，尤称海中佳品。据说鲞字为吴王所创，食而思其美，所以用"美"字头。（王士性《广志绎》）鲞，又称白鲞，即黄鱼（石首鱼）。今日所称之鲞，为干鱼，即用黄鱼腌制晒干而成。在明代，鲞为新鲜黄鱼，渔民捕到后，用冰冷冻，随后由商人沿运河往北贩运，直至北京。

淡水产品中，莼菜属美味，成为贡品。从万历年间开始，邹舜五就从太湖采莼，当时张君度绘了一张《采莼图》，陈仲醇、葛震甫等都有题诗，传为一时韵事。如今盛传西湖莼菜，不过是一种传言而已，目的是借助西湖的名头扩大影响。其实在明代，杭州莼菜大多来自萧山，尤以湘湖所产为天下第一。

鱼类的食用方法，应推广东人最为讲究。广东城里人吃鱼，有生鱼片，又称"鱼生"。生鱼片所用原料，有鲈、鳙白、黄鱼、青鲚、雪鲚、鳝、蚝，尤以鲩鱼为上品，而鲩鱼中又以白鲩最好。其法乃用刚出水的活鱼，去掉皮，洗净血腥，细剖成片，红肌白理，轻可吹起，薄如蝉翼，然后两两排列，浇以老酒，再下入椒芷，吃起来入口冰融。（屈大均《广东新语》）生鱼片分鱼鲑、鱼脍两种。粤西人善做鱼鲑，粤东人擅长鱼脍。鱼脍由男子制作，制法如前述，鱼鲝则由妇女制作。凡是女子出嫁，其家必定送上数十罐，假若善做鱼鲝，甘酸适度，香可饫口，就算是好媳妇。廉州用珠柱肉制成鱼鲝，而连州则用笋虫做脍，色白如雪，也很甘脆。

京师隆冬黄芽菜

每当隆冬季节，北京城内大雪连绵，菜市场已无鲜菜可见。一些市井小民，只得动用秋末窖藏的大白菜，或吃些酸菜一类的腌菜。至于有钱的富室，家中有地窖火炕，可以培植出黄芽菜、韭黄，有福享受时鲜蔬菜，用不着吃腌制的蔬菜。在这些冬令时鲜蔬菜中，黄瓜就是其中的一种。冬季里吃嫩黄瓜，别有一番风味。这些黄瓜，就是菜农从暖洞子里培植出来的。明万历年间王世懋《学圃杂蔬》中载："王瓜，出燕京者最佳，其地人种之火室中，逼生花叶，二月初即结小实。"

城市民间日常所食蔬菜品种，主要有姜、芋、萝卜、胡萝卜、油菜、蕨菜、芥菜、乌菘菜、夏菘菜、菠菜、甜菜、白菜、苋菜、豆芽菜、生菜、莴笋、冬瓜、黄瓜、甜瓜、生瓜、香瓜、丝瓜、葫芦、茭白、胡荽、葱、韭、蒜、刀豆、茄子、天茄、甘露子、薄荷、紫苏、山药。在澳门，西方人已用洋葱待客，说明洋葱头也已传入中国。

中国人有腌制蔬菜的习惯，明代的城市也不例外。在蔬菜旺季，将蔬菜腌制成品，以度隆冬一季。北京的大白菜在当时已很有名。每年秋末，北京人就家家腌制大白菜。这种大白菜，相当于杭州的黄矮菜。在宁波，则用雪里蕻腌菜，脆而佳，可与苏州的箭干菜媲美。北京腌制的大白菜，可能就是现在北方十分流行的酸菜；宁波腌制的雪里蕻、苏州的箭干菜，则是流传下来的梅干菜。

中国地大物博，菜蔬种类很多。然因所跨纬度较大，南北温差大，所以南北城市食用蔬菜风俗有明显的差异。大体说来，在广东一些城市中，人们在饮食上崇尚新鲜蔬菜，干菜则为贱品。而在江南一些城市中，人们在春、夏、秋蔬菜旺季以食新鲜蔬菜为主，在冬季则以干菜为主品，辅以鲜菜。在北方城市，则干菜较为普遍，鲜菜反而较为次要。

在明代城市中，郊区多有菜园，城中士大夫的园林也往往带有菜园，所以蔬菜品种极其丰富。葡萄牙人克路士在《中国志》一书中，就插叙了南部一些城市的菜园状况，并说菜园里有很多蔬菜，如大头菜、萝卜、白菜及各种有气味的菜，蒜、葱等。在广东一些城市中，由于得天独厚的地理条件，即使隆冬季节，也有新鲜蔬菜十余种，百姓家绝少用盐腌制菜蔬，其地谚曰"冬不藏菜"，每当宾客至，如果用腌制菜待客，即被视为不敬。在江南嘉兴，有一种白菜，夏种冬收，每年十月，民间就买来或收取白菜，用盐腌制，称为"盐菜"，作为整个冬天及初春时的主要菜肴。在江南的城市中，家家有一只腌菜缸，大概不是一件稀奇事。在北方的开封城内，每当时令季节，也有不少卖新鲜奇异蔬菜的店铺，但专售干菜的干菜店也不少。

想得佳人微启齿

荔枝在诸果中最称名贵。韩偓《荔枝》诗云："封开玉笼鸡冠湿，叶衬金盘鹤顶鲜。想得佳人微启齿，翠钗先取一双悬。"可谓形容极妙。

除荔枝外，明代各地果品种类尚有苹婆果、枣、梨、杏、桃、杨梅、柑、橘、榛、松、榧、柿、葡萄、橄榄等。

在城市人食用的果品中，有很多是各地著名的方物。既有新果，也有干果，即蜜饯、果脯一类。由于人工制冰方法的应用与冰窖的存在，使得许多南方时鲜果品在北方城市也很普及。

明佚名《荔鼠图》

在广东，城市人以食用新鲜果品为主，虽有荔枝脯、橄榄豉、羊桃蜜煎（饯）、醋渍人面等干果，一般不登客席。时鲜果品的种类很多，有荔枝、龙眼、橄榄、槟榔、桄榔、椰、橘柚、菠萝、诃子、羊桃、山桃、蒲桃（葡萄）、夹竹桃、蜜望、宜母、人面及各种山果。江南松江，果品种类有万寿果（又称长生果）、江西橘柚、佛手柑、西瓜等。在北方开封城内，有果子铺，专卖甘蔗、荸荠、栗子、白果、土茯苓；有南果店，专卖南方水果；有干果店，专卖蜜饯一类的干果。

时令食品

在明代的城市饮食生活中，时令节序食品与地方风俗有较大的关系。例如，元旦，北京人吃匾食（饺子），杭州人喝椒柏酒、吃春饼。二月，北京人用面摊煎饼。清明节，杭州人吃青精饭，即采杨树或桐树叶染饭。四月，北京人用面和糖，掺入榆钱，吃榆钱糕；用面团成角状，称"麻胡"；用饧和炒米，制成圆状，称"欢喜团"。立夏，杭州人家各烹新茶，再配上各种细果，称七家茶。端午，各地都吃粽子，其中广东的粽子分为三种：用叶裹的称灰粽、肉粽，用竹叶裹的称竹筒粽，三角状的称角子粽。七月七日，江南嘉定人用面和糖，用油煎，使其红白相间，并成花果之形，称"巧儿女"。八月十五，各地均吃月饼，在江西新城则称"画饼"。九月九日，北京人吃花糕，用面制成糕，大如盆，铺二三层枣；杭州人吃栗糕，也称花糕，其制法为磨栗粉，和糯米，拌上蜜，蒸成糕，再铺肉缕。重阳节，各地还有喝菊花酒之习。十月八日，杭州人吃腊八粥，即用白米，和胡桃、榛、松、乳菌、枣、栗之类，熬成粥。十二月八日，北京人吃腊八粥，杂五谷米和各种果品，煮成粥。十二月二十四日，杭州人吃胶牙饧、糯米花糖、豆粉团。

江南吴江人每年要喝两次节酒。每年耕牛解犁，米谷入仓，就杀羊宰猪祭先祀神，事毕，招亲拉友，笑歌吹饮，称"年常酒"；每年暮春育蚕，也具牲醴缋神，事毕，会亲友喝"落山酒"。（弘治《吴江志》）食花是中国的传统，早在《楚辞》中就有"桂浆"的传说，其实就是桂花酿酒的方法。此外，林可山《山家清供》中有"广寒糕"，韩公望《易牙拾意》中有"桂仙汤"。在明代，杭州人造"天香丸"作为佐酒之物，喝酒时咀嚼一粒，香留齿颊之间，清妙不可言状。（田汝成《西湖游览志余》）明人重阳节饮"菊花酒"、吃"菊花糕"，也是以花入酒，用花制成糕。在松江嘉定县，食品中有桂花饼，说明也有食花的习俗。

汤饼会·盒子会

饮食社团的出现，不仅仅是明代城市饮食生活发达的标志，同时更体现了明人的一种群体意识。

凡以面做成的，一般称为饼。汤饼就是水瀹而食。明代北京，在官员中就有一些以专吃汤饼为主要内容的活动，称"汤饼会"。如蒋性中与于谦在北京联舍，即比邻而居，蒋性中就

曾举行过汤饼会，邀请于谦参加。（李延昰《南吴旧话录》）

汤饼会是士大夫饮食社交生活的标志。它既是食俗，又是一种社会交际。在明代城居士大夫中，一部分人的饮食生活崇尚真率、清俭，不追求过分雕琢、奢华，于是就有了"真率会"。正统五年（1440），大学士杨士奇与馆阁同志七人创真率会，约十日一次阁中小集，酒各随量，肴止一二品，蔬菜不拘。（焦竑《玉堂丛语》）

蟹会在明代十分流行。明末，张岱与朋友、兄弟等在绍兴城内立了一个蟹会，"期于午后至，煮蟹食之，人六只，恐冷腥，迭番煮之"（张岱《陶庵梦忆》）。蟹会上还吃其他食物，如肴蔬有肥腊鸭、牛乳酪、醉蚶、鸭汁煮白菜，瓜果有谢橘、风栗、风菱，蔬菜有兵坑笋，饮的酒有玉壶冰，吃的饭有新余杭白，喝的茶有兰雪茶。

盒子会是明代南京曲中妓女炫耀烹调手艺的聚会，妓女定时聚在一起，各自拿出自己烹制的肴蔬、面点、茶素，以示赛竞。因均放于食盒中，故称盒子会。（余怀《板桥杂记》）盒子会在明小说《金瓶梅》中也有反映，如第四十五回说到，院中李桂姐五姨妈家就做过盒子会。

明代院中妓女的食品相当精洁。余怀《板桥杂记》就曾记载南京曲中妓女赠品都无俗物，名酒佳茶，饧糖小茶，都属上品。《金瓶梅》第五十九回说妓女待客食品很精致，有荷花细饼、攒肉丝卷。与此相比，那些土妓巷中的土妓，待客食品就显得有点粗疏，不过是四碟干菜，其余几碟都是鸭蛋、虾米、熟鲜、咸鱼、猪头肉、干板肠儿。

宫风士韵民用

明朝末年，一批耶稣会士为了传播"主的福音"，不远万里，来到了中国。在这些耶稣会士中，有一位最著名的传教士，即被中国的士大夫称为"利西士"的利玛窦。利玛窦曾把在中国的见闻以及传教过程记录下来，写成了一部《利玛窦中国札记》。在书中，他将中西城市建筑作了一番比较：

从房屋的风格和耐久性看，中国建筑在各方面都逊于欧洲。事实上，究竟这两者中哪个更差一些，还很难说。在他们着手建造时，他们似乎是用人生一世的久暂来衡量事物的，是为自己盖房而不是为子孙后代。而欧洲人则遵循他们的文明的要求，似乎力求永世不朽。中国人的这种性格使得他们不可能欣赏表现在我们的公私建筑中的那种富丽堂皇，甚至不相信我们告诉他们的有关情况。……因为他们自己从不挖掘地基，而只是在一片不裂开的地面上放上一些大石头；或者如果他们挖地基，深度也不会超过一码或两码，即使墙壁或楼台要造得很高。

这是一个西方人眼中的中国城市建筑，见解也有合理之处。不过，西方人看中国，终究带有片面的特点。从利玛窦的记述来看，似乎他对中西方建筑的优劣判断十分小心谨慎，但至少说明他对中国建筑的营造法则还是一知半解。据记载，利玛窦是到过北京的皇宫之内的，并进贡了一些西方方物。不知什么原因，他对皇家建筑的特点却知之甚少。

早在永乐年间，也曾有海外一百余国的使节到过南京。他们在观赏了报恩寺塔以后，被它的恢宏气势所震慑，莫不顶礼赞叹。

建筑是城市的重要组成部分。城市人的住宅不仅仅是为了蔽风雨，同时也是为了壮门面、饰美观。透过城市建筑物的表面，可以看到城市人形形色色的生活以及他们的心态。城市建筑往往是实用价值与美学价值并存的。当然，细说起来，还是有区分的：皇家宫殿苑囿过分追求宫廷的风致，以显示皇家气魄；士大夫的园林，则以消闲生活为背景，追求山水之美；而民居则以蔽风雨为主要功能。

房舍等第

小说《金瓶梅》开篇就说西门庆家："现住着门面五间到底七进的房子，家中呼奴使婢，骡马成群，虽算不得十分富贵，却也是清河县中一个殷实的人家。"一般读者读到这里，大多粗粗放过，对其中所包含的底蕴模糊不清。

其实，西门庆家的住房违犯了大明帝国的法令。按照明帝国颁布的房舍等第法令，普通庶民百姓家居住的房屋，不得超过三间五架，西门庆不过一个市井小民，尽管其父西门达走川广贩卖药材，又在清河县前开着一个大大的生药铺，可是祖上并无官第门阀，凭什么住着"门面五间到底七进的房子"？

这就需要对明代的房舍等第制度及其中期以后的败坏作一些介绍。明太祖朱元璋建立大明帝国以后，制定了一整套的房屋等第，要求臣民遵守，不准违例起造房屋。这套规定包括房屋的开间、用瓦、饰物、设色。

洪武四年（1371），制定了亲王的宫殿制度。王府宫殿正门、前后殿、四门、城楼，用青绿点金装饰；廊房，用青黑装饰；四城正门用红漆金涂饰，可以用铜钉；宫殿，可以棸拱攒顶，中间画蟠螭，用金边修饰，再画八种吉祥花；前后殿座，可以用红漆金蟠螭纹饰；帐，用红销金蟠螭纹饰；座后壁，则可以画蟠螭彩云；在王城的西南立社稷山川坛，东南立宗庙，将彩绘蟠螭饰改为龙饰。洪武九年（1376）规定：亲王宫殿可以用朱红、大青、绿三种颜色装饰，其余居室只能用丹、碧两种颜色装饰；亲王殿内屏风用云龙装饰，顶幔用青色纹绮、泥金云龙，一如皇太子东宫之制；亲王宫殿门庑及城门楼，都用青色琉璃瓦覆盖，也如东宫之制。

至于诸王宫式，也只能按照已定格式起盖，不许犯分，更不许建离宫、别殿及台榭游玩去处。如果王子王孙繁盛，小院宫室可以任从起盖。（《皇明祖训·内令》）

洪武五年（1372），又定公主府第制度。公主府第厅堂九间十一架，施设花兽头，斗拱檐角，彩色绘饰，只是不能用金。正门五间七架，大门用绿油、铜环、石础、墙砖，镌凿玲

珑花样。（《明太祖实录》）

随后，对官民房屋等第也做了相应规定，包括三条。

（一）官员盖造房屋，不许用歇山、转角、重檐、重拱、绘画藻井。至于楼房，不在重檐之例，听从自便。具体等第如下：

公、侯前厅，七间或五间，两厦九架；中堂，七间九架；后堂，七间五架；门屋，三间五架，门用金漆及兽面摆锡环；家庙，三间五架。这些房子都盖黑板瓦，屋脊用彩色花样瓦兽、梁栋、斗拱、檐角，窗、枋、柱用金漆或黑油饰。其余廊庑库厨从屋从房，可以从宜盖造，但不得超过五间七架。

一品、二品厅堂，五间九架，屋脊可以用青碧绘饰瓦兽、梁栋、斗拱、檐角；门屋，三间五架，门用绿油及兽面摆锡环。

三品至五品厅堂，五间七架，屋脊用青碧绘饰瓦兽、梁栋、檐角；正门，三间三架，门用黑油，摆锡环。

六品至七品厅堂，三间七架，只用土黄饰梁栋；正门，一间三架，黑门，铁环。

（二）品官房屋除正厅外，其余房舍允许根据正屋制度，从宜盖造，但务必要减小，不许太过。至于门窗户牖，都不许用朱红油漆。

（三）庶民所居房屋，不能超过三间五架，不许用斗拱及彩色装饰。（《大明官制·礼部》）

重拱，又称叠拱，指四铺作五铺，作六铺、七铺、八铺。藻井，即天花板井口内画水藻。瓦兽，指屋上兽头及转角飞仙、海马之类。

此外，根据明制，在京功臣宅舍后，允许保留空地十丈，左右各五丈。同时，这套房屋等第制度，除了官员因贪污罢黜而责令改拆，其他故官之家子孙仍可继承本等权利，永久居住。

居宅壮丽

在这套房舍制度的制约下，明初城市房舍崇尚俭素。如果说"屋蔽风雨"是明初城市住房生活的恰当概括，那么广厅雕梁的大量涌现，房屋的日趋壮丽，是明中期以后城市住房的一大变化。

举例而言，浙江太平县，明初"屋室无厅事，高广惟式"；江苏仪真，明初民居极为"卑隘"；福建邵武，在明初也是"无广厦雕楹"；即使像南京这样的繁华之区，正德以

明仇英《清明上河图》中的房舍

前，房屋矮小，厅堂多在后面，有些好事之徒，"画以罗木，皆朴素浑坚不淫"；江苏松江，起初只有厅事堂楼，士大夫也多居住在城外，如南郊有两位张尚书，东郊有孙尚书，西郊有顾尚书，地方官就在他们居住的地方建牌坊。

明中叶以后，奢侈的社会生活风尚使这些禁令名存实亡。弘治以后，浙江太平庶民之家已是"屋有厅事，高广倍常，率仿效品官第宅"；嘉靖末年，在南京，士大夫就不必说了，即使庶民百姓，也有费千金修三间客厅的例子可寻，房屋金碧辉煌，高耸过倍，往往重檐兽脊，如官衙一般，园圃僭拟公侯，下至勾栏之中，也"多画屋矣"；在松江，缙绅已开始住在城里，"故宦宅第，转展相售，居必巧营曲房，栏楯台砌，点缀花石、几榻、书画，竞事华侈"；浙江黄岩，也是"居设厅事，高广倍式"。庶民之家开始营建式如王侯品官的厅堂，一个匠头的别墅同样可以"壮丽敞豁，侔于勋戚"。

这种在住房上僭越等级、崇尚奢侈的风气，在小说中也有所反映。如方汝浩《禅真后史》第三十三回说到边商党侁造的房子，"前面临街一带墙垣，墙内两旁四间侧屋，中间五间彩画高楼，随后腰墙内又是五间大厅，前后共有十余进高堂广厦，一重重峻壁巍墙，一透透雕梁画栋。屋后有一片大园，种植竹木花卉，极其深沉宽敞"。从"五间大厅"来看，已远远突破了庶民厅房只能三间的官方规定，更不要说那些高堂大厦与雕梁画栋了。

皇家的气魄

在明代的城市建筑中，皇家宫室、苑囿独处宫城之内，与民居相隔，并以其独特的富丽堂皇而一直引起研究者的注意。想当初，明代宫苑，大内规制宏丽，崇楼叠阁，摩天连云，殿楼亭阁门等，多达786座，宫殿高达9层，基址墙垣俱用临清砖，木料俱用楠木。宫女超过9000人，内监达10万人，宫中脂粉钱，年耗4万两银子以上。

天子宫阙之内称为大内。《宋史·舆服志》说："皇帝之居曰殿，总曰大内。"据刘若愚所著《酌中志》，明代大内有外围六门及内围六门。

明代实行南北两京制度，在南京与北京均有宫室苑囿。南京宫殿始建于朱元璋吴元年（1367），正殿为奉天殿，前为奉天门。奉天殿后为华盖殿，华盖殿后为谨身殿，"皆翼以廊庑"。奉天殿的左右各建一楼，左称文楼，右称武楼。谨身殿之后为宫，前称乾清宫，后称坤宁宫，六宫以次序列。皇城四周的大门，南为午门，东为东华门，西为西华门，北为玄武门。制皆朴素，不为雕饰。洪武十年（1377），改建大内午门，添两观，中三门，东西为左右掖门。奉天门的左右建东西角门，奉天殿的左右建中左、中右二门。奉天门外两庑，有左顺、右顺二门，及文华、武英二殿。到洪武二十五年（1392），改建大内金水桥。又建端门、承天门楼各五间，以及长安东西二门。西宫为皇帝燕居的场所。

北京宫殿规制悉如南京，但高敞壮丽超过南京。明成祖初封燕王，以元故宫为府，即后来的西苑，靖难之役后，就其地建奉天诸殿。永乐十五年（1417），在东西建大内，离旧宫一里，基本与南京宫殿相同，即后来的三殿，为正朝大内。同年，建成西宫。中为奉天殿，殿之侧有左右二殿。奉天殿南为奉天门，左右为东西角门。奉天门之南为午门，午门之南为承天门。奉天殿之北有后殿、凉殿、暖殿以及仁寿、景福、仁和、万春、永寿、长寿等宫，房屋共计1630余楹。

北京大内的宫殿，历朝皇帝根据个人的喜好，均有改建增设。洪熙元年（1425），仁宗在思善门建弘文阁，命翰林学士杨溥掌阁事，日侍燕闲，备顾问。（《明仁宗实录》）天顺年间，英宗在宫中新建了不少宫殿。如大内东南的南城，为英宗从蒙古归后居住之处，复辟之后，增置各殿，正殿为龙德殿，南门为丹凤门。殿后凿石为桥，其后叠石为山，称秀岩。山顶正中有圆殿，称乾运殿。又其后有圆殿，引水环之，左右各建亭、馆，在其中杂植奇花异木。每当春暖花开，命中贵陪内阁儒臣宴赏。（朱国祯《涌幢小品》）天顺四年（1460），英宗又在西苑建殿、亭、轩、馆。苑中旧有太液池。英宗在太液池东西各造三座行殿，分别称凝和、迎翠、太素。造六座亭子，分别称飞香、拥翠、澄波、岁寒、会景、映辉。轩一座，称运辄。馆一座，称保和。每次临幸，就召文武大臣游赏。（《明英宗实录》）正德年间，武宗更是大肆造作，劳民伤财。造豹房，费银达24万两。后又在豹房添修房屋200余间。（《明武宗实录》）在内府禁密之地，他还造离宫、别殿，添盖了新宅、佛寺、神庙、总督府、神武营、香房、酒店等。此外，又添盖镇国府、总督府、老儿院、玄明宫、教坊司新宅、石径山祠庙、店房等。同时，在宣府还建行宫，里面放置各种珍玩和美女，乐不思归，每每称为"家里"。（《明武宗实录》）嘉靖十三年（1534），明世宗在西苑河东又建造了许多亭榭，并亲自定额，称天鹅房。这些亭榭分别有飞霭亭、迎翠殿、浮香亭、宝月亭、秋辉亭、昭和殿、澄渊亭、趯台陂、临漪亭、水云榭、左临海亭、右临海亭、涌玉亭、聚景亭、橖金亭、翠玉亭、撷秀亭、玩芳亭。

明代大内建筑，无论是建筑方法还是布局，均有一套独特的体制。北京内府中有东一长街、西一长街等街。街上有楼，楼设路灯。楼用石作地基，用铜作墙壁，再用铜丝制成窗户。每天晚上，内府供用库差人灌油燃火，荧煌达曙。每年夏天，宫中搭起凉棚，吃冰，防暑降温。宫中匾额也自有特色，均由一些著名书法家题写。太祖定鼎金陵后，宫殿牌额及各衙门、各敕建寺观的题署，均出自书家詹希源之笔。成祖迁都北京，宫殿牌额均出自书家朱孔阳之笔。宫廷画与皇家建筑也是一对孪生的兄弟。在一些著名的皇家建筑里，均留下了宫廷画家的作品，皇宫内殿的壁画，天界寺的影壁，南京大报恩寺的壁画，都出自宫廷画家的手笔。宫廷画除了表现宫廷的风致这一美学特色外，还与皇家建筑相映成趣，使皇家的气魄得到淋漓尽致的体现。

自明初以来，崇尚俭素虽为皇家建筑的一条原则，然皇宫内毕竟财力丰厚，故皇家建筑在建造过程中所用方法也是士大夫的宅第、园林无法比拟的。如工部修太庙时，在木厂竖立很多栋梁，每根头凿一孔，将滚桐油注入孔中，"逐水且牢"，使建筑防腐并更加牢固。正统年间，彩绘宫殿，光用牛胶就达万余斤。

富丽堂皇的外表，雄伟的气魄，巨大的规模，这是明代皇家建筑的一般特点。北京的皇家宫殿以及南京的大报恩寺在很大程度上反映了这些特点。

明成祖迁都北京，对皇家宫殿苑囿的建筑煞费苦心。现存北京故宫的建筑，形体之庞大，平面之规整，布局之对称，虽是建筑工匠艺术创造的结晶，却在很大程度上体现了皇权的旨

明朱邦《宫城图》

意。换言之，帝王的宫廷和苑囿，恢宏的形态，辉煌的色调，其终极目的无非是宣扬皇家的高贵及皇权的至高无上。

艺术史一再告诉我们，尺寸大的形体，即使外形并不美观，也能凭借形体大这一优势，吸引人们的注意，引起人们的赞美。明长城就是通过尺寸与蛇形线的结合，产生出一种壮美的奇景，成为中华民族的象征物。明初修建的皇家宫殿，就是宏大与单纯构成的形体美。尺寸大使明宫的优美增添了几分雄伟，与对称的结合，也使明宫避免了笨拙之感。庞大雄伟的故宫建筑，在空间结构上通过令人产生恐惧感，从而形成它的崇高美。当然，明宫的建筑单纯而不贫乏，富丽而不俗艳，雄伟而不笨重。宏伟的气势，庞大的形体，究其根本就是为了体现皇家的气魄。

永乐十年（1412），明成祖朱棣以纪念明太祖与马皇后为名，下令在南京天禧寺旧址新建大报恩寺及9层琉璃宝塔。报恩寺与灵谷寺、天界寺并称明代南京三大佛寺。报恩寺更以它的琉璃塔而著名。塔高达23丈，9层8面，外壁用白瓷砖砌成，每块瓷砖中央嵌有一个佛像，其衣袂之飘逸，面目之神韵，须眉之妥帖，信属鬼斧神工。

"乍看大树凌霄汉，忽讶繁星散碧台。"这是朱之蕃咏报恩寺灯塔诗中的一句。塔上放置油灯146盏，每夜必燃灯。夜幕中，琉璃塔如一棵大树直冲云霄，灯光犹如繁星点点，在暮霭中摇摇曳曳，光怪陆离，使人讶为奇观。

报恩塔是中国之大古董，永乐之大窑器。晚明散文家张岱的评判，不仅公正，而且值得玩味：如此大的工程，如此壮观

的建筑，"非成祖开国之精神，开国之物力，开国之功令"，实是难以想象的。（张岱《陶庵梦忆》）

皇家建筑除富丽堂皇以显示皇家气魄以外，还受到来自另一方面的影响，即自明初以来宫内建筑崇尚素朴的风气。如果说朱元璋兴建大内宫殿，去掉侈丽华美，不建台榭苑囿，一味追求朴素坚壮，目的是节省民力，并能持之永久，那么明中期以后宫廷建筑对朴素这种风格的追求，又在一定程度上体现了皇家建筑的审美新趣味，同时也证明皇家建筑日渐受到江南民居风格的影响。这种新风格尽管受到一批缙绅士大夫的批评，但不能不说是明代城市建筑的一种新动向。

早在宣德年间，东苑就有草舍一区，为宣宗致斋的场所。梁栋栏楯，全用杉木。少向西，有路迂回入荆扉，有一条河。河上有小桥，上有草亭，中又有小殿，当为弹琴读书的场所。四围编竹篱，篱下种蔬茹匏瓜。至天顺年间，英宗在西苑新修了一批殿、亭、轩、馆。其中太液池西南有一座太素殿，"以草缮之"，并用白垩修饰。竹篱、粉墙、草舍，显然已是一派江南田园风光。宫中殿上之瓦，原本均用琉璃，金碧辉煌，显示皇家的气派。到正德年间，武宗游幸宣府时，喜欢上乐伎刘良女，载归宫中，并为她建一座腾禧殿，上面覆盖黑色琉璃瓦，俗称"黑老婆殿"。到明末崇祯朝，田贵妃按江南民居格式，对宫内居室布局进行了全新的改革。她厌弃宫阎过于高迥，崇杠大牖，居住并不适意，于是，就在廊房造低槛曲楯，再以敞楄加以遮蔽，采购一些扬州的什器、床簟之类供设在房中。又在宫西造一台，垒石为洞，莳种花药，称"玩月台"。

明宫建筑崇尚雅素，可谓渊源有自。早在宋代宣和年间，宫中艮岳苑囿，全都仿照江南白屋，不施文采，又多为村居野店，宛若山林。按通常的说法，宫内建筑是"朝廷之容"，反映的是一种"国体"，自当以壮丽示威。自明中期以后，宫廷建筑或仿吴下之风，或下从田野之风，曲附林皋之致，当然不是一种盛时景象的体现，而是一种审美风格的变化，即从壮丽向雅素过渡。

堂堂衙门八字开

在明代城市建筑中，衙舍不能不令人注意。葡萄牙人克路士在《中国志》一书中描述了明末他在广州看到的衙门情况：

大城官员的衙门，当到达这些官员所在之处前，有两个宽而长的院子，每个都约有一个大跑马场的面积。这些院内布置整洁的花园，长着许多果树，中间是官员经过的大走廊。走廊两边，在花园和走廊之间，是供公务人员使用及供其他仆役工作的空地。因这些府衙中都有很多大房间给官员及其助手住宿，还有大牢房和狱吏、看守住的地方，所以里头有大菜园和水池，养着很多鱼，不是供观赏而是供食用。

按照明代惯例，京城朝官大多僦居私寓。此例在明末仍存在。如万历朝，官员纷纷挂冠而去，于是北京城内"比屋皆帖空房，赁住纸签不可计数，而车马行人为之稀"。（薛冈

《天爵堂文集笔余》）这种出租空房告示的出现，说明京师官员仍大多赁居私寓。不过南京三法司衙宇，在明初即由官方创建。明太祖认为大官人须居大房子，造了一批房子，极宏壮，称为"样房"，显然打算依样盖造各个衙门。洪武十八年（1385），当时在京官员多与民杂居。礼部郎中曾伯机上言，太祖命工部增造京官房舍，共百余所。至明末，南京吏、户、礼、兵、工各部堂上官与列署各官，大多自以物力置设官房，亦堪居住。南京国子监的两厢，极尽水竹园亭之美，也属公私凑合而成。当李廷机由南京转任北京礼部侍郎时，仿照南例，自己买房，供堂属居住，外征民租。（朱国祯《涌幢小品》）显然，在明代城市中，或官民分居，或官民杂居。至于官员的住所，或官造，或公私合造，或赁租民房。

明代衙舍，很多是由古人官宅或过去的空地改建。如两淮盐运使的官署为汉董仲舒相江都时的故宅；苏州巡抚行台为魏了翁的赐第；江西巡抚衙门在永昌永和门内，宸濠之乱后，将宁王府承运司改为都台，织造机房改作按台；浙江巡抚衙门先在官巷口，后改在望仙桥，也是南宋重华宫故地。

衙门事实上由公署与官廨两部分组成。公署"以崇陛辨其分"，即官员处理日常公务的地方；官廨"以退食节其劳"，即官员公务之暇的宴息之所。以北京宛平县为例，县署设北安门之西，中为节爱堂。堂东为幕厅，西为库，后为见日堂，各三楹。循两阶而前为六房，东依次有吏房、户房、粮科、礼房、匠科、马科、工南科；西依次有兵北科、兵南科、刑北科、刑南科、工北科、铺长司、架阁库、承发司。堂前为露台，有甬道，有戒石亭，还有仪门。此外，东为土地祠，西为牢狱。见日堂后为知县的官廨，又后为官仓，三堂。东为粮马县丞的官廨，迤南为典史的官廨，堂西为军匠县丞的官廨，稍前为管屯主簿的官廨。吏廨无定所，一般利用各官廨的空房。宛平前堂之后不数尺即为官廨，所谓的见日堂，也不过是就廨前的厅而言，其实无堂。此后官廨仅一所，与民间比屋，曲直不齐，各佐领衙与市民联墙，声音可通。至于吏，大半无廨，只好僦借民居。（沈榜《宛署杂记》）

衙门建筑自有特色。在当时的官府衙门之外，往往摆列一些木头，称为"鹿角"（都卬《三余赘笔·鹿角》），大概作拴马之用。一些官员根据自己的喜好，在衙门内建一些书斋或其他房舍，以供读书之用。在官衙堂上，张贴一些对联。如北京吏部大堂上的对联为万历初年吏部尚书张瀚题，吏部堂联云："功名身外事，大就何妨，小就何妨；富贵眼前花，早开也得，迟开也得。"（谈迁《北游录》）

在衙宇建筑中，还有一种"公馆"，作为上司巡行驻扎之所。如松江府有三座公馆：一为府东东察院，规模最为壮丽，大抵为巡抚、巡按、提学道驻扎之处；一为华亭县南南察院，体制与东察院同，但宏壮稍差，大抵为各道及监兑诸部差查盘、理刑驻扎；一为城东南隅新察院，由盐商灶民建造，作为盐运司分巡之所。此外，在东察院东面还有一座公馆，为东理刑厅。

早在汉代，一些郡国守相都在长安置邸舍。唐代有进奏院，宋代有朝集院，均属衙舍性质。明朝无此例，只好私立会馆，但会馆只供乡绅之用，至于那些迁除应朝的官员，会馆就不堪居住了。

明代北京会馆的设立，始设于永乐年间，至嘉靖、隆庆年间勃兴。会馆的设立主要出于以下两个目的：一是京师为五方所聚，各地来京游闲的人很多，初次到北京，能在同乡会馆中找到一个居停的场所，甚是方便；二是流寓之人太多，又不在编户之内，不便管理，所以设立会馆，并由士绅主持，以便于管理。北京的内城会馆，均安顿乡绅；外城会馆，多为公车岁贡士的寓所。

园林：冶游的好去处

明代末年，绍兴城内有一处园林，名砎园，在当地颇负盛名，为张姓产业。此园得水之用，园极华缛。园中有堂、堤、山、台，有竹径，有内宅、长廊、曲桥。

一天，有两位老者游览了砎园。一老者叹道："竟是蓬莱阆苑了也！"一老者不以为然，哂道："个边那有这样？"可发一嚱。不过，两位老者的对话至少说明，明代士大夫的园林巧夺天工，尽得山水之美，确是冶游的好去处。

城居士大夫的住房事实上可以分为宅第、别墅（别业）、园林三部分。

士大夫的宅第，有一部分来自帝王的赐予。当他们在朝为官时，若深得皇帝的宠幸，就能得到赐宅。嘉靖年间，世宗皈依道教，对道士尤其推崇，就赐造江西上清真人的宅第，费用达银10万余两。在松江府上海县，有相国徐光启的阁老坊，成于崇祯十四年（1641）秋天，也为赐建。

下以松江为例，介绍明代城居缙绅士大夫的赐第。徐光启为三朝元老，他的赐第在松江城之南，三区并建，规制壮丽，甲于一郡。相国钱龙锡的赐第在光启赐第后，南面临流，门宇宏敞，也堪称一城甲第。光禄寺卿顾正心的赐第，在府治南，城隍庙西，门楼龙额金书，特命嘉义，制极壮丽。（叶梦珠《阅世编》）

除赐第外，士大夫还自建宅第，也是规制宏敞，与一般民居有别。仍以松江府为例。王庭梅的宅第，南面临街，重堂邃宇，号称"东关第一甲第"。林仁甫的宅第，在普照寺西界，与寺连，也是居第极为宏丽。张蓉宅第，在通波门之东偏，为倪氏旧业，改建后楼三层，备极壮丽。董有仲的宅第，在府治南，集仙桥西，南面临街，重堂邃室，也称壮丽。陆文裕第，在抚院行台之南，基址宽敞，堂宇宏邃，外门面西临街，内设高墙，重堂复道，庭立三门，俨然相府规制。陈沪海第，在县治东南，重门东西，朱楼环绕，外墙高照，内宇宏深，可称海上甲第。张银台第，在城南大街之西，南面临街，高门邃宇，美轮美奂。

为了对明代城居士大夫的宅第有更多的感性认识，下引西班牙人拉达《记大明的中国事情》一书的描述：

大人物的屋舍虽则无楼，却很大，占地甚广，因为有庭院和不止一个庭院，有大厅和许多寝室，还有菜园。这类厅一般都比地面高出三四级，用大而整齐的石板铺成阶级。屋基通常用方石，打在每间屋地面，约一瓦拉高。再在石基上立几根松木柱或桩；顶的栱心制作良好，屋顶铺瓦。虽然没有石灰，地板仍用砖紧密砌成，有时用石板。在柱之间，他们用板条和胶泥加在支架上筑成薄墙，用大木板加固，两边先涂泥再抹灰。庭院和菜园的墙用春牢的泥土筑成，外面抹灰。

这是典型的福建城居缙绅宅第，已部分反映了士大夫宅第的概貌。当然，没有楼仅仅是福建城市的特例，在江南，城居士大夫的宅第多建楼房。

士大夫的大厅多为五间，在厅前还有屋，俗名"五厅三泊暑"，意思是可以借此障蔽炎热，又称"卷棚"，如《金瓶梅》中就提到西门庆搭盖卷棚。无论是"五厅三泊暑"，还是"卷棚"，都是渊源有自。宋代洪迈《夷坚志》一书将它称为"扑水扑风板"，又称"屋翼剥风板"，可见当时的作用是为了防水防风。又陆游《老学庵笔记》云："蔡京赐第，宏敞过甚，老疾畏寒……惟扑水少低……乃即扑水下作卧室。"这种"扑水"或"扑风"，在宋代又称"仆处"，意思是说"厅上待客，童仆供待，宜列于此耳"（李诩《戒庵老人漫笔》）。

士大夫宅第大门外有墙门。墙门或六扇，或四扇，或二扇，全用木作骨，削竹如箸，竖编上下，中间用横板，在上刻花，全用墨质，并用红绿二色作花。后来下面用板，而上面仍编竹，或用细花篾簟，再钉上鎏锡钉，十分华美。

厅堂之中，多挂有春帖。如顾清堂中春帖云："才美如

明仇英《柳园图》

周公旦，着不得半点骄；事亲若曾子舆，才成得一个可。"又一春帖云："以义处事，义既立而家亦有成；以利存心，利未得而害已随至。"沈凤峰堂中春帖云："身入儿童斗草社，心如太古结绳时。"（何良俊《四友斋丛说》）这种春帖，既是警世格言，又令人悠然有林壑之思。当时有一些书法家，专写署书，端楷庄重，替别人的宅第题匾。如张鋈登第时，黄翰题"传桂"二字匾，榜于张氏楼中。

士大夫致仕家居以后，多购置楼房，以打发余生。楼房小窗杂植花卉，四时常新，凭栏把玩，皆足赏怀，过的是一种清雅的生活。他们厌倦城市烦嚣的生活，想置身闲旷之野；深知钱财难以久守，欲娱情于山水之间。他们淡泊世味，独嗜嘉山胜水；稍奢侈一点的，就购置别业，建有别墅。如在杭州，从昭庆寺沿西湖向西，在片石居一带，闾阁精庐，全是"韵人别墅"。杭州的青莲山房，又称包氏北庄，就是包涵所的别墅。（张岱《西湖梦寻》）山房多修竹古梅，倚莲花峰，跨曲涧，探岩峭壁，掩映林麓之间。一室之中，宛转曲折，环绕盘旋，不能即出，精思之巧，如迷楼一般。外面用石屑砌坛，柴根编门，在富贵气中，又透出几分草野味。

在明初，士大夫乡居时，虽粗有园亭，然不过是与贫交故旧往来盘桓的场所，或者是自己读书赋诗之处。如松江的傍秋亭、适园，起初并无层台危榭。到了中期以后，士大夫建园已成一时风气，而园林建筑更是靡极土木，奢华至极，或辇石疏渠，或黄石垒山，以供冶游。所以明人言："近世大臣之家，往往崇构室宇，巧结台榭，以为他日游息宴闲之所。"（朱承爵《存余堂诗话》）

据有的学者研究，明代江南城市园林出现过两个高潮，一个是成化、弘治、正德年间，另一个是嘉靖、万历年间，而后一个时期较诸前者，声势则更大。（王春瑜《论明代江南园林》）明中叶江南出现的城市乡居化，更加速了园林的发展。所谓乡居化，应该包括两方面的含义：一是达官贵人、富商大贾，腰缠万贯，追求高消费的享乐生活，由城居地主向乡居地主移动，到乡间的山崖水曲，修建别墅、园林，远避城市喧器，追求一种"雪满山中高士卧，月明林下美人来"的精神境界，及四时均有天然景色尽收眼底的赏心乐事。二是在城内寻求乡村的野趣，财力雄厚之人就在城里建造园林美景，财力一般之人也罗致奇花异木怪石，植修竹数竿，以求足不出户，也能赏悦村景。需要指出的是，对大部分城市居民来说，在乡村建造园林毕竟财力不及，只能在城内因地制宜，修建大大小小、规制不一的园林。三吴城中，即可为例。时人载："凡家累千金，垣屋稍治，必欲营治一园。若士大夫之家，其力稍赢，尤以此相胜。大略三吴城中，园苑棋置，侵市肆民居大半。然不过近聚土壤，远延木石，聊以矜眩于一时耳。"（何良俊《何翰林集》）

明人薛冈言："北土名园，莫多于都下；南中名园，莫盛于西湖。"（薛冈《天爵堂文集笔余》）北京和杭州是园林最为集中的城市。

明代北京，园亭相望，多属戚畹勋臣以及中贵。定国公园，又称"太师圃"，在德胜桥后，入门，古屋三楹，自三字外，额无匾，柱无联，壁无诗片，特点是土垣不垩，土池不甃，堂不阁不亭，树不花不实。英国公新园，在银锭桥之观音庵，园的两面是海子，一面是湖，一面是古木古寺，有一亭、一轩、一台。宜园，创自正德中咸宁侯仇鸾，后归成国公，至明末属冉驸马，园在石大人胡同，堂三楹，阶墀朗朗，老树森立，堂后有堂，台前有池，后又有假山。李皇亲新园，在三里河故道一带，园以水胜，中有梅花亭。在泡子河沿岸，更是园林丛萃，河的南岸，有方家园、房家园；河的北岸，有张家园、傅家东西园。

杭州西湖胜景，天下闻名。在西湖南路柳洲亭一带，更是多别墅园林：有寄园，是戴斐君的别墅；有钱麟武、商等轩、祁世培、余武贞、陈襄范各家园亭；又有黄元辰的池上轩，周中翰的芙蓉园。西湖边上的名园，当数包涵所的北园与南园。南园在雷峰塔下，北园在飞来峰下。大厅用拱斗抬梁，大可以队舞狮子。北园有八卦房，园亭如规，分作八格，形如扇面。

在南方城市，尤其是江南，园林在在有之。如松江，有顾园，在东郊。此园规方百亩，累石环山，凿池引水，石梁虹偃，台榭星罗，曲水回廊，画阁朦胧，宏敞堂开。凡是宦流雅集，名流胜会，以及往来过客，大多在此园寻芳觞咏。有世春堂，在北城安仁里。此堂面昭雕墙，宏开峻宇，重轩复道，后楼全用楠木造成，楼上均施砖砌，涂金染彩，丹垩雕刻，极工作之巧。有乐寿堂，在世春堂之西，也为游宴之所。此堂环山临水，嘉树扶疏，高阁重堂，丹楹刻桷，园林之胜，冠绝一时。有尊德堂，在城南偏东。有露香园，在城西北隅，为顾汇海别业。有桃园，叠土山、垒假山、植名花、构堂榭、施丹垩，规方百亩，疏密得宜。

宁波日月湖一带，全是士大夫的园亭。有屠隆的娑罗馆，其中"雪浪"石，也在某氏园中。

福建，也颇具园亭之胜。如泉州城大而土旷，士大夫纷纷营建园林。每至六月，嘉瓜四垂，朱槿熠熠，短垣之内，绿柚扶摇，碧叶之上，丹荔点缀，令人目不暇接。

广州旧多名园。城东，有东皋别业，陈子履营建，有湖有楼，芙蓉、杨柳与花林相错，林中亭榭多以花为名，器皿几案窗棂，多肖花的形象。城西，有西畴，为吴光禄所筑，梅花最盛；有显德园，在荔枝湾；有华林园，在半塘，有花坞。城南，有望春园，有芳华苑。城北，有芳春园，一名甘泉苑，桃花夹水二三里。

士大夫的园林自具特色，风格各不相同。有的以幽人野客之致取胜，如北京的勺园，人力若天工，天工若人力，板桥带以水石，亩宫之内，曲折备藏，丘壑自与人殊。有的以绮艳绝世，如北京的李园，苑囿亭台，无不侈丽。有的因假山出名，如瓜州于园，园中无他奇，奇在磊石；前堂石坡高二丈，上植果子松数棵，绿坡植牡丹、芍药，人不得上，以实奇；后厅临大池，池中奇峰绝壑，陡上陡下，人走池底，仰视莲花，反在天上，以空奇。有的讲究自然风致，如无锡愚公谷，园亭很有思致文理，磊石为垣，编柴为门，堂不层不庑，树不配不行，与别的园林特栽花树、故造园亭不同。有的以园内种植桃树而闻名遐迩，如松江桃园，内种桃树，取桃为利。有的则以园中刺绣取胜，如松江顾氏露香园，家姬刺绣，巧夺天工，号称"顾绣"。

南北园林，各具特色，风格上有差异。北京的园亭，多属戚畹勋臣以及中贵所有，大抵气象轩豁，多廊庙气，而无山林味，并且园林中缺水，无法供人游泛。城西北净业寺侧，有前后两湖，颇宜造园。徐文璧在此造了一园，临涯据涘，似已选胜，但所造堂宇缺乏幽致，尤其是在大门上写上"太师圃"三字，这座园林所带的廊庙气息也就可想而知。显然，北方的园林虽也高台崇树，新构亭馆，甚至穿池叠山，但终究不过是借此点缀京华的太平佳事，缺乏园林本身所具备的幽致。只有米仲诏的勺园，由于事事效仿江南，才稍为幽洁。

江南城市园林都属致仕或归隐山林的士大夫，即使由商人所造，由于仰慕清雅，也是处处效法士大夫的雅致。士大夫独具的情趣，决定了他们所建的园林，虽仍是假山假水，但更多地模拟或接近自然，编柴为门，亭台馆榭也不加崇饰，洗尽繁华气息，即使垒石为山，也讲究实与空的相配，使人力与天工完美结合，表现得天衣无缝。这样，江南城居士大夫的园林更多地体现出一种山林隐幽的风致，而无廊庙繁华的景象。

毋庸讳言，无论是北方城市的园林，还是南方城市的园亭，均是奢华与雅素孪生，廊庙与山林并存。按照传统儒家的生活原则，宫室不过是为了避燥湿，除了追求朴素浑坚、取以利用之外，不必过分崇饰。过饰则僭，尽美则奢，为有道之人所耻。不过，士大夫营造园林，在家中享受山水之美，本身就是对生活享乐的一种追求，更何况有些士大夫为了求得美观，在所造园林材料的选择上，不免显得过分奢侈。如松江的世春堂，后楼全用楠木建成；一向以清谨自持的倪元璐，他所造的园亭楼馆一律用徽墨粉刷，在明代，徽墨至为贵重，价等同于黄金，其奢华的程度于此可见一斑。

当然，士大夫毕竟是清雅生活的追求者。这从他们对书斋的过分讲究上可以反映一二。在士大夫的生活中，书斋既是追求功名的起始，又是功名已就之余的一方宁静之区，更是急流勇退之后的清闲去处。他们对于书斋，不求过分的奢华，但求与败屋、图书、老树、修竹、鲜花为伴。请看下面几位士大夫的书斋——

李日华，他理想中的书斋是：在溪山纡曲处择书屋，结构只三间；上加层楼，以观云物；四旁修竹百竿，以招清风；南面长松一株，挂我明月；老梅寒寒，低枝入窗；芳草缛苔，周于砌下；东屋置道、释二家书，西置儒籍；中横几榻之外，杂置法书名绘。朝夕白饭、鱼羹、名酒、精茗。一健丁守关，拒绝俗客往来。（李日华《紫桃轩杂缀》）

张瀚，致仕在杭州家居以后，屏居陋巷，营造小楼三间，在此饮食、往来应酬。虽处城市，足迹不及公府。小窗杂植花卉，四时常新：初春，水仙开，金心玉质；梅花同放，清香幽远；蔷薇满架，如红妆艳质，浓淡相间；白荼蘼、黄棠棣，尤堪把玩。入夏，石榴吐焰；蜀葵花草木高挺，花舒向日；莲花二种，并头、合莲，绿叶亭亭，红花艳艳，香芬馥郁，芳妍可爱；更有茉莉，馨香无比，花朵繁茂。入秋，芭蕉淅沥，修干巨叶；桂花满树，次第开放；秋葵色蜜心赤，干细叶稀。入冬，山茶花开，红浅二色；梅花虬枝如铁，苔藓翠碧，点铺老干；菖蒲名荃，四时常青，历岁寒而不凋。（张瀚《松窗梦语》）四时花卉之乐，享受殆尽。

张岱在绍兴城内造梅花书屋、不二斋。梅花书屋内，设卧榻，对面砌石台，插太湖石数峰。内植花草树木。大牡丹三株，花出墙上；梅骨古劲，岁寒而花；滇茶数茎，妩媚动人；窗外竹棚，修影婆娑。非高流佳客，不得入内。不二斋，图书四壁，充栋连床，鼎彝尊罍，不移而具。春时，四壁下全是山兰，槛前芍药半亩，多有异本；夏日，建兰、茉莉香泽浸人，沁入衣裙；重阳前后，移菊北窗下；入冬，梧叶落，腊梅开，暖日晒窗，红炉氍毹。（张岱《陶庵梦忆》）

　　即使诸如轩、园亭之类的燕休场所，无论是取名，还是布置，也是具备清雅有趣这种独特的审美情趣，而且反映了一种处于"自适"与"济世"、"乐"与"劳"之间的人生态度。如李明之造有一轩，作为平时自己燕休的场所，取名叫"竹鹤轩"，轩前种竹数十竿，庭中养二鹤：用竹的疏简抗劲、春阳而荣、秋霜而悴，比拟君子的节操；用鹤的清远闲放、洁不可污、介不可狎，比拟君子的修行。孙孔阳所造燕休之室，称

明仇英《园林清课图》

"半乐窝"，其意无非是既怀有范仲淹忧世之志，又要享受邵雍的自适之私，江湖与庙堂之情，均难以忘怀。（何乔新《何文肃公文集》）华爱菊少勤以立宗，至老创辟怡老园，为三吴城市园林之冠。（杨循吉《灯窗末艺·华氏怡老园记》）从上述取名来看，显然也别具一种境界，即乐与劳的合一：专乐不劳，其乐不久；专劳不乐，又必为人所笑。

廊房民居

明代城市的民居不像皇家宫殿的富丽堂皇、有气魄，也不像士大夫宅第的崇屋叠构、园林的山水之美，更多地体现为"屋蔽风雨"的实用性。

城市是商人铺户的荟萃之区。明初设立的廊房、铺房，既是店铺，又作民居之用。如北京，在永乐初年改建为都城，在皇城四门、钟鼓楼等处各盖铺房，召民居住，召商居货，称为"廊房"。宛平一县，廊房共计801间半，店房16间半。城市民居，虽多为砖木结构的瓦房，但也不乏草房。在永乐年间，京城的大街小巷仍遍布草屋，考虑到常常发生火灾，延烧毁坏官民居宅，后才全改为瓦房。至于那些贫苦百姓，由于居无屋，除了栖身佛寺道观以外，只好借城市中的旌善亭、申明亭一角，暂且栖身，躲避风雨。

城市市民一般无固定财产，居房就成为他们的恒产。由于奢侈成风，一等衣食不足，就变卖房产。所以，城市房屋的买卖相当频繁，或数年一更，或一年一更，甚至有些人住不满一月，就将房产卖给别人。

由于地理环境与风俗的不同，明代各地城市民居风格的差异也很大。在南京城中，无论是巨室还是细家，都有竹篱门，据说这种风气起源于六朝。南京秦淮河的河房，在城市民居中别具一格。河房雕栏画槛，绮窗丝障，十里珠帘。河房之外，家家有露台，朱栏绮疏，竹帘纱幔。河房便寓，便交际，便淫冶。画船箫鼓，去去来来，周折其间。夏月浴罢，杂坐露台，两岸水楼中，茉莉风起动，儿女香甚。女客团扇轻纨，缓鬟倾髻，软媚动人，煞是一派艳景。（张岱《陶庵梦忆》）南京妓院分为高、低两个档次，房屋也大相径庭。旧院称"曲中"，前门对着武定桥，后门在钞库街，为高级妓女居住区，妓家鳞次，比屋而居，屋宇精洁，花木萧疏，令人有迥非尘境之慨。珠市为低级妓女居住区，在内桥旁，曲巷逶迤，屋宇湫隘。（余怀《板桥杂记》）

福建城市的民居，也自具特色，尤以土楼最为著名。土楼呈圆形，四壁开陶，里以廊穿连，生活设施一应俱全，并可作防御之用。西班牙人拉达在《出使福建记》一书中，曾提到福州的民居，"用方石建造，屋顶用瓦"。在泉州、漳州，为了防止海风刮走屋顶瓦片，多采用筒瓦。筒瓦用山土烧成，均为黄色。民间房舍也多为黄屋，鸱吻异状，以致难以区分官廨与缙绅的居宅。（王世懋《闽部疏》）在寿宁县，居室多重屋，却少广厦。当地居民从山上取材，四周垒土，或用木板，造房颇为方便。只有瓦很难得到，以致建房多年，屋顶尚无盖瓦，但茅舍极少，有时用陶瓦，团沙为质，手劈可碎，不如泥瓦坚固。（冯梦龙《寿宁待志》）民间多养猪，房闼之间，任猪往来，仅在门外立一个木柜，作为猪的卧室。

广州的民居，楼房极少，多半是平房。葡萄牙人克路士在《中国志》一书中，对广州民居有详细的描述，不妨引述如下：

老百姓房屋一般外表都不好看，但屋内却令人惊美。因为屋内通常白如奶，像光滑的纸张，铺有方石板，沿一拃左右的地面涂成朱红色或几乎黑色。栋木光滑而平整，构制精美……门口房间的后面有一个院，内有小树、亭子供休息之用，还有一股小清泉。再往后，在妇女退入的房门前，是一条有顶盖的过道，面朝院子敞开。那里摆着精致的大柜，作为房子的间壁，他们在里头放有木头或泥土制的神像或偶像……房屋都铺上优质瓦……瓦不仅烧得好，而且用的原料是上等泥土。接受雨水的瓦宽而短，铺在最上层的瓦要窄些，朝着街道的瓦沿有石灰工艺品修饰。

西北城市的民居却与江南城市民居大不一样。在陕西秦州等处，民居多用木皮代瓦。（李诩《戒庵老人漫笔》）宝鸡以西盖房，全用板，用石压成。山西城市民居多为窑洞，五六月暑热炎烁之时，白天捉扇而摇，夜晚烧炕而睡，此外，家家盖有土窖，谷粟入窖，且家家穿地道，与别家相连。（王士性《广志绎》）洛阳民居，也多有窑洞建筑。在一些颓败的冢穴，开辟隧道、门洞，就称"窑道"；傍穴土而居，称作"窑"；而在一些山麓，穴山而栖，挖土建为重楼，也称

"窑"。

　　明代城市民居，由于徽州保存下来的民居较多，一向为研究者所重视。徽州的民居大体以三合院或四合院为基本形式，平面俱为方形。依天井的位置可以分为四种类型：（一）凹型；（二）口型；（三）H型，（四）日型。从布局的形状可以看出，狭长的天井是徽州民居的重要特征，并以此而形成了有特殊风格的平面结构。

　　凹型即在三间正屋的天井两侧各建廊房，为一进二屋的住宅，楼梯设在廊房的任何一侧，楼下明间做客厅，左右次间为住房。

　　口型多为三间二进的楼房，楼下前进明间为正间，两旁为卧室，后进明间为客厅，两进之间有狭长的天井。

　　H型前后各有一个狭长的天井，两旁有廊房，中间为正屋。在歙县城区的著名的明代建筑方士载宅，就属于这一类型。

　　日型为三间两进，第一进与第二进之间，第二进与第三进之间各有天井，各进之间两边均有廊房相连。

　　徽州民居的结构大多是砖墙、木梁架和方砖铺地，与南方各地的房屋无大区别，但在建筑艺术上有鲜明的地方特色。由于传统社会的营造法则的限制，这些住宅大体都具有舒适而紧凑、朴质而华丽的特点，与当时宫殿王府的宏大豪华有显著的区别。它们在砖、木、石等普通材料上装饰秀丽雅致的雕刻，门楼、门罩、柱础、梁架以及楼梯栏杆都有各式各样的雕镂，可以说整个建筑的装饰主要是由雕刻构成，而其中最有特色的是砖雕。砖雕图案的题材非常广泛，或以人物为题材，内容包括神话传说、戏曲故事和民间风俗等；或以动物花鸟为题材，有龙、凤、狮子、梅、兰、竹、菊等。明代砖雕古拙朴素，颇似汉代画像石。（汪立信、鲍树民《徽州明清民居雕刻》）

　　明代城市民居结构自成体系，并有一些专有的名称。如居宅墙门，在明代称为"台门"。考其起源，古代城门均筑土成之，累土成台，所以称为台门。所谓台门，意思就是可以登

明佚名《阁楼图》

高望远。（田艺蘅《留青日札》）居室中，除厅堂外，又有
厢房，分东西厢房。西厢，即西清，属于厢房的清僻之处。又
有东荣、东翼、南荣、南除等名，均为南庭。至于东除，即中
堂。大户人家居室的窗户分为两层，外面为窗，里面为寮。居
宅屋基内檐头下沟，称为"洋沟"。浙中民居的水沟，多用陶
瓦制成，如灶突状，称为"淫"，取其流通不壅滞之义。

明式家具

在介绍了城市民居以后，让我们再将视角转向房屋内的家
具与陈设。先来看看城市一般市民家中的摆设。《金瓶梅》第
三十七回说到王六儿家："正面纸窗门儿厢的炕床，挂着四扇
各样颜色绫剪帖的张生遇莺莺蜂花香的吊屏儿，上桌鉴妆、镜
架、盒罐、锡器家活堆满，地下插着棒儿香。上面设着一张东
坡椅儿。"

明式家具以其结构、雕镂的简洁明快而与清式家具迥然不
同，在古代器物史上占有独特的地位。由于居宅的差异，里面
的家具陈设也相差甚远。

就器物而言，明人创制了很多前代所没有的东西。明人
曾说："国朝创制器物，前代所无者：儒巾、襕衫、折扇、围
屏、风领、酒盘、四方头巾、网巾、水火炉。"（徐充《暖姝
由笔》）这些东西是城市居民日常生活的必需品，其中围屏、
水火炉就是居室中必要的陈设物品。为此，在明代出现了很多
器物制作名家。

　　明代皇宫，能工巧匠济济一堂。内官监所管的工匠号称"十作"，即十种专业工匠，分别有木作、石作、瓦作、搭材作、土作、东作、西作、油漆作、婚礼作、火药作。御用监所属有四作，分别为木漆、碾玉、灯作、佛作。（朱一新《京师坊巷志稿》）他们均为来自全国各地的能工巧匠，负责皇家日常器物的制作。所以，明宫中的陈设家具均为精品，非民间可比拟。如武英殿陈设着宫廷画士所画的锦盆，堆名花杂果，或是货郎担，百物毕陈。画围屏成架，御用监按节摆放。崇祯年间，曾在乾清宫西暖阁放置《豳风图》。乾清宫的后庑，在几上陈设着金玉重器。宫中的五花宫，宫殿不甚高大，中置龙𬴊，中间设有金交椅。又有很多方木墩，称作"接脚"。据说每当宫人祗候传班的时候，身材短小者就站在接脚上，使宫人高矮一般整齐。（李诩《戒庵老人漫笔》）

　　宫中所用漆器，古有犀毗、剔红、戗金、攒犀、螺钿几种，而在明代则以剔红、填漆最闻名。剔红，在宋代多用金银为里，明代则用锡木为胎，均为永乐年间果园厂制造。剔红盒的式样包括蔗段、蒸饼、河西、三撞、两撞，蔗段人物为上品，蒸饼花草为次；又有圆方、八角、绦环、四角、牡丹瓣等式样。匣有长、方、二撞、三撞四种式样。剔红的制法，乃先用朱漆三十六遍，镂以细饰，底漆黑光，针刺"大明永乐年制"等字。填漆刻成花鸟，填彩绸漆磨平如画，久而愈新。填漆盒制以小为贵，深者五色灵芝边，浅者回文戗金边，价数倍于剔红。

　　士大夫书房中的陈设，床几、桌椅、屏帏、笔砚、琴书几样，大概是必不可少的应用之物。稍为风雅一些的，就要增添法书名绘，及一些古董时玩。至于那些园林的阁中，一般是花楠作几，几上摆放着官窑小胆瓶，瓶内插水仙，体现出几分幽人野客之致。假若在北京，胆瓶中必不放水仙，而是放牡丹，反映了富贵场中的繁华绮艳。

至于普通市民百姓居室中，财产的多少决定了摆设、家具的不同。像西门庆这样的暴发户，虽也混迹官场，但审美情趣仍不脱市井气：他家门上挂的是龟背纹虾须织抹绿珠帘，地下铺的是狮子滚绣球绒毛线毯；堂中放一张蜻蜓腿螳螂肚肥皂色起楞的桌子，桌子上安放着绦环样须弥座大理石屏风；周围摆的都是泥鳅头楠木靶肿筋的交椅，两壁挂的画都是紫竹杆儿绫边玛瑙轴头。

明式家具品种繁多，式样时新，做工精致。葡萄牙人克路士在《中国志》一书中，就说到他在广州看到手艺高超的木匠和各行业的良匠所制作的各式家具：各式各样的柜子，有的涂上细漆，有的涂色，又有的用皮镶里。椅子有的用上等白木，有的涂金涂银，制作精致。又有舒适华丽的床架，四周封闭，用木精制。其中有一床，用象牙和月桂木、檀香制成。至于小的涂金盒、大盘、篮、写字台和桌子，更是数不胜数。

由于南北风气的不同，北方城市人睡炕，南方城市人睡床。北方之炕，有地炉暖炕。按照古制，居室内的床长八尺，榻三尺五寸。明人所用之床，名称很多。《金瓶梅》中出现的床名就有螺钿厂厅床、螺钿床、黑漆欢门描金床等。其中螺钿床的式样，有栏杆，两边槅扇都是螺钿攒造，花草翎毛。在

《天水冰山录》中，有一份查抄严嵩家产的清单，清单所开列的床就各式各样，分别有雕漆大理石床、黑漆大理石床、螺钿大理石床、漆木大理石有架床、山字大理石床、堆漆螺钿描金床、嵌螺钿着衣亭床、嵌螺钿有架凉床、嵌螺钿梳背藤床、镶玳瑁屏风床。床又分大床、中床、八步床、凉床、木床、藤床、大理石床。在八步床中，又有大八步与中八步之别。与床相配的，则为帐幔、帐钩。《金瓶梅》中潘金莲所用，有紫纱帐幔、大红罗圈金帐幔、锦带银钩。严嵩家产中，有各色新旧锦缎绢纱帐幔。

坐具古有胡床。明代城市居民家中的各种椅子，或用竹，或用木，制各不同，均由胡床演变而来。明代的椅子，分别有醉翁椅、方椅、圆椅、折叠椅、竹椅。《金瓶梅》中提到的椅子有交椅、东坡椅、醉翁椅。在松江，有太师椅、栲栳椅、圈椅、折叠椅。此外，还有一种高士椅，坐卧两便，到明代已成燕居便体之具。高士椅分为两种：用棕绵之类穿成的，称绳床；用藤制成的，则称藤床。

除椅外，城市居民坐具还有杌、凳两种。杌、凳均为胡床别名。杌制方，凳制修长，均为后人以意取名。在明代，有竹杌、木杌、条凳。在一些富贵大家中，还有一种三脚木床，供歌伎坐，称作"鼎杌"。

摆放东西及宴会、书房所用家具，有几、台、桌。在明代，此类家具有燕几、台、书桌、天禅几、香几，长短大小不一，均为方形，作宴会用具。在松江，开始用官桌，其名为"并春"，也即小副桌，一般在盛大宴席时才添设。后家中有宴会，就设天然几，书桌则用花梨、瘿柏、铁力、榆木等木料制成。

　　屏风为明代独创器物。按照明代制度，城市官员家中所用屏风、槅子，可以用杂色，但不许雕刻龙凤纹金饰，也不许用朱漆。屏风一类家具，又可细分为屏风、围屏两类，槅子大概就是围屏。屏风以"座"计算，围屏以"架"计算。屏风的种类，无论是尺寸大小、质地、色彩，还是纹饰、漆髹，更是各式各样。仅以严嵩家藏的屏风为例，其品种就有大理石大屏风、大理石中屏风、大理石小屏风、灵璧石屏风、白石素漆屏风、祁阳石屏风、倭金彩画大屏风、倭金彩画小屏风、倭金银片大围屏、倭金银片小围屏、彩漆围屏、描金山水围屏、黑漆

明杜堇《玩古图》

贴金围屏、羊皮颜色大围屏、羊皮中围屏、羊皮小围屏、倭金描蝴蝶围屏、倭金描花草围屏、泥金松竹梅围屏、泥金山水围屏，令人目不暇接。

船舫马房

顾名思义，船舫马房当为房子，不过不是人的居宅，而是放置人的交通工具即船马的房舍。

有一则故事反映了明代南北城市交通工具的差异，不妨详引如下：当时有一人造了一座船舫，忌妒的人向监司衙门告发，说此家在水中造房，属于侵占，是为害地方的豪霸。监司官是北方人，听了以后大怒，说："水中可造房，又还有什么事不敢做？"打算将此人绳之以法。此人多次诉冤，不能昭雪。有一位儒生替他写了状纸，状纸道："南方水乡，家家有个船舫，即如北方旱乡，家家有个马房。"监司官听后大悟，冤狱也得昭雪。可见，南方人出行坐船，家家建个船舫，不被北方人所理解，正如北方人出门骑马乘车，家家造个马房，而不为南方人所知晓一样。

舆盖制度

在说到舆盖制度之前，先引以下两段具有鲜明对比的记载：一是嘉靖、隆庆年间，一些在南京的官员，出行拜客或到衙门办公，有的步行，有的骑驴、骑骡，习以为常，不以为怪。如孙丕扬在嘉靖年间中了进士，与同部进士骑驴拜客，步行入部。隆庆初年，南京国子监的堂官大多步行入衙门办公，甚至有人穿着便衣，入市场买东西。如景中允任南京国子监司业时，家中畜养了一头牝骡，平常骑骡入衙门，引起旁观者的笑话，他却一概不顾。

二是到了万历以后，舆盖制度起了变化。即以婚姻嫁娶为例，在松江，起初必须先世是仕族，才偶尔用一盖前导，颜色随官品高低，或青或黄，没有定制。可是在明末，有人亲眼看到一个仆隶家庭在婚娶时竟然大胆地用上了黄色的伞，以为美观。这在明初或明中期是不可想象的，不过在明末也习以为常了。

舆为车，盖为伞。明初建立了一套礼仪制度，以规范官民的出行。按照规定，只有官员才能骑马坐车乘轿，一般百姓只能步行。马的鞍辔及马额下的缨与鞦的颜色，也作了限制，只能用黑色，不许用红缨及描金嵌金天青朱红装饰。

至于伞，不同等级官员应用的凉伞、雨伞也有具体规定。一品二品官员凉伞用银浮屠顶，三品四品用红浮屠顶，均用墨色茶褐罗表，红绢里，三檐；五品用红浮屠顶，青罗表，红绢里，两檐；六品至九品用红浮屠顶，青绢表，红绢里，两檐。官员伞盖颜色，一律不许用金绣朱红。雨伞，五品以上官员用红绢伞，六品以下官员则用红油纸伞。

这套制度在明初得以严格执行。只有四品以上仕宦官员，出行时才可以张褐盖。未及四品的，只有状元为特例，可以张褐盖。至于其他官员，如翰林院检讨差归，或翰林院修撰假归，尽管官职清望，但因未到四品，也只能用青伞。

明中叶以来，伞盖等级制度逐渐形同虚设。词林中六七品的官员，大多逾分而用黄线伞，又以银瓜为前导。不久，翰林院庶常馆的庶常也用黄伞。至于出身乙科而出任翰林院待诏、孔目之人，或入赀为官而出任翰林院典籍、侍书之人，也纷纷效法，以致詹事府的詹簿或詹录等杂官也群起效尤，使用黄伞。尤其是那些词林中的五品官员，更是在京城"开棍如大僚"，而那些庶子、谕德、洗马及讲读学士，也就跟着张大金伞。在过去，若御史用黄伞，会被人当作怪举。到了后来，即使光禄寺丞或尚宝司丞均张褐盖，地方驿递也用褐盖迎送，习以为常。到明末，事例滥开，禁例滥倒，即使引车卖浆之徒，只要有钱，亦可捐赀授爵，披金紫，戴黄盖，充塞道路，招摇市井。

在古代，妇女出行用安车，其后改用舆轿。男子即使贵为将相，也不过乘车骑马而已，并无坐轿的先例。汉魏时代，有一种"载舆"。入晋，陶渊明患了足病，创制了"篮舆"，命门生子弟抬着自己走。唐代，规定宰相三公诸司官员及致仕官员有疾病，允许乘"檐子"。这类载舆、篮舆、檐子，大概就是明代轿子的起源。此外，轿在古代又称肩舆、腰舆、版舆、兜子。流传着这样一种说法，认为人轿自宋南渡始，所以在明代，杭州出产轿子最多，质量也属上乘。（王士性《广志绎》）

洪武、永乐年间，城市中的大臣均骑马，无乘轿之例。当时两京诸司仪门外，都有上马台，此即为证。有人认为官员乘轿之制始于宣德年间，至成化年间又有了禁例，规定两京文官三品以上可以乘轿，四品以下仍只能骑马。三品官乘轿时，前有双棍引导。四品以下官员骑马，也有双棍前导，人称"马棍"。在外官员，自大吏而下，都给马。武官勋戚也骑马，只有年老的侯爵及三公，才钦赐乘轿。太监中只有掌管司礼监与东厂的太监，才钦赐乘轿。

　　明代创立乘轿制度后，风气也屡有变化。起初乡官回家，也只是步行。到了成化时，士大夫开始骑马。至弘治、正德年间，就一律乘轿。起初官员不但骑马，而且还有人骑驴、骑骡，习以为常，不以为怪。到了后来，就弃马、驴、骡不顾，乘轿之风日盛一日。南京官员，无论大小，都乘轿，并有四人轿、两人轿之分。在北京，官员出入一律用肩舆，即使兵马司

明商喜《宣宗行乐图》

或指挥司一类微末小官，也大大方方地乘轿，以致轿的雇值很贱。甚至一些冷官外出时非鞍笼、肩舆、腰舆不可。在外，只有典史一类小官还骑马，但不久也改乘轿了。即使幕属小官，也绝无策马行走于街上。假若有官员骑马，就会遭到道旁行人揶揄白眼。

风气所及，举人、监生、生员外出，也纷纷乘轿张盖。据说举人乘轿风气，始于张德瑜，此人中举回家乡时，因病不能看人，就乘轿行走。众人因袭效仿，于是举人全都乘轿。不但乘轿，甚至有人外出时轿边随从多达20余人，都穿着一色新的青布衣，很是赫奕。到了后来，监生也改成乘轿。如果将秀才分成十分，就有十分之三的秀才乘轿。自隆庆四年（1570）开始，由于秀才多为士大夫子弟，或家中有财，那些新进学的秀才，也大多改乘轿子。

轿子一旦普及，必然随之创制新式。在南京，起初五城兵马只乘女轿，还不敢用帷轿，道上遇见各衙门长官，则下轿，避进人家。至后，五城兵马全用帷轿，帷幔鲜整，仪从赫奕，甚至敢同各衙门长官分路扬镳。

轿的种类很多，有官轿、卧（眠）轿、逍遥轿、女轿之分，官轿中也有凉轿、暖轿、帷轿之别。汉代有安车，也有立车。安车，可坐，即步辇，为明代四轿、八轿的滥觞。古人讥讽桀驾人车，人车即明代的"眠轿"。古又有长檐车，相当于明代的逍遥轿。明代的帷轿，轿帷或绢或布，即古代的巾车，其中的绸纸帐幔，用来蔽风雨，即古代油碧车的遗制。

轿的质地，有的用藤竹丝，有的为管花竹丝，有的则由单一的竹丝制成。葡萄牙人克路士曾在广州看到官轿和女轿，并在《中国志》一书中做了详细描述："他们也有官员坐的轿子，由人抬着穿过城镇。轿子极华丽，价钱很贵而且悦目。另有一种大轿，高贵美观，四面密封，每面有一扇小窗，上面用象牙或用骨、木制成漂亮的窗格，坐在里头的人可以向街的这边或那边窥视，而不让人看见。这是用来抬城里妇女外出之用。座位和我们的椅子一般高。坐时可把腿伸直。"

轿以杭州所制最为精致。同时，福建的轿式也很有名，为宋代遗留下来的轿式。松江的士大夫多用福建产的轿子。

夜航船

夜航船是江南来往于两座城市或镇埠之间的定期班船。为了解除旅途的寂寞，善言者高谈阔论，不善言者垂首聆听。正如茶馆酒楼一样，夜航船成了人们交流信息的重要场所。

张岱在《夜航船序》中讲了明代末年在绍兴到杭州的一艘夜航船上发生的一则笑话："昔有一僧人与一士子同宿夜航船。士子高谈阔论，僧畏慑，卷足而寝。僧听其语有破绽，乃曰：'请问相公，澹台灭明是一个人，是两个人？'士子曰：'是两个人。'僧曰：'这等，尧舜是一个人，两个人？'士子曰：'自然是一个人。'僧人乃笑曰：'这等说起来，且待小僧伸伸脚。'"

在南方城市，交通工具以船为主。船的本名因时因地而异，或称舟，或称船。汉人扬雄言："自关而西谓之船，自关而东谓之舟。"《释名》释舟："舟，言周流也。"又释船；"循也，循水而行也。"船又有许多别名：艘，为大船总名；舰，上下重床；舸，大船；艖，小舸；艑，吴地称船为艑；舳，吴、杭两地的方舟；须虑，越人所乘之船。

越人善用舟。刘安说："越舲蜀艇，不能无水而浮。"粤人善摇舟，所以又有"铁船纸人，纸船铁人"之说，意思是说广东的船坚固结实，多用铁力木制成，不费人力，小船一人一桨，大船二三人一橹，扬篷而行，即使孱弱之人，也很便于驾驶，所以称"纸人"。

明代南方之船，根据功能、尺寸大小、装饰的不同，分为很多种类。即以松江为例，先有航船、游山船、座船、长路船，后又出现了浪船、楼船，朱栏翠幕，净如精庐。具体说来，站船，是官府使用的官船。称其为"站"，是就驿中之驿站而言。仙船，形制与站船相似，不过舟身扁而浅，不堪装载，只能供游客之用。吴中士大夫多有此类船只。航船，流行于吴越两地城市，制式大小不一。如松江，将通行小舟称为航船。航船一般尾高于头，有的用木作盖，有的则用篾做成篷，盖在船上，可供装载，一般不为游人所用。吴中又称航船为夜航船，接渡往来，船中群坐多人，偶语纷纷。夜航船事实上起到了埠船的作用，定期往来于埠头、码头甚至城市之间，装载货物，运送客人。游山船，形制首尾相等，下面装载物品，上面坐客。吴中城市往往用此船装酒，所以称为"游山船"。此船有两只、四只、六只、八只之别，这是以席的多寡区分船的大小。游山船只可供游客之用，若用来驾长风，就不堪破浪了。香船，在嘉兴，一般又称为"酒船"。此船或用作百姓进香，或用来游湖。后改为香座，外似座船，内舱窗门，可列可撤，以便置酒席。胡羊头船，也流行于嘉兴，别称"三橹船"，船用三橹，最为便捷，往来如飞。后稍微拓展，加船舱，愈造愈大，犹似官船。苏州、松江仿制此式，但稍小，称为"浪船"。湖船，流行于杭州西湖。早在宋代就颇闻名，当时大的湖船约长十余丈，可容纳四五十人，小的也长四五丈，可容二三十人。明代湖船大约比宋制稍小，不过装饰更为华丽，槛牖敞豁，便于倚眺。当时最著名的湖船有"水月楼""烟水浮居""湖山浪迹"等名。如童巨卿行乐湖山，编巨竹为桴，题为"烟波钓筏"，夜入湖中，随波流止，渺然犹如莲叶，月明水清，坠露淅淅，在芦苇间吹一曲洞箫，山鸣谷应，闻者泠然，有出尘之想，一时风致，良可想见。楼船，从湖船变化而来，只是更为富丽堂皇。西湖的楼船创始于副使包涵所，分为大小三号：头号置歌筵，储歌童；次号装载书画；小号放美人。明槛绮疏，曼讴其下，声如莺试，以为笑乐。每当客至，则让歌童演剧，队舞鼓吹，无不绝伦。乘兴坐楼船出游，住必一旬。张岱之父在绍兴也造有楼船，又用木排数重搭台演戏。

在广东，城居士大夫的各种舫船虽无法与吴越楼船相比，却也独具风致。如新会人伍云，造一只"光风艇"，日夜乘艇而歌；南海人陈秋涛，造一舫，名"花身"，取唐人"几度木兰舟上望，不知元是此花身"之义；东莞人邓云霄造一舫，名"天坐轩"，取杜甫"春水船如天上坐"之义；张西园有舫，

明佚名《舟行图》

名"五石瓠"，载书其中，到处游览。

还有广船，产于广东，自具特点。有尖尾船、大头船二式，大抵比福船更大一些，也比福船坚致。广船多用铁力木制造，福船不过是杉木、松木之类，如果广船与福船在海中相撞，福船即碎，而广船完好无损。广船的式样还包括以下几种：洋舶，分为独樯舶、牛头舶、三木舶三种，均为海上大船。藤埠船，为琼州的小船，不油灰，不钉塔，一概用藤扎板缝，此船头尖尾大，形如鸭母。泷船，有单船、双船之别，单船为小艑，双船为大艒。蛋家艇，为蛋民所有。龙船，番禺大洲、顺德龙江均有，并有龙舟会。福船，高大如楼，可容纳百人，底尖，上阔，首昂，口张，尾高耸，在上设柁（舵）楼三重，旁都有护板，用茅竹编成，坚立如垣。福船种类较多，有草撇船，为福船中的小艘；有海舱船，也较小，吃水七八尺，即使风小也可行驶。开浪船，因头尖，故名，吃水三四尺，内可容三五十人；四桨一橹，行驶如飞，不论风潮顺逆，均可行驶。两头船，用作海运，船巨大，遇风浪很难旋转，于是就两头制舵，遇东风则西驰，遇南风则北驰。此外，还有很多船种，如苍山船、艟桥船、八桨船、鹰船、崇明沙船、蜈蚣船、游艇、走舸、海鹘、皮船等，或用作战舰，或用途不定。

四轮大车

北方风俗与南方风俗迥然相异，交通工具也不例外。北方少河，城市之间多旷野平原，适合车马行走。南方也有车，如独轮推车，靠一人之力推行，载重量仅二石，遇高坎就无法前进，最远也只能达到百里。所以，南方城市之间交通还是以船为主，虽有独轮小车，却不曾见过大车，正如北方人没有见过巨舰一样。

北方城市车辆种类很多，依其载重量的大小，牵引畜类的不同，可分为马车、牛车、独辕车、轿车等，依靠骡、马畜力的车，载重量最大。骡马车分为四轮、双轮两种。四轮马车，马停下脱驾之时，车上平整，如居室安稳之象。两轮马车，马停下脱驾之时，则用短木从地面支撑，稳住车厢，不然就倾斜易倒。

四轮大车，载重量可达50石。骒马多的车，或12挂，或10挂，少也8挂，驾车的人坐在车厢中，立足高处。大车行程，遇河则止，遇山则止，遇曲径小道也止，在徐、兖、汴、梁之交，可达300里。

牛车一般用作载运刍粮，在山西最盛行。路逢隘道，牛胫系巨铃，称作"报君知"，正如大车群马尽系铃一样。北方城市又有独辕车，人在后面推，驴在前拖曳。行人不想骑马，则雇此车坐。车上搭起席子，可以蔽风日，人必须两旁对坐，否则就会倾倒。此车北至长安、济宁，径达帝京。如果不载人，也可载货，载重量只有四五石。在河南的城市中，还有一种牛拉的轿车。两旁双轮，中穿一轴，其分寸平如水。衡上再驾短衡，将轿子放在上面，人可安坐轿中，脱驾时也不会倾倒。

馆驿·客店

人口流动频繁是明代的特点。就城市人来说，官员有外放、钦差、流寓；商人中也多行商，往往远贩别处；公文传递，往来需要歇息；平民百姓，或外出进香，或游山玩水。这些流动人口的存在，都需要有一些安歇的场所，以解除旅途的劳乏。于是，就出现了馆驿、铺舍与客店。

馆驿起源很早。《周礼·地官》上说："凡国野之道，十里有庐，庐有饮食；三十里有宿，宿有路室，路室有委；五十里有市，市有候馆，候馆有积。"汉自郑庄置驿，用来迎送宾客，所以后世亭传有驿名。据《通典》，唐代30里置一驿。其中非通途大路之处，则称别馆。从此，通称为"馆驿"。元代耶律楚材定驿令，给官符印，给牌札，定令例。明代水驿置船，陆驿置马，均有廪饩。馆驿中设有驿丞、攒典等职，另外又有馆夫、房夫、门子，多少各地不等，并有铺陈或其他什物，以便供给往来官员。此外，水驿有水夫，陆驿有马夫、驴夫，作为服役人员。

据沈括《梦溪笔谈》，宋代驿传分马、步、急递三等。急递最快，日行400里，只供军用。熙宁年间，又出现了金字牌急脚，与古代递羽檄相似，能日行500里。一般说来，古代步递称作"邮"，马递称作"驿"。明代设有急递铺，铺有铺舍，以供歇宿。铺舍的功能，大致为急递公移之用。一般在府或县前设总铺，然后分为东、南、西、北各路，十里一铺，依次传递。

在城市中，设有各种客店，供给商贩、流寓歇宿。据《如梦录》一书，开封城内有客店、过客店，专门歇宿四处买卖之人。有些饭店、酒店，同时也兼有旅店的功能，接待货客、妓女。如小说《梼杌闲评》第七回说到，侯一娘等暂时寓在"陆家饭店"。

山东泰安州因有泰山东岳庙，每年香客不断，导致旅店业兴旺发达，客店达五六所。在客店附近，有驴马槽房二三十间，供拴歇客商、香客驴马之用；又有戏子寓所，达二十多处，供戏子寓歇；另有密户曲房，一些妖冶妓女寓宿其中。投店的人，先到客厅，上簿挂号，每人交纳店例银三钱八分，又纳税山银一钱八分。客店的店房分为三等，下客夜素，早亦素，午在山上用素酒果核，称为"接顶"。夜至店，设席祝贺。贺席也分为三等：上等一人专席，有糖饼、五果、十肴、果核，并演戏；次等二人一席，也有糖饼、肴核，也演戏；下等三四人一席，有糖饼、肴核，不演戏，而用弹唱。一所客店中，演戏的地方达20余处，弹唱之人更是不胜其数。厨房有20余所，奔走服役的人达一二百人，可见客店规模之大。

礼下庶人

社交礼仪

不要小瞧程式化的礼仪制度。例如，当一个官员面对天子时，必须遵守一定的体式，不仅要求文辞尔雅，容貌词气也绝不可忽视。应对是否符合礼仪，着实影响他们的官运。

明永乐年间，有一位给事中入直皇宫。明成祖询问他的姓名。这位给事中答道："臣姓黄名某，由进士除今职。"成祖又问："何用觍缕？"答道："臣幼读《鲁论》，告君不可不详。"成祖听后大喜，将他擢为山西布政使。正统年间，岳正的结局正好相反。他面对英宗，涕唾溅到了御衣上。英宗叱道："龌龊胡子对我言，指手画脚。"于是被罢职。薛瑄在御前奏对，误称自己为"学生"，深感失言，惭愧不已，只好引退。嘉靖年间，有一位南京兵部尚书，在乞休疏上说"享年若干岁"。明世宗认为语涉自称，无人臣礼，就将他贬黜为民。（林时对《荷牐丛谈》）

由于社团的兴盛，明代城市人的社交生活也颇活跃。一般说来，人与人之间的交往，无论是官与官、官与民，还是庶民百姓之间，均有一套规范的交际礼仪，这套礼仪或由官方强行规定，抑或由民间约定成俗。

明英宗真像

　　交际之礼，始于情，成于势，而滥觞于文。以情相交，礼出于自然之情，即使势易文异，情却不见分毫；以势相交，礼出于不得不然之势，一旦势易文异，而情也随之变异。明初，官方制定了一套相当完善的社交礼仪，规范人们的社会交往，使之出乎情，合于礼。自明中叶以后，由于情与礼的冲突和势与礼的矛盾，最终导致了一些人以朋友真情相交，完全置繁缛的社交礼仪于不顾；另一些人则追权逐势，唯知有权势，不晓有礼仪、羞耻，视礼为具文、虚文；更有一些人由于财富的丰裕，追求奢侈，张势摆谱，以财傲人，甚至僭礼乱乐。

官场礼仪

相传永乐年间，明成祖曾临幸内阁，站在街上，对众太监说："此处是三先生（指三杨，即杨士奇、杨荣、杨溥——引者）所居，汝辈不可在此行走。"可见，在明初，内阁体面很重，以至于太监也不能在阁下甬道行走。

到嘉靖年间，有一名太监说过一段反映阁臣与太监相见礼仪的话，颇有意蕴，可以说明太监与阁臣之间权势的此长彼消。他说："我辈在顺门上久，见时事几变矣。昔日张先生进朝，我们多要打个躬。后至夏先生，我们只平着眼儿看哩。今严先生与我们拱拱手，方始进去。"（何良俊《四友斋丛说》）上述张先生指张璁，夏先生指夏言，严先生则为严嵩。内阁大臣的体面，相对于太监而言，则是屡变屡下。

内阁大臣与太监之间礼仪的变化，只是整个官场风气的侧影。若想对官场礼仪有更深的了解，还应从明初所定的制度说起。

无论是因政事相见，还是公务之暇的聚会，官员之间时刻处于交际之中，需要有一套礼仪加以规范，以便辨上下、定尊卑。

明帝国刚建立时，官场行礼，仍然遵循元代旧俗，在饮宴行酒时多行跪拜礼。洪武四年（1371），定官场揖拜礼，规定凡是官员向皇帝奏事、听宣诏旨、以物进贡及受赐、祭祀、上香、奠帛、祭酒读祝等事，仍行跪拜礼，其余一律行揖拜礼。揖礼大体如下：下属见上司官员，躬身举手，齐眼为敬，上司可以随坐随立，不必答礼；其次下属行举手齐口礼，上司用举手齐心礼答礼。拜礼如下：官员见皇帝之礼，稽首四拜，再叩首一拜；见东宫太子，稽首四拜；文武官员如若隔品，下见上，顿首再拜，上官可随坐随立，不必答礼；如果品从相次，下官居下手，顿首再拜，上官控首再拜，算作答礼；至于品秩相等，相见时各行再拜礼。（《明太祖实录》）

　　洪武五年（1372），重新审定官员相见仪节，颁示天下。凡内外官员，每天清晨在公堂相会，必先肃揖，然后各自就座。幕官也须先向长官行揖礼，然后退回幕署。属官见上司，必须在堂阶上以序站立，行躬揖礼，上司随坐随立，用拱手作为答礼，而幕官则须用揖作为答礼。如果属官初次见上司，或者因公事外出，隔旬才回，见上司就须行再拜礼，见幕官也如此，上司用拱手礼作答，而幕官则用拜礼作答。如果品秩相等，相见时行互揖礼。凡是内外掾史、令史、书吏、宣使、奏差人等，清晨谒见长官，必须在阶下序立，行一揖礼，退下，长官不答礼，幕官用拱手礼作答；如果是节序、公参或者差遣辞行，就须行两拜礼，长官不答礼，幕官要答礼。凡典吏见幕官，也须在阶下序立，肃揖，幕官不必答礼；如果是节序、公参或者差遣辞行，须行两拜礼，幕官用拱手礼作答。（《明太祖实录》）

　　洪武十五年（1382），又制定了官员在路上相遇及公参时的礼仪，凡五军都督府左右都督、都督同知、驸马都尉，在路上遇见公侯，必须引马侧立；都督佥事、六部尚书遇见公侯，更须引马却避。在路上，品级相等的人相遇，则分路而行。佥吾等卫的指挥在路上遇见公侯，引马却避；遇见左右都督、都督同知、驸马都尉，引马侧立；遇见都督佥事、六部尚书，分路而行。如此类推。凡属官在路上见到上司，引马却避；属官品级高，遇到上司官品级低的，分路而行。凡是未授职任的官员，遇到有职的官员，均须引马却避。凡官员相遇，原本应避，但路狭不能避，就下马拱立；应行路，不得中道占行，依次分为左右。凡是被宣召的官员及祠祭官至祠祭场所，在道上遇应避之官，准许不避。

至于公参，都督府同知、佥事参见左右都督，指挥同知、佥事参见指挥使，六部侍郎参见尚书，各卫指挥参见都督，在堂下行拜礼；千百户参见指挥，也与此同。京县知县参见京府府尹，在堂下拜；各府州县也与此同。各衙门佐贰官、幕职官参见本司长官，长官均须答拜；属下卑官参见，长官可以不答礼；品级相等，须答拜；品级高的所属官，参见品级低的上司官，礼节相等。（《明太祖实录》）

洪武三十年（1397），重新申禁官员之间交往的礼仪。总体上说，百官交往，以品秩高下分出尊卑。品级相近，相见时行礼，则东西对立，品级稍卑的居于西，官品高的居于东。品秩相差二三等，相见时卑者居下，尊者居上。品级相差四等，那么相见时卑者在下拜，尊者坐而受礼，卑者有事则跪着禀告。举例来说，一品与二品相见，二品官居西行礼，一品官居东答礼；与三四品相见，三四品居下行礼，一品官居上答礼；与五品以下官员相见，一品坐受，低品禀事则跪。其余仿此而行。至于司属官品级低于上司官，禀事时则须跪。近侍官员不必拘品级行跪拜礼，但也不许与外官交接。同僚官品级虽有高下，但不必拘礼。大小官员在内府相见，不许行跪拜礼。官员出入街道，不许抗慢。其余军民百姓在街市上遇见官员，须下马却避，不许冲突，违者论罪。（《明太祖实录》）

明初所定官场交际礼仪，是官场生活必须遵循的普遍规范准则，其宗旨无非是维持一种官场的体面以及上下尊卑的等级。不过，官场中人人都要保持自己的体面，官品高的为了维持自己的尊严，要求下属照礼仪行事，官品低的也从自己的体面出发，不肯屈就原定礼仪。同时，在京城官场，四方流寓之人甚众，山人高士虽非仕宦，然出于自己的目的，纷纷来到都城，与缙绅大僚相交，以致游道大坏。京城交道原本不薄，自从游道一坏，交道也就随之滥倒。

时移势易，自明代中期以后，明初官方所定官场社交礼仪已如一纸空文。一方面，僭越礼仪，低级官员欺凌高级官员。同时，由于重文轻武风气的抬头，武官即使大僚，也无体面可言。按照《大明会典》，官员隔一品避马，隔三品跪，实际执行的结果却并非依例而行。诸寺大卿均为三品官，避尚书、侍郎。公侯勋臣官在一品以上，反而避内阁。六部尚书二品官，也避内阁。六部侍郎三品官，却避吏部尚书。在文官中，有些八九品官也与公侯抗礼，在道上不避。那些史官、科道官，更是与六部尚书抗礼。到了后来，更是风俗大坏，人心不古，大臣持禄固位，折节于台谏，台谏怙权恃力，抗颜于大臣。（于慎行《谷山笔麈》）显然，由于内阁大臣职掌朝纲，吏部尚书关系官员的铨选、考察，史官为内阁的卿贰，科道官职掌官方言论，使得他们的地位日渐提高，在官场礼仪上任意超等越分。

另一方面，一些人出于本身不可告人的目的，宁可放弃自己的尊严，对下级官员或同僚百般诣媚，导致交际之道的败坏。明人郭维藩一针见血地指出："及其相接，甘言脆语，鞠躬为礼，交手相欢，究其中心，诚意略无。恬然相尚，莫之知丑。"（《皇明疏钞》）可知明中期以后官场社交礼仪，并不与规定的"大明典礼"相符契，而是在不断出新。

在京城官场，社交自成一套礼仪。第一，从内阁大臣与太监交际礼仪的变化，可以看出太监权势的日趋膨胀。司礼监掌印太监与内阁大臣交往，称阁老为"老师父"，阁老称掌印太监为"老先生"。第二，词林官之间相见，也有一定规矩，词林官见院中前辈，都矩步偻躬。每次一同赴宴，没有前辈的邀帖，就逡巡不敢前去。有一次早朝，一位词林官用臂使劲格编修吴伟业，意思是让他向前辈表示尊敬。又有一位翰林院的送卷官，因小事触犯了前辈，就被答责三十，而所谓的前辈，却不过是一名庶常。此官觉得冤，向人泣诉。检讨沈廷嘉笑道："此某四府某太爷，未可以庶常忽视也，若答固宜。"（李清《三垣笔记》）词林官职至坊局，体面就更为威严。一有暇，就发单帖邀请馆中新进，相合就称知己；若新进才品较高，也有前辈"屈己下之"的情况。所以，新进史官多策励发奋，不敢放荡，担心前辈突然来邀。在当时的词林中，流传着"前辈请后辈，后辈不请前辈"的说法。此外，词林官之间，如果相差七科以上，后辈遇到前辈，须"旁坐避马"，因而在当时又有了"七科以上，旁坐避马"的说法。第三，中央六部属官也讲求礼仪，要在六部之间排出座次，分出个轻重主次，以争一时体面。按照常例，六部的排列顺序当为吏、户、礼、兵、刑、工。礼部由于清秩，与吏部相近，就压居户部之前，每每发生争执。到了后来，兵部也想压居户部之上，甚至工部都要压刑部。第四，六科官员初次选拔时，也有一套礼仪。任命一下，科中就送来一纸《仪注》，内中开列新当选者拜谒部院大臣的礼仪。如拜部院大臣，"在宅则拜，不在宅只须投帖，即上马，不得守候良久"（李乐《见闻杂记》）。第五，按照惯例，每当朔望，在北京做官的门生都必须到师门投刺拜望。如李尚思为余同麓的门人，每次拜望，名刺必从袖中拿出，只雇一皂带马，并无一仆可持刺函。第六，在南京，官场流行下轿对揖之礼。南京的小九卿，除国子监祭酒，凡是在路上遇到大九卿，都先下轿等候。走近后，大九卿也下轿，隔街对揖。等到大九卿上轿，小九卿才上轿。自成化以后，六科给事中改乘马，在街上碰到大九卿，并不下马，只是直前而拱。后海瑞到南京做官，不从众例，只在轿上举手。到了后来，只有光禄寺卿仍沿用街次对揖之礼，其余小九卿已废弃不用。（朱国祯《涌幢小品》）

在地方，巡抚、巡按大吏巡历地方，需要与府县地方官打交道；巡抚与巡按之间，因公务需要，也多交际的场面；至于一些乡绅，出于各自的目的，也时常拜访府县父母官。所有这些场面，都有一些约定俗成的礼仪。

按照明代的制度，文官至总督才可以称"军门"，巡抚、操江都督均不许称"军门"。巡抚、操江经过所督地方，要谒

明仇英《清明上河图》中骑马的官员

见总督，一般在大门外就下轿，由中门入，在后堂相见，总督上坐，巡抚、操江列坐。其送迎，总督到大门外看轿。各地方总兵谒见总督，礼仪大体参照巡抚、操江事例。不过，总兵见总督，须行跪礼，即使勋臣也由旁门庭参，身份比巡抚、操江减少许多。到了后来，巡抚、操江也都称"军门"，以致御史也可以捶打参将，凌僭已极，从中也可看出武官地位的下降。

巡抚自称军门以后，就在抚台衙门前立竿，用黄布贴"军门"二字，算是门旗，也是官场体面的一种象征。在外的兵备道也仿照此例，在衙门前门旗上贴"饬兵"二字。巡按一向无门旗，后来也在衙门前挂黄色门旗，上贴"贞肃"二字。

为了争夺权利，巡按御史一直与巡抚发生争执，以求在体面上获得平等。如庞尚鹏任福建巡抚时，偶接皇帝诏书，与巡按御史李乐都在地上拜接，不分上下。当然，由于两者官品的不同，巡抚有时在体面上要高出巡按一等。如杨博任巡抚时，与巡按同拜圣节，吏在地上都铺设了地毯，杨博对巡按说："老夫若有不是，任凭道长指谪。此行礼君前，自有等级，不可并也。"于是，巡按的地毯"为下尺余"。

巡抚、巡按巡历府县，府县属官均须沿街跪迎；甚至提学道入司，知府也要在头门下跪。据说这些是主人迎客礼，并不为过。

明代的僧人属僧录司管理。在北京的一些大寺院中，住持与僧官事实上是合一的，所以在寺院中也存在着区分上下等级的礼仪。如在北京的崇国寺，每当元旦，两廊僧人前来谒见住持长老，下拜，住持端坐而受，并不答礼，这是旧规。

地方绅士与诸生士子也与地方官交际，并有一定的礼仪。凡是两榜出身的地方绅士，无论官职尊卑，谒见巡抚、巡按，均可以用名帖抗礼。即使乙榜出身，选授京职，或者当过外面布政、按察两司官，也可以与巡抚、巡按交际，并用名帖。至于那些出身举人、贡生、监生并只当过府佐或京职散员的乡绅，只能在府县两级中交际，不便与巡抚、巡按交往。如果只当过其他杂职，即使府县，也不便交际。

凡是科甲出身的地方绅士，无论官职尊卑，与府县交际，府县官均须答拜。贡生、监生出身的地方绅士，府县官只用名帖致意。贡、监出身但未出仕，谒见知府，都用名揭。按照旧例，缙绅设席宴请知府，即使是公宴，举人、贡生等均不得与席。地方绅士互相见面，必须穿公服，晋谒当事更是如此。现任官员升堂视事，必须穿公服，接见宾客亦应如此。举人、监生、贡生、生员晋谒官长或遇到大的礼节，必须穿公服，平时交际或见武弁、县佐，只穿便服，而县佐、武弁反而要穿公服迎接。地方绅士吃了官司，前往公堂，穿着服装应与庶民相同。那些因丧守制的乡绅，谒见当道官员，或者见宾客，必是麻冠丧服，轿伞都用白布。

地方绅士与官员相交时的礼仪，有的很俗气，有的则显得有点清雅，也是千差万别。如万历年间，地方绅士见入觐回任的知府，须先四拜，后再四拜，其中包含的意思，先四拜表示久别，后四拜表示欢迎知府复任。然也有一些乡绅前辈，接待后进门生弟子时相当谦虚。如徐阶，乃几朝元老，在接见门人李乐时，出二门迎接，交谈时也情辞真率。有一次，因有事，他对李乐说："临川（李乐别号），我告假一进。"

至于诸生与官员交际，礼仪也随时变化，并无定例。嘉靖六七年间，诸生与提调官之间体统悬绝。到了后来，府县提调官上任，诸生就可以向提调官通贺仪，甚至可以向知府具办花币，表示祝贺。到万历二十年（1592）后，提调官呼诸生之号，诸生也安然受之，一点不觉惭愧。

明代城市官场社交流行的礼仪，无非包括期会、迎送、酒席、供具、寿仪五方面的内容。

所谓期会，就是定期聚会，饮酒娱乐。如朝中六科每年都有公宴。未入席，主宾先行酬酢礼。礼毕，在中堂置大桌，陈设菜肴，主宾大餐，饮酒数行。宴毕，主不送客。

所谓迎送，指大官巡历地方，地方官须依礼迎接，或地方官到任，乡绅依礼迎接。同时，大官离开本地，往他处巡历，或地方官卸任，也均须依礼送行，如巡抚、巡按巡历地方，分守、分巡、兵备各道须陪迎，新任布政使、按察使也要前去相随，都指挥使也随时相随，更有一些府州县官越境迎送。地方父母官去省城考满，或者父母官到任，地方学校诸生也要前去迎接。如桐乡知县赴省城考满，学校诸生到北新关迎接。桐乡的父母官到任，若从浙江来，则至钱塘江边迎接；从镇江来，则远到镇江迎接。甚至童子游庠入学或生员中了举人，也流行迎送之礼。以松江府为例，过去子弟游庠，或送科试，地方官例用彩绒披红、药绢及红旗一对，有人乘肩舆，也有人步行。到了后来，一些巨室宦家子弟，新进送学，多乘马张盖，罗绮绸纻，彩旗百竿，簪花也用珠翠做成金龙状，亲戚争相用酒礼花币迎接，交错于途。中了举人南归，船至西墅，迎接之礼更是一派盛况。（崇祯《松江府志》）

　　所谓酒席，就是巡按临府巡历，或知府到任，均须摆酒接风。如巡按巡历至松江府时，知府做东款待，僚友陪席。湖州知府上任，斋宿城隍庙，有酒席接风，并演戏。甚至县里送秀才去省城应乡试，或者童生新进学，也都在明伦堂摆酒演戏。

　　所谓供具，就是方面官巡历地方，或者官员赴任途经当地，当地需要供给食宿，甚至还送“下程”。自宣德以后，曲阜孔府衍圣公入京，官府送的下程单子为：羊一只，鹅二只，酒六瓶，面二十斤，茶、盐、酱各二斤，油烛十支。（徐复祚《花当阁丛谈》）巡按巡历松江府，所送下程中有燕窝菜二斤一盘。御史钱梦得从北京回来，嘉兴知府王贻德过访，送上下程仪一两，算是薄礼。沈应龙在京被论劾，回原籍，寓居湖州城中，乌程知县张冕送沈下程一副及果盒酒一副，前去拜访。（李乐《见闻杂记》）

所谓寿仪，就是官员做寿，属下别官都要送礼。明代权臣张居正做寿，官员送礼无数，轰动一时。《金瓶梅》中，蔡太师做寿，西门庆也派仆人来保到京城上寿礼。在明代官场，送礼之风盛行，寿仪只是其中之一。如知县为地方诸生的提调官，一些富家宦族子弟就馈赠知县厚币，拜为门生。一些在乡士大夫与诸生为了与府县官交际，就送册页、锦屏、册诗，多请人代作，由士大夫署名，再装为墨帖，而装潢之费，甚至达到数十两银子。

民间礼仪

在北京，每当春节，流行拜年之习。正月初一早晨，街上随时可见作揖、对拜、叩头的人。这就是明代民间的节日礼仪之一。

明太祖制定官场礼仪之后，一整套的民间交际礼仪也相继确立。如果说城市官场礼仪是以官品的高低定上下，那么城市民间礼仪则以长幼或身份的高下定尊卑。

洪武四年（1371），定民间的拜礼。凡是子孙侄甥婿见尊长，学生见老师，奴仆见主人，须行顿首四拜礼。其余长幼亲戚，各以序行顿首再拜礼。如果是平交，就互相行控首再拜礼。至于揖礼，则根据长幼，随宜施行。（《明太祖实录》）

平居相见时所行的揖拜礼仪，一般由年幼者先行礼。岁时节序的宴会座次的安排大致为长者居上。

显然，这套官方所定民间交际礼仪，奉行的是以下两条准则：一为人伦的长幼之序，二为主仆之间的贵贱之别。而当主仆关系与亲情关系相混淆时，则以亲情为主，从而体现了儒家传统礼仪的实质。

在上古，以右为尊，至中古，则流行以左为尊。凡是平常的宴会，其中揖逊拜跪等礼仪，无疑都应以左为尊。在明代民间，南北方的礼仪有所不同。在南方，凡是客人至，行相见作揖礼时，一般主人让客人在东边，是右手；在北方，则主人让客在西边，是左手。这貌似南北不同，若究其原因，实则南北均合古意。古人初见必拜，先令人布席，南方人东西布席，则宾客应当在东，主人当在西。这是因为，一堂之中，东是左，西是右，显然，这种习俗正好是以左为尊。北方人朝北布席，比肩而拜，则宾客应当在西，主人当在东，也是以左为尊。在明代，南方人已不知古代布席的原因，向北作揖，也让客在东边，反而变为尚右。根据古人冠婚礼仪，主人出肃客，宾客由西阶入，主人由东阶入，岂有肃客而使人为卑，又以尊自处之礼？由此可见，升堂作揖，应当让客人在西边。尽管如此，明代南方礼仪，仍是沿用让客在东边。

在民间，卑幼见尊长，大都推让尊长在东边。据古礼来看，这种做法也属不知礼。一般说来，卑幼作揖，尊长只当在上面还揖。有时主人谦逊，也可立在侧边答礼，但卑幼只能在北面向上作揖。如果尊长在东边，明显是与尊长比肩而立，这是拿敌体礼对待尊长。

在一些人家中，子弟侍奉父兄，都用客礼相待，每当遇到父兄生日或节序，就大摆盛筵，供其享受，如待神明一般。在一些士大夫家中，一般以行亲情之礼为主，并无多少客套。如顾璘与其弟并一个叫王子新的在一起吃饭。不久，王子新起身告辞，顾璘送至门槛外，命一童子说："看七老爹出门。"并不远送就入座，而王子新也径去。至后，在士大夫家，即使兄弟之间也流行迎送之礼，以客礼相待。如中原、西北士大夫家，长幼之礼很严，年长者常常直呼年幼者之名。饮酒献酬，幼者必须跪献。至于贵贱，反而一概不计。

今人名大欲如何

追求华而不实的虚荣的社交礼仪，是市民生活的一大弊病，但又在无形中改变了人们的生活习俗。递名帖是明代官场或在乡士大夫交际的常仪。名帖类似于如今的名片，其作用无非是"所以通姓名于主人而为之先容者也"（万历《通州志》）。

古代削竹木用来书写姓名，故称名帖为"刺"。至后，改用纸，又称"名纸"。唐代李德裕贵盛时，时人始用"门状"。在明代，虽仍有人称名帖为"刺"，但已通行"名帖"一称。

根据功能的差异，明代名帖可分为以下几种：

一是拜帖。凡是官员或地方绅士之间的互相拜访，或者门生晋谒座师，地方绅士谒见父母官，均需要递上拜帖。如小说《梼杌闲评》第一回说到，总理河务朱衡到达地方时，泗州知州前来拜见，"传进帖来，上写着'眷生'的称呼"。《金瓶梅》第七十六回说及巡抚侯蒙前去西门庆家，递上了一个双红署名"友生侯蒙"的单拜帖。拜帖内容比较简单，一般为署名、称谓。如《金瓶梅》第四十九回说到宋御史前去拜访西门庆，投了个宛红单拜帖，上书："侍生宋乔年拜。"

二是请帖，又称邀帖。凡是官场请酒，或地方绅士聚饮，一般先发请帖。朱国祯在《涌幢小品·名帖》上说，他曾在董逅周家中见到一个同门"邀帖"，为阮函峰请客时所发帖子。帖中阮函峰自称"年侍生"。名下有一"等"字，说明主人并非阮函峰一人。名上写"早临"二字，居中，其意是催客人尽快赴宴。右又写"速"字，其意与"早临"同。《梼杌闲评》第四十五回也记录了一个侯国兴邀请崔呈秀的请帖。上写道："谨詹十五日，薄治豆觞，为家母舅预庆，恭候蚤临。愚表弟侯国兴顿首拜。"其中"蚤临"二字，即早临意，大概为当时请帖套语。

三是揭帖。在明代，揭帖又指贴于通衢路口墙上的告示或启事。这里所说的揭帖是从拜帖中派生出来的，无封套，实则是一种拜帖之后所附的礼帖。如《金瓶梅》第三十回说到西门庆派家人来保前往京城，给蔡太师送生辰纲，先递上一封揭帖，后取出"上太师寿礼帖儿"。

四是说帖。在明代官场，凡是替人居中说情，一般也递上自己的名帖，这种帖子称为"说帖"。

　　五是副启。上述所谓的名帖，又称"柬"。一般说来，柬书名，启书事，所以用副封名。起初的副启体制，长短与全柬相同，一般用蓝色花格。至崇祯年间改用红条格，而蓝色花条格只有居丧时才使用。（叶梦珠《阅世编》）

　　根据名帖的规制或尺寸大小，又可分为单帖、全帖、单红、双红几种。至于名帖的质地，更是随时或根据个人爱好而不断改变。起初同辈互相拜访，一律单帖。即使京城的大官交际，只有第一次用全帖，后来就改用单帖。遇到吉庆，则改用单红帖。（蒋德璟《笋江社申宁俭说》）南京士大夫的宴会，起初只有单帖，帖阔一寸三四分，长可五寸，上不书"某生"，如"侍书""晚生"之类，只具姓名，姓名后是"拜"，并写上"某日午刻一饭"，极简单。后改用双帖，大概近乎全帖，三折，长五六寸，阔二寸，上书"眷生或侍生某拜"。（顾起元《客座赘语》）

　　在嘉靖初年，士大夫的刺纸不过用白鹿纸，如两指阔。书简有时也用有颜色的苏笺，不过也只有一尺长。至后，竞相改用奏本白录罗纹笺，甚至使用松江出的五色蜡笺和胭脂球青花鸟格眼白录纸。每当官府年节，就用大红纸做拜帖，又用销金大红纸制成馈送的礼书，封筒长达五六尺，阔也不少于四五寸，缎帕书册也改用红纸封裹。（田艺蘅《留青日札》）有些刺纸长达五尺，阔过五寸，另用锦纸作封袋，上下通行。这样一个拜帖，内不过五字，而纸已花费银三厘，堪称暴殄天物，奢侈已极。（郎瑛《七修类稿》）即以松江为例，起初平辈庆贺往来，只有新喜，才用单红全柬；单红单帖，非京官不用，规制极严。当时松江有一孝廉，北闱中式，下第而归，用单红单帖拜客，被人讥为奢僭。到崇祯末，犹存此风。不过当时平常的单帖，只用五印花纸，其后改用松江府城五云轩、精一轩所造的拱花着色白单帖，极其华丽。至于全红古折，则一概用砂红纸。写单帖，一般都用全折，在名下用"顿首拜"套语。至后，交际多改用全柬大红，婚仪时请帖则用销金帖。其他的短笺单幅帖也是绘画极其工巧，日新月异。

社交名帖的变迁既可反映城市一时的风气，也可观官场体面的不同。按照惯例，明代吏部尚书很有体面，六卿以下投刺，都用双折刺。不过词林官的体面更大。万历初年，太仓人王锡爵官至少詹事、学士，仁和人张瀚官为吏部尚书，张瀚拜见王锡爵时仅用单红刺，王锡爵拒不接纳，至张瀚改正才可。相传六部尚书、侍郎等大小九卿，投刺内阁大学士，均用双帖，而大学士用单红帖回报。户、礼、兵、刑、工五部尚书及九卿，投刺吏部尚书，用双帖，而吏部尚书也用单帖回报。后来，只有内阁仍用单帖回报，而吏部尚书则一概用双帖回报，风气为之一变。至于各部属官与中书、行人等官往还，均改用双帖。

毋庸讳言，在官场交际中，仍有一些人不投众好，在名帖上别具一格。如王槐野的名帖均为单名帖，上面也不过蝇头细书。又如唐一庵，自少至老，给人的拜帖及书启，均出自亲笔手书；江西新淦人黄仁人，也是亲书拜帖手启。此二人持身以勤，可见一斑。在福建，凡遇新官上任，乡绅士大夫不论尊卑，拜帖一概用大红，绝不用缎币作贺，也算是简约妙法。

从名帖内容来看，由其中称谓的变迁也可观明代礼仪风俗的由厚转薄。在名帖中，有些无称谓，而直书姓名。若有称谓，最流行的称谓是"侍生""契末""老友"。如内阁大学士杨廷和给同僚毛澄的名帖，不过写"杨廷和拜"。大学士梁储给毛澄的名帖，则自称"契末"，或称"老友"。而毛澄拜复杨、梁二人的答剌，均称"侍生"。在地方上，知府、知县与总兵来往，名帖上一般也称"侍生"，甚至与参将、游击将军交往，也用侍生帖。

自侍生一称风行以后，又出现了"晚生"一称。譬如地方上巡按御史谒见巡抚，投剌时自称"晚生侍坐"。在京城，小九卿衙门属官谒见大九卿衙门属官，一律送晚生帖。有一个例子很有意思：何良俊在元旦时投剌文选郎中杜拯，因只用"侍生"，被杜拯拒纳，让皂隶送还原帖。此例一开，不可避免造成了一个白头老儒尚须向新进小生称晚生的尴尬场面。为了不得罪于当事诸官，有人一律改用官衔帖（不署称谓）。

晚生之后，又衍生出了"治生"。早在嘉靖初年，乡士大夫谒见巡盐御史，只用侍生帖，不用治生帖。至后，乡绅与恤刑、监兑等官交往，名帖一律称治生，甚至称对方为"老公祖"。

此外，尚有"门生"帖子，一般为学生投座师时所用。有时一些人为阿谀上官，也用门生帖子。

侍生、晚生、治生、门生之外，又派生出"侍教生""眷侍生""眷晚生"。尤其是"眷"字的滥用，更可见明代礼仪已是虚套成习。如巡按御史拜见巡抚的帖子，起初投剌称"晚生侍坐"，后改称"晚生金坐"，不久又改称"晚生正坐"。后来，又出现了一个"侍教生"的称谓，以致巡按与巡抚彼此均称"侍教生"，不久又互称"侍生"。明代前辈的名帖，"眷"字一概不用。如乡老致徽商的帖子，只称"乡侍生"，致友人称"侍生"，稍为谦虚的则加一"教"字称"侍教生"，只有亲戚之间才加上"眷"字，至于"通家""年家"等称谓，不是实有可据，一般不轻易使用。自崇祯以后，渐因通家而假借使用"眷"字。如明末同社成员称"眷社弟"，拜盟者称"眷盟弟"。至于两榜乡绅拜客，除了亲戚故交照常投帖外，对于泛泛之交的士流，也都用"眷侍生"名帖。士林拜谒两榜乡绅，也改用"眷晚生"名帖，反而不管先进后进抑或年龄高低。

　　当然，有一些铮铮独立之士不从时好，别出心裁；有时因握有权势，某些人也可获得尊称；而有些名帖称谓，因拘于惯常，又颇令人发噱。譬如，吴中狂士桑悦前去谒见京城下来的"部使"，名帖上就自称"江南才人桑悦"。（徐复祚《花当阁丛谈》）据王世贞《觚不觚录》载，张居正投刺大太监冯保，一律自称"晚生"。又据吴应箕《续觚不觚录》，南京有一位张姓都御史是周延儒的房师，当周延儒大拜入阁后，张投刺，自称"晚友生"。此两例堪称千古奇闻。更为可笑的是，在明代官场名帖称谓上流传着这样的惯例：经略罪臣问拟大辟以后，锢狱提审，刑部当授三木，例用"晚生"帖子，并书"刑具一副奉上"；罪犯经略大臣则用"侍生"帖子回复，并犒劳使者银一两。（薛冈《天爵堂文集笔余》）

亲王投刺文武大臣，称谓也有变化，可证亲王体面的下降。照例说来，亲王体面极尊，投刺文武大臣，有时自称王，有时自称别号，一般不书名。后鲁王直接通名，虽然获得恭顺的美誉，却也被识者讥为"非体"。自严嵩当政以后，亲王投刺，无不称名。到张居正当国，亲王投刺，一律自称"晚生"。有些亲王因赶上袭封，投刺张居正，概称"门生"，实在是可怪可骇。

一些权贵的家人，仆以主贵，竟然也与缙绅大僚交游，恬不为怪。如严嵩当政时，家人永年自号"鹤坡"，于是官场中缙绅无不称他为鹤坡。有一位御史与他结为义兄弟，也有一些小九卿、给事中、御史投刺永年。到张居正当国，家人子游七也随之得意忘形，九卿、给事中、御史投游七之门，大概有十分之五。（王世贞《觚不觚录》）缙绅大僚投刺势宦家仆，不知作何称谓，史无明文，想必也是一副媚态。

称谓录

苏州人祝枝山是明代著名的书法家，在民间被称为江南四大才子之一。他自号"枝指生"，据说是因为他一只手多了一指，为六指，故有此号。才子风骨，可见一斑。

这位才子曾写过一部《前闻记》，里面记载了一则笑谈。当时江西有一位知县，正在审讯盗贼。知县问盗贼之名，盗贼回答道："守愚不敢。"知县不知其意，问左右。一胥吏说："守愚，是他的号。"盗贼也有别号，实在让人捧腹，可这是

明祝允明草书扇面

明代的实情，白纸黑字，由不得人不信。

　　名字、别号、称谓不过是一种符号，是人们社会交往必不可少的内容。称谓既可反映交际双方的社会身份，又是城市社会风尚的一种折射。早在洪武初年，书札多称"顿首""再拜""百拜"。在人的取名取字上，也流行用"先圣先贤"或"汉唐国宝"作为名字。洪武三年（1370），礼部议定：凡是致书于尊者，称"端肃奉书"，答则称"端肃奉复"；致书于年龄身份与己相当的人，称"奉书"，复书称"奉复"；上与下书信，称"书寄""书答"；卑幼与尊长书信，则云"家书敬复"；尊长致卑幼书信，则称"书付某人"。如果名字中有与"天国君臣圣神尧舜禹汤文武周汉晋唐"等国号相犯，则一律更改。（《明太祖实录》）

　　在明初，城市民间流行无官而擅用官称的习俗，目的是表示尊敬。如称医生为"太医""大夫""郎中"，称梳头人为"待诏"，称官员家中的阉割火者为"太监"。此外，如太祖、圣孙、龙孙、皇孙、王孙、太叔、太兄、太弟、太师、太傅、太保、博士、大官等称，也成为民间的名字或称呼。为此，明太祖下谕严行禁止，规定医生只能称"医士"或"医人"，梳头人只能称"梳篦人"或"整容"，官员之家的火者只能称"阉者"。（《南京刑部志》）

与此同时，明太祖朱元璋还规定了一套民间称谓制度。此制规定：乡民当中若有人曾充当过粮长、里长、甲长的，可以自称粮、里、甲长；反之，则只能称字。如果路遇耆民，长于己父，则称伯；年少于己父，则称叔；年长于己，则称兄；年少于己，则称弟；年如己父，也称伯。在本朝当过官的，可以用官称，兄弟也可使用官称，而子孙则称"舍人"。一人终考而无疵，其后再不做官，子孙只能在国称舍人。兄弟可以用官称，以后历朝世世称官称、舍人。（《御制大诰续编》）

大体说来，姓、名、字不过是一种符号。在古代，姓代表氏族，名是用来正体的，而字则用作表德。就孔子家人门徒而言，有时用字称其祖先，如"仲尼祖述尧舜"，即为例；有时用字称其老师，如"仲尼日月也"，又可为例。这是因为，古人对名很尊敬，不轻易称名，于是大多称字。宋人大多造别号，于是出现了卑幼不敢称尊长之字的状况；不过，当时大儒朱熹、魏了翁之徒，却并不一概称别号。到了明代，人尤重号，一登仕途，就不再称字了。于是，在明末就流传着这样的笑谈，说士人一做官，所做的事无非是"改个号，娶个小"。

如果称字，也仅称一字，下面用"翁""老"承之，稚子幼生，也无不如此称呼。正如王弘撰与人书云："今人相称字，辄曰某翁、某老。近日市井屠沽，莫不皆然，可笑也。"（王应奎《柳南随笔》）可谓当时实录。即使如皇帝，也受时风所染，自己取一个别号，以示雅致。如嘉靖皇帝修玄既久，深慕仙术，于是自号"天台钓叟"；万历皇帝也自号"禹斋"，其出典大概就是取"舜亦以命禹"之意。

别号古人所无，不知起于何时。有人说别号起自春秋"寒泉""樗里子"等号，至唐而渐众，入宋而益多。明人方孝孺在给潘择可的书信中说："交际之崇卑，称号之轻重，固有常礼矣。非尊而尊之，过也；非称而受之，愧也。若某之少且愚，字之已过矣；于字加称号焉，于称号加先生焉，于礼得无不相似乎？"这当然只是以礼仪的准则来衡量民间的称谓习俗。其实，民间的称谓自有其发展的轨迹，并非礼仪所能拘囿。因此，自明中期以后，即使市井屠沽，也都有庵、斋、轩、亭一类的别号。正如吴应箕所说，假若只有字而无号，如此大雅之士，"吾不数见也"。由此可见当时别号流行的盛况。请看下面几个例子：

城市中有的知名工匠，由于技艺精湛，与士大夫交游，于是也有别号。如嘉兴竹器名家，为朱氏祖孙三人：朱鹤，号"松邻"；其子朱缨，号"小松"；其孙朱稚征，号"三松"。（王应奎《柳南续笔》）

有些僧人，喜游好雅，善作诗，也有号。如僧人大涵，号"吃雪子"；后游雁荡、黄山，爱其风景之胜，改号"雁黄"。

有些妓女娴熟于诗歌尺牍，好驰马谈侠，出入于士大夫辈。如杭城妓王琐，字余青。她在给文士郑仲夔的书信中，自称"王郎"（郑仲夔《耳新》），这大概就是她的别号。

大臣家的仆人也有别号。如严嵩家势仆永年，自号"鹤坡"；张居正家的势仆游七，自号"楚滨"。

城市屠沽称号，也是渊源有自。自古都邑大贾、名侠都有称号，大致以所居或所业称号，如《汉书》中有东市贾万、城西万章箭、张禁酒、赵放。又《货殖传》所载也有翁伯贩脂、张氏卖浆、郅氏洒削、浊氏胃脯。在明代都城，若卖浆、屠沽之人有千万之资，其名也与古同，可见古今风俗并不甚远。

在别号中，又衍生出绰号（诨号）、道号之类。据说绰号始于夏桀。桀一称"大牺"，意思是说他多力，能推动重物，所以取了此号。到明代，绰号更是十分流行。在官场中，盛行"诨名"，成为一时笑谈。如陈沂人称"陈木匠"，邝某人称"邝响马"，都是以其状貌相似而取诨名。又有一位马汝骥，因文弱可爱，状若处女，人称"马二姐"。南明弘光朝时，宫中急需房中药，弘光帝命乞丐捕蛤蟆进贡，灯笼上大书"奉旨捕蟾"，于是弘光帝有了"虾蟆天子"的绰号。当时内阁大学士马士英尤喜斗蟋蟀为戏，一时称为"蟋蟀相公"。明末复社创立之初，孙淳到处奔走联络，实为联络各处文社的媒介，所以就有了"孙铺司"的绰号。在一些城市的侠客、流氓甚至盗贼中，更是流行绰号。如城市轻侠中，流行"太保"这一绰号，有"十三太保"之称；又以"天罡""地煞"取号，有"三十六天罡""七十二地煞"之名。此外，尚有"郎头""铁脸""阎王""太岁""先锋""土地""喇唬""棒槌""劈柴""槁子"等外号。

除绰号外，又有"道号"。如嘉靖皇帝崇奉道教，自号"灵霄上清统雷元阳妙一飞玄真君"，后又加号"九天弘教普济生灵掌阴阳功过大道思仁紫极仙翁一阳真人元虚玄应开化伏魔忠孝帝君"，再加号"太上大罗天仙紫极长生圣智昭灵统三元证应玉虚总掌五雷大真人玄都境万寿帝君"。皇后也有道号，如宣宗后胡氏，道号为"静慈仙师"。

虽然明初对称谓有详尽的规定，随后的变化却很大。下面不妨从宫内、官场、民称官、民间血缘等方面做一些介绍。

在明宫内，称谓颇有特点。如东宫、西宫妃子，每次对皇帝言，均自称"女儿"。（李清《三垣笔记》）这种称谓，在民间也有例子可寻。如《金瓶梅》中，西门庆的妾或相好，都称西门庆为"达达"或"亲达达"，其意与宫内称谓若合符契。

官场称谓，事实上从士子当秀才参加科举考试时即已开始。古称秀才为"措大"，意思是说他们能措大事。天下能措大事的人只有宰相，所以又称秀才为"相公"。据顾炎武《日知录》，明代南方人又称秀才为"官人"。士人之间，一般称"同学"。如果结了盟，又可称"盟兄""盟弟"。士子一旦登第，则称主考官为"座师"；称同考官，为"房师"；同榜进士，互称"同年"；同年之子，称为"年侄"；座师、房师之子，称为"世兄"；座师、房师称所取进士，则为"门生"；称门生所取的进士，为"门孙"；门生称老师之师，一般为"太老师"。（顾炎武《亭林文集》）在地方府县两级学校中，生员称知府、知县这些提调官为"老大人"，后又改称"老师"。有些提调官与诸生的关系比较契厚，就称诸生之号，而不称名字。"先生"原为长者通称，不过，有时提调官也反过来称诸生为"先生"。

在京城官场交际中，称谓大体称官衔。若称官衔，也多为官的古名或别名，以示雅观。如称六部尚书为大司徒、大司马之类，全为周官旧名；都察院左右都御史，则称为大中丞；锦衣卫掌印，称为大金吾；顺天府尹，称为大京兆。唐时宰相称"堂老"，两省称"阁老"，尚书称"院长"，御史称"端公"；在明代，一般将内阁大学士称作"阁老"，有时又将内阁首辅称为"端公"。那些翰林院的学士，也不是称本等官名，而是称"北门"。在唐代，称给事中及中书舍人为"给舍"；明代相沿，称给事中为"给舍"，中书舍人为"中舍"。至于地方上的府佐一职，则一律称"少府"。武官如总兵，也有雅称，称为"大帅""大将军"。

除官称外，京城官场称谓当以"老先生"一称最为尊贵。从内阁到大小九卿，均可以称老先生。门生称座主，也称老先生。司礼监掌印太监有时到内阁，称阁老为"老师父"，而阁老称太监为"老先生"。为表示对内阁大学士的尊重，翰林院编修也称阁老为"老先生"。如李东阳当政时，曾经冬天五更入朝，至长安街，正好碰上编修崔铣在道上饮酒。崔铣在轿前拱立，道："请老先生少饮数酌以敌寒气。"

万历初年，太监冯保权势显赫，即使武清侯见到他，也称"老公公"。自从严嵩执政以后，一些阿谀之官为了拍马逢迎，称严嵩为"老翁"，有些人更是称他为"夫子"。随后，门生均称座主为"老师"，以致三品以上的庶僚也多称之为"老翁"。

京城各衙门之间的互相称谓均有一定的体例。据王士禛《居易录》对明代官场称谓的追述，内阁部堂，彼此称"老先生"，翰林院、詹事府也如此。此外，给事中称"掌科"，御史称"道长"，吏部称"印君"，又称"长官"。正德年间，称谓还比较简单。至嘉靖中期，才有称"翁"的例子，不过只有三品九卿才能享用。此后，四五品京堂翰林，以至方伯宪长，无不称"翁"。到了后来，风气忽变，士大夫至于小民无不称"翁"称"老"，即使翰林、科道、吏部，以至大参、金宪、郡守、府丞、司理，均可称"翁"。所以，当时流传着这样的谚语："官无尊卑皆曰老，人无大小皆曰翁。"（田艺蘅《留青日札》）

至于"老爷"一称，在明代缙绅中，只有京城的九卿及词林官，以及外任司道以上官员才能使用，其余官员只可称"爷"，乡绅仅称"老爹"。其父既称老爷，那么其子即使贵为显宦，也只能称"大爷"。如常熟陈瓒之子陈禹谟，顾云程之子顾大章，终生只称"大爷"，不敢与自己的父亲并称"老爷"。

在地方官场交际中，称谓也时有变迁。在外省，自按察司金事以上，均称巡抚为"老先生"；称巡按御史或部使，则公称"先生""大人"而已。一般说来，称谓也随时为轻重。"大人"一称，原来为至尊的称谓。但在明代，则不以此称为重。如有一嘉定县丞称巡按御史为"大人"，巡按为此大怒。夏玉麟县试时，称知县为"大人"，知县也因此不悦。（王应奎《柳南续笔》）也有些官员为了曲意逢迎，在称谓上美化上司。如万历年间，有一位学官，江西人，阿谀知县，称知县为"老堂尊"。（李乐《见闻杂记》）"堂尊"一称，为县丞、主簿称知县所用。而儒学博士也称知县为"堂尊"，还在前面加一"老"字，前无此例。

在明代官场中，流行用"敝"作为谦称。如：在异乡别地，称自己的省直为"敝京""敝省"，称自己的府县为"敝邑""敝郡"；甲乙两科称同榜进士、举人为"敝同门""敝同年"，称座主为"敝房师""敝老师"；绅衿称知县为"敝父母"；业师称及门为"敝同人"；胥吏称府厅为"敝府主""敝厅主"；属吏称堂官为"敝堂翁"；师儒称学校为"敝庠"；各官称公署为"敝衙门"，称职爵为"敝衔"。"敝"为相对于他人的自称，若称他人，大概就用"贵"，如"贵省""贵郡"之类。（张自烈《芑山文集》）

在民间交往中，称谓又可分为民称民与民称官两种。在民与民相关的称谓中，首先必须提一下师生之间的称谓及其变迁。沈治先曾就师生称谓的变化，对张自烈说过这样一段话："金陵黄圯孺少尝受业家眉生（指沈眉生），每谒某（沈治先自称），称'晚生'。及登贤书，则改称'晚弟'。仆（张自烈谦称）曰：'使圯孺成进士，不改'晚弟'为'侍弟'乎？以'晚弟'施之业师之弟，异日得志为显宦，视其师落落诸生耳，不又改'门生'为'晚生'乎？'"（张自烈《芑山文集》）张自烈的忧虑不无道理。随着个人身份地位的变化，学生对受业老师之弟的自称，从"晚生"变为"晚弟"，极可能转而发展为"侍弟"，甚至学生对受业师的自称也会从"门生"变为"晚生"。

当然，这只是一个特例。在明代的城市中，师生之间的称谓也有一定的惯例。一般说来，弟子谒见其师，称"老师"。在背后与同辈谈及自己的受业师，不再称"某老师"，而是称老师的字或号。至于老师的朋友、同学、同道，如果年龄与自己相仿，那么当自称"晚生"；如果年长于师，又是老师兄事师事之人，则当称"先生"。不过，后来一概自称"小弟""社弟"，与之抗礼。一些行为较为朴谨的人，也不过自称"晚弟"，不称对方为"先生"，而是称"老兄"。至于在老师的朋友面前，不直接称自己的老师为"某老师"，不明言自己为"某老师"的门人，而只称其为"某老"。

同姓之间，以"家"相称，这是明代城市民间称谓上的习俗。如上引沈治先称沈眉生，即称"家眉生"。从起源上讲，古人即已有称"家"的例子。如杨修《答临淄侯笺》云："修家子云，老不晓事。"称"家"之滥，则始于明代中叶。另外，明人对师事之人也称"家"。如何良俊在文徵明斋中清谈，常听文徵明称"我家吴先生""我家李先生""我家沈先生"，所指即他师事的吴宽、李应祯、沈周三人。（何良俊《四友斋丛说》）

替人作诗文集序或墓志铭，文末署名，对同辈一般自称"同学"，或自称"友人""友弟"。如赵赏元为杨继益所著

《燕寓偶谈》一书作序，就自称"通家治弟"；王行可为《燕寓偶谈》作序，则自称"友弟"。所谓"通家治弟"，其中的"通家"，说明两人之间在父辈以上有交谊，"治"说明自称者又为被称者属邑之民；所谓"友弟"，关系就较为亲近，可以朋友、兄弟相处。有时也称"后生"，显得较为雅观，如沈周《沈石田全集》内附的唐寅和诗，自称"后生唐寅"。对于前辈，当自称"后学"，或称"后进""通家子"。不过，在明后期，多流行自称"眷弟""眷侄""眷晚生"。

民称官，巡抚称"都爷"，总兵称"总爷"，巡按称"老爹"，府县官称"相公"，命妇称"安人""夫人"，像"老相公""老夫人"算是最高的美称了。（刘廷玑《在园杂志》）百姓称官，必定称"爷"。为什么称"爷"？据说是为

明唐寅《行书落花诗册》（局部）

了表示亲近之意。（冯柯《质言·经世篇》）换句话说，就是用亲缘关系的称谓称官。出于同样的道理，民间对各种神道也称"老爷""奶奶"。举例来说，如称玄天上帝为"真武老爷"，关羽为"关老爷"，岳飞为"岳老爷"，黄河金龙四大王为"大王老爷"，泰山碧霞元君为"顶上奶奶"。在民间，一般称孔子为"孔夫子"或"孔圣人"。由于"爷"称流行，所以当时又将孔子称为"孔圣人老爷"。

民间血亲或伦常称谓，大多自成体系，并且因地而异。

第一，称他人父为"尊甫"。如唐韩愈《送湖南李正字序》云："李生之尊府，以侍御史管汴之盐铁。"可见，"甫"字或作"府"，又可作"父"。称他人母为"尊堂"。如晋陆云《答车茂安书》云："尊堂忧灼。"这种称谓惯例，在明代仍袭行不改。

第二，给人写信，一般称同辈为"仁兄"，表示自谦。此二字始于《后汉书·赵壹传》，为赵壹称皇甫规时所用。唐颜真卿《祭侄文稿》也有此称，则是指己之兄。与此相应，自称则为"愚弟"。不过，在过去也有称同辈为"仁弟"的例子。如《孔丛子》下卷《与侍中从弟安国书》，孔臧称孔安国为"仁弟"。此二字他处却未见，颇觉出新。在明代，"贤弟"一称倒有例可援，不知"仁弟"犹有遗存否？暂无例子可证。

第三，在明初，城市民间称谓流行"秀""郎"二等。汤沐《公余日录》载："明初闾里称呼有二等，一曰秀，一曰郎。秀则故家右族颖出之人，郎则微裔末流群小之辈。称秀则曰某几秀，称郎则曰某几郎，人自分定，不相逾越。"如元末明初江南富敌天下的富翁沈万三又称"沈三秀"，《水浒传》《金瓶梅》中有武大郎、武二郎。民间对某人游手好闲、高低不就，则称之为"郎不郎，秀不秀"。

第四，在一些仕宦大家族中，仆人对主人的称谓也有定例。如在三吴一些城市，家人喜欢尊称其主人"家老爷"，主人也乐意承受。不过，有些宦族家风谨饬，家人称主人不过为"家主"。

第五，在仕宦家族中，儿女称呼父母为"老爷""奶奶"。汤显祖《牡丹亭》内"惊梦"一出，杜丽娘云："恁般景致，我老爷和奶奶再不提起。"即可为例。在松江，士大夫年未四十，即称"老翁"；妇女年未三十，即称"太太"。可见，在江南，儿女又称父母为"老翁""太太"。有时自称其父，多为"家严"。这个称谓出自《易传》："家人有严君焉，父母之谓也。"可见，父既可称严，母也可称严。称别人家的长子，则为"主器"。

换一个角度，父称子，昵称有"保保"，贱称有"犬子"。在明代的城市中，父母爱惜其子，称之为"宝宝"，意思是说爱惜他如珍宝一般，也作"保保"，或作"阿保"。关于"保保"一称，人们误以为是保抱护恤的意思。其实，"保保"是元人尊重的称谓，如称丞相为"王保保"；又《元史》有勇士"洪宝宝"；另据《草木子》，明初曹国公李文忠，也称"李保保"。在明代，父称自己之子为"犬子"，又称"豚儿"，总称"豚犬"，意思是"贱之"，便于养活，与阿狗、阿猫之意同。称兄弟之子为"犹子"，意思是犹如己出之子。

（田艺蘅《留青日札》）

第六，在一个家族或戚属中，血缘称谓也有固定模式，并因地域方言不同而有所差异。在北京，祖父称"爷"，祖母称"奶"；父称"爹"，又称"别"（平声，疑即"爸"），又称"大"，母称"妈"；父母称子为"哥哥"，称女为"姐姐"；公婆称儿媳为"大嫂""二嫂"；儿媳称公为"爹"，称婆为"妈"；女婿称妻父为"爹"，妻母为"妈"；外甥称母之父为"老爷"，母之母为"姥姥"，称舅母为"妗子"。（沈榜《宛署杂记》）在广东一些城市中，子女称其祖父为"亚公"，祖母为"亚婆"；称父为"爸"，又称"爹"，称母为"奶"，也称"妈"；父母称子为"屎哥"，称女为"屎妹"；媳妇称公为"大人公""家公"，称婆为"大人婆""家婆"；称母之父为"外公"，但阳春人称外祖父为"翁爹"，高明人称外祖父为"公低"；称母之母为"外婆"，但阳春人称外祖母为"婆爹"，高明人称外祖母为"婆低"；称母之兄弟为"舅父"，母之兄弟妻为"妗母"；称母之叔伯父为"叔公"，叔伯母为"叔婆"；孙称祖母之兄弟及其妻分别为"舅公""妗婆"。（屈大均《广东新语》）在江苏宜兴，兄又称为"况"。（王应奎《柳南续笔》）这种称谓也有本源可寻。如《广雅·释亲》云："兄，况也。"何逊《赠江长史别》诗云："况事兼年德。"况事，犹称兄事。一般说来，姒、娣、妯为长少相呼之称，年长者可称"姒"，年少者则称"娣"。在明代，称兄妻为"姒"，称弟妻为"娣"。（于慎行《谷山笔麈》）

值得一提的是，在明代城市礼仪称谓中，又存在着称地名别名的风气。如称昆山为"玉峰"，称江阴为"澄江"，称常熟为"虞山"。这当然不过是谈次掉文，书生习气。

从明代称谓的风气及其变迁中，可以看出以下两点：一是称谓礼仪等级的日趋败坏。举例而言，在古代，只有师、父兄、长者才可称"先生"；而在明代，同辈、后进、医卜、商贾、舆、台、皂、隶均称"先生"。又如"相公"为秀才的尊称，后来胥吏也称"相公"。此外，甚至榨油、作面的佣夫也称"博士"，剃工也称"待诏"。二是在称谓中，为了追求古雅，养成了一种虚伪的套子。如官称，不称明代通行官衔，而喜用古代职衔；地名，也不用明代地名，好用别名。又如"眷"字，原本指亲属，有时同姓也可称"眷"。而在明代，不论有无亲谊，不论是否相识，书刺称谓一律用"眷弟""眷晚生"。这个"眷"字，不但没有着落，而且最为可笑，甚至是一种不分亲疏的滥用，其本质无非是城市风尚的虚伪、做作。

家礼：冠婚丧祭

传统的中国是一个礼乐社会。《孝经》上说："移风易俗，莫善于乐。安上治民，莫善于礼。"从传统的观念来看，礼乐是驭世的"大防"，更是政治的"原本"。

古礼的内容，尤以家礼为先。至于家礼，无非就是冠、婚、丧、祭四礼。

南宋朱熹重定《家礼》，成为当时人们行为规范的普遍准则，其影响及于后世。明初立国，民间四礼多习用元代旧习，如：冠礼，行于幼稚；娶妇，专讲财赀；丧亲，惑于浮屠、风水；祀先典礼，即使衣冠士族，也多废而不行。洪武十八年（1385），明重定冠、婚、丧、祭四礼，令民遵守。及后，时易势迁，民间大多袭用旧俗，废四礼不行。为此，一些士大夫从明代的实际出发，删繁就简，重定四礼。

冠礼：成人的象征

冠礼，为成人之道，说明子弟从此以后已成为成年人。按照旧礼，凡民间子弟年十五至二十，均可行冠礼。行冠礼须选一良辰吉日，禀告祠堂中的祖先牌位，预先在乡党姻友中请一位德高望重的人作为宾客，再邀一位习礼仪的人充赞相。到了行礼那天，其中盛服迎宾那一套礼仪，则完全遵照朱熹的家礼斟酌。行礼之后，就可以"字"行。取字也有讲究，不得犯古代圣贤及自己家族先世的名讳。最后，还要拜见父母尊长。第二天，拜见宗族亲戚。如果宗族亲戚知悉子弟行冠礼，就须答拜，或者致上祝愿以及规讽一类的言辞。至于答谢宾客的束帛，就不必全如古人之数，一般为上户绢一匹，中户布一匹，下户则不过帕一方。

行礼之后，每当月朔，教读带领已行冠礼的子弟前去拜见地方官，地方官用成人之道加以教诲。

在明代，城里人的冠礼并非完全按照古礼行用，有些甚至废而不行。财力稍乏的家庭，不能行礼，不过请至亲一人，禀告祖先，就算行了冠礼。至于那些贫困家庭，就更简便，只是在祖先位前告拜。行礼内容，也与古礼不同。有些子弟到了十余岁，自置冠，甚至彼此送字送号。另外，网巾为明代所创，于是在明代的城市中又流行以戴网巾代替行冠礼的习俗。

明代的冠礼，各地城市的差异也很大。在北京，除士大夫家庭外，一般平民家庭不专门举行冠礼，只是在嫁娶的时候，男家派人替新妇上髻，女家遣人为新婿冠巾。此前，各家根据家中所有准备服饰，派一人礼送对方家中。（沈榜《宛署杂记》）在松江，每当行冠礼时，邀请冠宾，三加元服，一如古礼。子弟行冠礼后，出去见到亲戚中的长辈，必须拜揖。亲友见到他们，也必须揖而道喜。（叶梦珠《阅世编》）而在杭州，冠礼早已废置不行。有些家庭遇到子弟当冠之年，仿照古礼遗意，先告于家庙，稍仿三加冠礼，让子弟长跪受训，并令他们拜谒家庙，再令他们拜见家长；至于邀大宾之礼，则省而不用。（张瀚《松窗梦语》）

娶妇：双转马·弄新妇

　　读过小说《金瓶梅》的人应该还记得，在西门庆所娶的六房小妾中，李娇儿是勾栏女，卓二姐（丢儿）是窠子姐，都是妓女出身，而孟玉楼、潘金莲、李瓶儿则均为再醮女。若用传统的家礼来衡量，这些行为都属逾礼犯规。不过至少到晚明，在城市的民间婚俗中娶妓女为妾，或妇女再嫁，已经习以为常，并成为一时风气。

　　民间婚礼，古代有问名、纳采、纳吉、纳徵（又称纳币）、请期、亲迎六节，尤以问名、亲迎为重。明代城市俗例，一般只行纳采、纳徵、请期、亲迎四项礼节。

　　在明代城市民间婚俗中，已无问名礼，却有相近之礼。譬如，在河南有些城市，流行先送启，后拜亲，略似问名之意。当然，明代婚俗中大多用"媒人"或"庚帖"代替古代的问名礼。

　　关于媒人，传说中以女娲氏为"神媒"。《通鉴》云：女娲氏与太昊同母，佐太昊正婚姻，以重万民之判。《周礼·媒氏》也说，女娲氏"掌万民之判"，其注云"判，半也"，意思是说媒人是用来合作夫妇的。明代城市民间结亲，只是选择吉日，同媒一拜，很简便。有些甚至家长不亲往对方家中，专派媒人前往说合。这种媒人，由妇人承担，称作"媒婆"。

由于婚姻由媒人说合，这样婚姻庚帖也就必不可少。所谓庚帖，即由算命人算出男女双方八字，看是否适合婚配。在明代婚礼中，这种庚帖也十分流行。如上海人潘允端为他的大公子议婚，他的夫人"必欲求庚帖，积十余纸，取其最佳者然后拜允"。（李延昰《南吴旧话录》）这种婚姻论庚帖之俗，不问女子的性情如何，但求命好，危害无穷。明代至少有两人已看出女家买通算命人伪造庚帖的可能性。如上面提到的潘允端见到自己的夫人如此重视庚帖，就笑道："苟用命好，则女家用百文钱街头谈星学者，辄能差排吉曜，供我所求。"另一个叫张孟奇的人在答亲友议婚书的书信中，也说："庚帖，造命也。命曰造，便当造之。必欲得小女庚帖，乞迟数月，俟有精于推命者，令其造一八字，极富、极贵、极多男，方送来，如何？"闻听二人醒世之言，可给信八字者当头一棒！

纳采所用酒牲果品，随各地风俗而不同。至于礼银，上户不过三两，中户不过二两，下户不过一两。

纳徵，又称纳币。《通鉴》上说：太古男女无别。太昊始制嫁娶，以俪皮为礼。据注：俪，偶数也。后世的纳徵，大概起源于此。凡纳徵，所用钗币酒牲，一般也随各地风俗。至于礼银，上户不过十五两，中户不过十两，下户不过五两。送礼的人，须管待酒饭，不必多给银钱。

请期，不分上、中、下户，一般只派人通书而已，不用礼物。

凡是纳采、纳徵、请期，均须"具书"，即写明聘礼，送给女方。女方收到后，再回书，表明礼节。至于聘礼及妆奁，士大夫家一般能安分循礼，多不论财。但有些富家，聘礼妆奁以厚相尚，里俗仿效，中人之家也取息鬻产，用来装饰门面，甚至有的家庭凭妆奁厚薄作青白眼。正应了文中子那句话："婚娶论财，夷虏之道也。"不过在明代民间婚俗中，婚姻论财极为风行。

聘礼、妆奁，均因各地风俗不同而有所差异。在北京，一般为选吉日前去相亲，留下簪花、戒指、巾帕之类，表示婚姻之意。然后行小茶礼，物品只用羹果，或四盘，或六盘，甚至十六盘，以家中财物丰俭而定。又有大茶礼，勋戚富贵家用金珠、玉石，费可达百千金。（沈榜《宛署杂记》）在福建寿宁，婚礼礼帖被称为"乾坤书"，乾书写启，坤书写礼。礼帖形状如裱帖，但用绣绫作装饰物。有些小户人家礼帖用红纸，才一二折，有的则用白古束。聘礼的单子由女家开列，如盒担若干，聘礼若干，男家若依从，就成婚礼，费用最多不超过50两银子。女家的妆奁，盛厚的有笼20担，牛10头，按财力以次减等。有的家很贫穷，那么男家就预扣奁资若干。寿宁县婚礼的聘物尤其看重饼，其意如江南用茶枣、广东用槟榔相同。女方一旦许配，那么女家所制婚衣，都可以不给衣匠工价。等到女子要出阁，男家若不是赤贫，均有挂帐之礼，专门犒劳衣匠，多的十余两银子，少的不过一二两银子，听凭随意犒劳。（冯梦龙《寿宁待志》）福建惠安下聘的聘礼，为酒一坛，鹅二只，布二匹，茶一盒。

值得指出的是，在皇室婚礼中，也流行这种定亲聘礼。亲王、公主婚姻时，定亲礼物极为丰厚。亲王订婚，定亲礼物很多，诸如金50两，珍珠10两，花银400两，各色纻丝40匹；纳徵礼物有玉彀圭一、金龙珠翠燕居冠一顶。在皇室定亲礼物中，也有圆饼，圆饼表面贴上红纸。这些礼物一般由媒人和太监一员送到妃子家，媒人又引妃子家回奉礼物，从西华门入宫。（《大明官制·婚礼》）

　　大体说来，明代城市民间婚礼中的聘礼具有以下两个特点：一是从全国来看，受奢侈之风的影响，聘礼日渐丰厚。如河北顺德府，婚姻纳聘，旧时只有牛、猪、羊、花红、布帛等物，仍不失荆布之意。自万历以后，渐改用银钱金玉。二是相对而言，聘礼的变化，南方城市大于北方城市。北方城市的婚姻礼仪虽不尽合古礼，但先民遗意犹存。南方城市则不同，婚姻只讲究金钱，尤以江南为甚。

　　聘礼下定，妆奁准备完妥以后，接下来就是"催妆"或"迎妆"。如在北京，婚前一日，婿家带一席、二只雄鸡和一些杂物前往女家，称为"催妆"。而在松江，原先为婚前一日，女家将妆奁送到男家，后改为迎妆。沿街之上，女家携带奁饰、帏帐、卧具、枕席，鼓乐拥导，吹吹打打，妇女乘轿跟随，称为"送嫁妆"，以夸耀自家奁具之盛。男家预先送去的礼物，也用竹箩覆盖，挑到男家，称为"挑方巾"。（崇祯《松江府志》）

　　请期之后，则为亲迎。按照礼制，亲迎奠雁，不必酌酒加币。不过有些地方不奠雁，只饮酒。亲迎时，多用鼓吹杂剧。至于亲朋好友，均须送礼，作为贺婚。按俗，新妇须见舅姑，用币；还要拜见诸亲，用币。有些地方，新妇还要见异姓众亲和邻里乡党。

迎亲之俗，各地也有所不同。在北京，新妇过门，初出轿时，新婿将马鞍放在地上，让新妇跨过马鞍，称为"平安"。新妇进房以后，让一个阴阳人高唱催妆诗，用诸果遍撒新房，称"撒帐"。妇家用饮食供送其女，或加服饰、酒礼，遍拜女婿的众亲。随时举行宴会，有"做三朝""做单九"或"做双九"几种。过一月，女家迎婿及女回门，留在女家，过一月才回。撒帐之俗，在明宫婚礼中也流行。《天启宫词》中有一首宫词说张皇后婚仪："十二竿联灿紫磨，扇筤云簇月生波。两行引赞交迎跪，撒果争闻唱得多。"所言即为合卺时所行撒帐果之俗。不过在皇家婚礼中，帐果盛装在帝后衣裾，由宫人撒，其意为"得子"。在松江，新妇将合卺时，头戴用彩纸剪成的花髻。至于迎新妇所用彩轿，更是日新月异。崇祯初年，彩轿所用，不过是蓝色绸，四角悬挂桃红球，其后改用刺绣，不久又单用红绸刺绣，乃至改用大红织金或大红纱绸刺绣；轿上装缀，用大镜一面当后，或左右各一，其后用数小镜缀于顶上，更觉轻便美观。

在明代城市婚俗中，值得介绍的还有"双转马"与"弄新妇"。

新妇归宁，丈夫一同前往，称为"双转马"。上述北京婚礼中，也有此俗。这种习俗起源较早，始于春秋时。如《左传》宣公五年："秋九月，齐高固来逆叔姬。……冬，来，反马也。"杜预注云："礼，送女留其送马，谦不敢自安。三月庙见，遣使反马。高固遂与叔姬俱宁，故经传具见以示讥。"
这就是双转马的滥觞。

　　婚礼中的打闹，戏弄新妇、新郎，大概唐时即有此风。
《酉阳杂俎》"近世婿妇之家，弄新妇"句，即为一例。在明
代绍兴，流行戏弄新郎，亲友必将新郎在房中灌醉。在浙江仙
居，每当男子娶妇，也群聚肆谑，称为"打郎"，显然，也有
戏弄新郎之俗。而在徽州等处，娶新妇入门，亲戚都百般戏侮
调弄，称为"弄新妇"。新妇的衣服鞋履都用线缝缀，不使疏
脱，不及于乱。（田艺蘅《留青日札》）

　　明代城市婚俗还有以下几点值得一提。

　　第一，明初从法律的角度对婚姻做了许多规定。如无
论官或民，"凡以妻为妾者，杖一百。妻在，以妾为妻者，
杖九十，并改正"；至于老百姓，"若有妻，更娶妻者，亦
杖九十，离异。其民年四十以上无子者，方听娶妾，违者笞
四十"；禁止官吏娶乐人为妻妾，"凡官吏娶乐人为妻妾者，
杖六十，并离异。若官员子孙娶者，罪亦如之"；反过来，又
禁止贵贱互通婚姻，"凡家长与奴娶良人女为妻者，杖八十，
女家减一等，不知者不坐。其奴自娶者，罪亦如之。家长知情
者，减二等。因而入籍为婢者，杖一百。若妄以奴婢为良人，
而与良人为夫妻者，杖九十，各离异改正"。（《大明律集解
附例》）关于世婚，即亲上加亲，当时流行姑舅或两姨子女为
婚，尤以江西、两浙为甚，由此引出许多民间婚姻诉讼，因此
明初在法律上加以禁止。到洪武十七年（1384），朱善上言，
除了尊属卑幼相与为婚有禁外，请求允许姑舅、两姨子女互为

明仇英《清明上河图》中的娶亲场景

婚姻，于是世婚重新得到了明太祖的认可。显然，姑表或姨表结亲，在明代一直很流行。

第二，婚俗中有婚宴，民间习俗以客多相夸尚，有的甚至请客达到百人。有的女方为图好看，壮门面，追求客多，彼此竞从奢靡。又有一种"抄手筵席"，男女两家迭为备办，一往一来，靡费无益。

第三，婚俗中还流行"就婚""借亲"之俗。所谓就婚，就是弟娶孀嫂，或兄娶弟媳，此是元代遗留下来的蒙古收继婚习俗，《大明律》已明令禁止。但城市民间相沿日久，恬不为怪。所谓借亲，就是在丧期服内婚娶。这种习俗在明代中后期已习以为常。

第四，诈冒结婚，也为律所明禁。如本人原有残疾，或者其人过老过幼，或者是庶出、过房之类，隐讳不言，却让妹妹、兄弟代替，诈令看视，均为法律所禁止。

丧仪：金瓶位

丧事当以哀为主。哀麻擗踊、衣衾棺椁，均为哀思的表现。

明代城市民间的丧事礼仪，大体可以引北京为例。据载，北京人初丧三日，出丧牌，在门外挂纸钱。根据死者的寿数，一岁一张，称为"挑钱"。死者灵前供饭一盂，集秝稽七枝，用面裹头，插在盂上，称为"打狗棒"。阴阳家根据死者的年月，推知煞神所在的日子，到时全家躲避到别处，称"躲煞"。送葬归来，用盂盛水，在旁放一刀，并在宅门外积薪燃火，丧主执刀砺盂，达三次，随即跃火而入，其余人也依此而入。三天后，在墓所具祭，称"暖墓"。（沈榜《宛署杂记》）

依据传统的丧礼，人死后，丧家当有殓、殡、哭、吊、奠赙这几项礼仪。殓，即盛殓死者，有"小殓"与"大殓"之别。小殓，在死的第二日举行。大殓，则行于小殓后一日。殓当根据家财，量力而行。殡，即葬死者于墓，当按时而行。哭，即孝子哀思，当哀而不文。吊，即古代的"知生者吊，知死者伤"（《礼记·曲礼上》）。所谓奠赙，奠是为了死者，而赙则是为了生者。

在明代城市丧礼中，丧仪已随时风而有所移易。由于佛教在民间的广泛流行，民间多废家礼不行，反而行佛教丧礼，以致火葬也成一时之俗。此外，各地因风俗的不同，丧葬礼仪也具有地方独特性。

殓有小、大之分。就小殓来说，在一些士大夫家族，除了客死他乡之外，一般不用殓，只是让死者手足伸舒、巾服端正而已。如果时值炎暑，大殓也不拘泥旧礼，一概变通而行。（宋缥《四礼初稿》）在嘉兴、湖州一带，凡是祖、父客死他乡，棺柩一般不入室。据说，"冷尸入后，人不利也"。（李乐《见闻杂记》）

至于殡，多拘于繁缛之习，以奢侈为荣。如在杭州，有一个姓王的富室，替其父举丧，丧仪繁盛，甚至请优姝"绚装前导"（张瀚《松窗梦语》），将丧事办成婚礼一般。

哭，原来为孝子对死者表示哀思，应该出自内心的真诚，所以明人有"天下哭死皆真"之说。然在嘉兴、湖州，哭死全都失真，哀痛很少。究其原因，据说是"牵扯生人事多"。换句话说，死者去矣，生者却为争夺遗产而明争暗斗，无心为死者致哀，不过虚与应付而已。

吊礼在明代城市丧仪中也有变化。按照传统的礼仪，吊是为了"生者"，伤才是为了"死者"。在明代，已非沿习古礼，而是一概对死者行拜礼，生者在旁答谢。所行吊礼，全施四拜之礼，或者接连叩头。（吕维祺《四礼约言》）另外，按照古礼，苫次不应在幕内，应当设于厅堂的侧房，亲友就在此行吊礼。在明代，嘉兴、湖州的吊礼一改古俗。孝子都在幕内面南，吊客则面北拜，主人再出幕外拜谢。譬如，吏部侍郎诸大绶死后，张居正前去吊唁。诸大绶的儿子仿俗礼，拜于幕内。张居正大感不悦，说："我来吊若父，诸子如何南面临我？"由此可见明代丧俗吊礼一斑。

奠、赙之礼，古所不废。在明代，上祭奠赙，大多过分奢侈。丧家一有丧事，就请客征礼，奠赙之物，有大盘蜜楼、绫锦幡幢、人物楼阁、像生飞走之类。更有甚者，丧家还实行"散孝帛孝布"的仪式，名为给他人送孝帛、孝布一类的"凶物"，让别人替己亲挂孝，实则"或以为钓取赙仪之计，赙薄则争"。

城市丧礼的变化，与当时的城市风尚桴鼓相应。在城市尚奢风气的影响下，丧礼难免出现讲究脸面、追逐排场的倾向。如当时的宁波，号称东南文献名邦，在丧俗上也有以下四种"大恶道"：一是"成服"。丧家大设筵席，盛张鼓乐，广召亲宾，多的达十余日，少的也不下五六日。二为"折祭""送轴"。为死者祭，自然应有祭品，亲厚者常折金钱若干，侑以香帛，而致灵几，即为"折祭"。泛泛之交，照例用空名列公轴，送给丧家悬挂，即为"送轴"。三为"迎丧"。引发这一天，亲友制一些锦绣亭阁，再雇梨园子弟，身穿五彩服饰，扮演杂剧名色，在椟舆之前陈列。四为"谢孝"。孝子谢吊，早的在数月之后，迟的达一年，乘素车，张素盖，至门不拜，仅投一帖，还兼行了岁节拜旦之礼。（薛冈《天爵堂文集笔余》）此外，在城市丧礼中，还存在着亲友为丧家"暖丧"的习俗，也是丧俗趋于奢侈的一种体现。所谓暖丧，就是用鼓乐优人做杂剧，或者扮演戏文。又俗尚奢靡，发丧时路设棚祭，搭一路祭棚，陈列玩器，大张鼓吹，排设酒筵，召妓演剧，歌舞喧闹，骇人听闻。最可笑的是，孝子谢棚，每到一处，劝酒数杯，以致酩酊大醉。

城市民间丧礼，事实上受到了两种观念的冲击。一是丧礼本应讲究"宁戚之义"，是孝道的一种标识，而在尚奢风气的影响下，利欲观念已冲击了传统的孝道观念。如在北京，父亲刚下葬，"孝子"就与友党、妆头弹唱，歌唱酣饮，有"颓然至醉者"，完全是一副假孝子的面目。上述暖丧时的召妓做杂剧，路祭时的设棚，均属此例。二是丧礼中做佛事，并非真正为了超度亡灵，其实是为了讲门面、攀比，显示出丧礼的虚伪。下面的一段话，颇能反映出"孝子"们的虚伪心态："某某尚能作斋，我不能也，教人笑话。"这样，就使丧礼变成了孝子应尽的一份责任，一种应执行的惯例，趋于程式化，外面虽热闹非凡，而内心却无哀伤亲死的真情实感。

城市民间丧礼或丧俗，已经受到佛道的熏染，以致水陆道场一类的法会已习以为常，甚至盛行火葬之俗。在明代，丧家一般用僧道作斋，或者作水陆会，写经造像，其目的是让死者减轻罪恶，在天堂享受种种快乐。明人何白曾在一个居士家看到佛教丧礼，并作了如下记述：当追荐法筵时，"顾其坛宇靓洁，旛花庄严，主礼惟虔，僧仪惟肃"，使人油然生出了信心、欢喜心、皈依心。而到了深夜，点燃药师灯，缁流行"散花"仪式时，环绕灯下，"交相嘲谑，哄然一堂，圮教渎尊"，又使人先前的信心、欢喜心、皈依心荡然无存。（何白《跋乐洲上人除散花疏后》）此例不仅说明了佛教礼仪已渗入传统的丧礼中，并为民间广泛习用，而且足证佛教丧礼的不严肃性。

佛教对城市民间丧礼的影响，莫过于火葬的流行。如永乐年间，巡按福建御史上奏："今福建之俗，凡有亲丧，率多火烧，弃置不葬。"（《明太宗实录》）在福建寿宁，更有一种"金瓶位"葬，实际上就是火葬的特殊形式。所谓金瓶位葬，其法为："别为虚棺，内设木板，凿数孔，以置骨瓶。"金瓶位由家族各房共同享用。将族内所停棺柩火化，拾取尸骨，依次以厝。金瓶位有余，可以转让，但仍收取费用。别族人也可付酬而取得金瓶位。（冯梦龙《寿宁待志》）不过，这种转让，应先亲族，然后才可转予他人，否则就要引起诉讼。

祀先典礼

祭的本义，无非是"追养继孝，君子将以继之也"。祭礼的本义，则为"报本追源"。

按照朱熹的《家礼》，四时应祭四代。冬至祭始祖，立春祭先祖，季秋祭祢，宜按时举行。至于像上元、端阳、中秋、重九之类的俗节，则应奉献"时养"。

从具体的表现形式来看，祭礼的实施由家庙、祠堂来体现。家庙之礼，只是祭祀高、曾、祖、考四世，自《家礼》以来，直到明代朝廷所定祭礼，大体如此。在明代的城市中，家庙、祠堂之仪只是行于士大夫或富贵人家。据叶梦珠《阅世编》载，在松江府上海县，如潘、陆、乔等缙绅之家，家必立庙，设祭品，四时致祭。致祭时，主人必穿公服，准备牲牢，奏乐，子孙内外全谒庙。自岁时以迄朔望，均是如此。在乔氏

朱熹像

家祠内，椅桌均按昭穆相分，不加移动，如夫妇二人者一桌二椅相连，三人者一桌三椅相连，左右各分屏障，以使"代不相见"。又据张瀚《松窗梦语》载，在杭州张瀚家，也有家庙，岁时伏腊忌日，必衣冠而祭。后又创建宗祠，祀高祖以下神位。每当祭祀时，遍召宗人，聚集在宗祠下。祀毕，在前堂享胙。并为宗约，道："凡我同宗，月轮一人司香。元旦必集，春秋祀必集，毋以事免。"

按照传统的祭礼，每当祭祀前一日，须斋戒，陈设祭器，备具祭馔，预先从子弟或亲友中选择知礼的人为赞祭。祖先的祠堂，必须时常保持清洁。到了朔望，就要去祠堂拜参，有事则告。出远门，到祠堂禀告祖先，返回也同。有了丧事，也不可废祭，但须易服举行，在几筵前，仍穿缞服。祖先的神主，由宗子奉祀，支子只随班助祭，不得僭祭。

当祭祀时，必有一篇祭先的祝文。洪武年间，明太祖朱元璋御制祝文，成为天下祝文的范式，不妨引述如下："维某年某月某朔某日，孝孙某阖门眷属，告于高曾祖考妣灵曰：昔者祖宗相继，鞠育子孙，怀抱提携，劬劳万状。每逢四时交代，随其寒暖，增减衣服，撙节饮食。或忧近于水火，或恐伤于蚊虫，或惧罹于疾病，百计调护，惟恐不安，此心悬悬，未尝暂息，使子孙成立，至有今日者，皆祖宗劬劳之恩也。虽欲报之，莫知所以为报。兹者节届春夏秋冬，天气将温热凉寒，追感昔时，不胜永慕。谨备酒肴羹饭，率阖门眷属以献。尚享！"（张尔岐《蒿庵闲话》）这篇御制祭先祝文，当为明代城市民间普遍使用。玩其文意，追溯祖宗鞠育子孙劬劳之状，可谓痛切沉至，直通幽冥，很符合明太祖朱元璋的心态，当为亲自制作，不可以文字工拙加以衡量。

需要指出的是，在明代城市中，祭礼不过存在于富贵大族中。至于一般小户人家，率多朴野，不知节文。在北京，每当清明节，无论贵贱，都带酒肴上坟，男女盛服前往，大概就是古时墓祭之意。《家礼》祭祀既已废而不行，必然为神道所惑。所以，在民间，每当元旦时，必在桌上设天地神牌，用牲果祭祀。家中多设家堂神位，画儒、佛、道三教诸神，显得淫而不雅。

市井民俗

节日与仪式

　　节日，是夹杂在人们一年忙碌中的休闲时光，既有物质的享受，更有精神的愉悦。明人江盈科有一首《京师元宵》诗，描摹元宵佳节北京街头盛况道："元夜都门暖气融，华灯闪闪万家同。穿珠缀玉星攒月，剪绮裁罗碧间红。戚里香车尘拔地，侯门烟火焰连空。君王倘亦如宣德，许看鳌山近禁中。"可见当时的元宵节，宫禁中的鳌山灯景实在太美了，以致到了明末，北京的市民还常常挂在口头。

　　在一年四季的岁时节序中，由于文化以及风俗的积淀，形成了一些固定的城市共同体的节日。在这些节日中，有些是传统的风俗节日，有些则为宗教节日，并有一套完整的仪式。

岁时节序

　　唐代诗人李白云："天地者，万物之逆旅；光阴者，百代之过客。"宋人苏轼谓："良辰美景，时时有之，但吾人无此闲戏耳。"默诵其言，追思往昔，时序荐更，犹可想见太白、东坡当时风采。他们胸襟悠然，直与造物者游，以至于忘掉日月的往来；又随时自适，触目爽心，有对时育物之怀。

　　明代城市中人，无论是官宦士大夫，还是庶民百姓，为了功名生计，奔走尘俗，忙忙碌碌。一遇岁时节序，就会被节日的气氛感染，以至欣欣然乐而忘倦。下面以北京、开封、杭州为例，再现一下明代城市节日及其仪式的生动画面。

　　一年四季始于春。岁首最流行的节日仪式是朝贺拜年。据说岁首朝贺，始于汉高祖。当时长乐宫修成以后，下令群臣贺仪，以后就率以为常。在明代，也重视元旦的礼仪，其余只有长至、圣旦，百官才上表称贺。明代谚语道："老子回头，不觉重添一岁；孩童拍手，喜得又遇新年。"可见，当时海内士庶均看重岁首，庆拜往还，举酒相祝，老幼咸乐。

　　随着元旦的到来，首先需要举行的是多种祭礼。如北京有"烧阡张"之仪：各家都用三牲熟食，以及细剪成阡张的草纸，供在祖先牌位前，等到三日后，焚而撤去。在佛前供果面，阡张至元宵罢，才烧毁。在杭州，元旦前夕，就需要打扫堂室。至五鼓天，在神祠陈设花彩糕果，先用糖豆米团祀灶，称为"接灶"。祀神毕，将米团分饷家人，称为"欢喜团"。祀灶之后，再迎岁神，燃烛炷香，拜众神祖先。在众神祖先前遍燃香烛三天三夜，只有在影堂才兼供茶饭，收灯后罢。

　　祭祀仪式完毕，是拜年。明代北京人拜年仪式如下：早晨起来，当家的人率领妻孥，罗拜天地，拜祖祢，作匾食，奉长上为寿。元旦这一天出游，道上碰到亲友，即于街上叩头。杭州人拜年则为家众序立中堂，卑幼拜贺尊长，男子出拜宗党亲友，称为"贺节"。家里摆设宴客酒，三五行即出。开封为

明唐寅《岁朝图》

周王封地。正旦日，亲王率诸王、宗人、仪宾、文武官员，到承运门拜万岁牌。礼毕，转存信殿受朝贺，朝毕赐宴。此后，诸王贵戚轮流治酒宴会，月无虚日。民间百姓也互相贺节、交拜、筵宴。

拜年之后，为连续几天的游耍。杭州人在拜年后，少年游冶，翩翩征逐，随意所之，演习歌吹。有的投琼买快，斗九翻牌；博成赌闲，舞棍踢球，唱说平话，无论昼夜，称为"放魂"。到了正月十八日收灯，然后学子攻书，工人回肆，农商各执其业，称为"收魂"。开封人从初一日后，赴相国寺、萧墙街，听谈古、说因果、游乐。儿童则有投核桃、掷钱等游戏。到初八日，赴东岳庙进香游玩。俗以此日为五阎罗诞辰，整天人烟繁盛。

元旦后是迎春。在古代，每当立春日，在东郊迎青帝。到了明代，一般塑芒神为太岁，塑土牛以起事。这是因为将上月建丑为牛，所以出土牛以送寒气，并借此升阳。迎春之仪，招集俳优，饰以冠带，被服乘马，效仿古人云台诸将、瀛洲学士之类，多至数十队。又让娼妓绚装钗环，童子衣被锦绮，坐于台阁中。制成彩亭数十，中罗列市肆诸物，备极繁华，以导芒神土牛。远近之人，至期塞途充路，肩摩鳞集，群聚而观，称为"看春"。队伍经过人家，各设香烛，焚楮币，用来迎接芒神土牛，并用五谷抛掷。

在迎春期间，又有一些附带习俗。如北京人戴"闹嚷嚷"。用乌金纸制成飞蛾、蝴蝶、蚂蚱的形状，大如掌，小如钱，称为"闹嚷嚷"。大小男女，在头上各戴一枝。至于贵人，则遍插满头。在杭州，一些民间妇女，各用春幡春胜，镂金簇彩，制成燕子、蝴蝶之类，送于亲戚，将它插戴在钗头上。举行宴会时，则缕切粉皮，间杂七种生菜，供奉筵间，实为古人辛盘遗意。

迎春一过，元宵节就到了。正月十五日，为上元佳节，又称元宵节。元宵赏灯，据说始于汉祠太乙。明代上元观灯，是其遗风。唐敕金吾弛禁三夜，宋增为五夜，明代因之。明宫禁内鳌山高十余层，饰以金碧，灯如星布，极其侈靡，以致皇亲贵戚纷纷效仿。至于民间灯节，则以杭州为最盛。举凡皮、绢、纱、纸所制之灯，都出于杭州。此外，灯节期间，杭州还荟萃了大江南北一些贵重的灯饰，如闽中珠灯、白下角灯、滇南料丝灯，如此等等。灯的花样繁多，令人目不暇接。诸如：像生人物，有老子、美人、钟馗捉鬼、刘海戏蟾；花草之属，有葡萄、杨梅、柿子；禽虫一类，有鹿、鹤、鱼、虾、走马；奇巧一点的，则有琉璃球、云母屏、水晶帘、玻璃瓶等。民间跨街构木为坊，饰以彩绘。至暮，灯火相望，金鼓相闻，一时男女塞途，竞相追逐。一些好事之人写成藏头诗句，任人揣度，称为"猜灯"。明人瞿佑写有灯词十五首，其词云："东家斫竹缚山棚，西舍邀人合凤笙。官府榜文初出了，今宵喜得晚西晴。""都司烟火揭高竿，万斛珠玑撒玉盘。看到顶头齐喝采，紫葡萄上月团团。"灯节盛况，由此可以想见。

灯节期间，各方货物俱集，形成规模盛大的灯市。如北京，四方商人各持所有，在东安门外迤北大街设摊卖货，称为灯市。在杭州，寿安坊以下至众安桥，也在灯节期间形成灯市。所售货物多为市食，有糖、粽子、粉团、荷梗、苧娄、瓜子、诸品瓜果。开封各街也都有灯市，自初十日开市，出卖各样奇巧花灯，还有纱人、耍货，铺面铺设至一二里长。

二月节日很多，但均不著名。二月初一，唐宋时称为中和节，祭日光。明代虽然已不举行中和节，但民间仍然用青囊盛放五谷瓜果之种，互相赠送，称为"献生子"。

次日，俗称"龙抬头"。北京的百姓用灰自门外委蛇布上宅厨，旋绕水缸，呼为"引龙回"；用面摊煎饼，熏床炕，令百虫不生。在开封，流行延客吃"龙须面"；节礼送面及果品、肉菜之类。而在杭州，士女都戴蓬叶。谚云："蓬开先百草，戴了春不老。"即为此意。

二月十五日为花朝节。世俗恒言二、八月为春、秋之中，所以将二月半称为"花朝"，八月半称为"月夕"。这一天在杭州，宋代时有扑蝶之戏，明代已不举行，但寺院开启涅槃会，谈《孔雀经》，拈香之人纷至沓来，犹其遗俗。在开封，当花朝节时，人们纷纷赏花，有碧桃、红梅、瑞香、月季等。

二月十九日，杭州上天竺建观音会，引得倾城士女前往。其时，马塍一带园丁，以名花荷担叫卖，音中律吕，煞是好听。

三月三日，俗传为北极佑圣真君生辰。在开封，有大道宫大会。在杭州，佑圣观修崇醮事，士女拈香，也有人在家启醮，酌水献花。这一日，男女都戴荠花。谚云："三春戴荠花，桃李羞繁华。"其意即指此。

从冬至往后数，过105天，即为清明节。在古代，无墓祭之礼。汉明帝率公卿朝原陵，自后历代沿袭不变。明代间亦拜谒

明文俶《秋花蛱蝶图》

皇陵，但南京孝陵则百官莅任者必须亲自拜谒。在民间，清明节例行扫墓。清明前两日，称为寒食，家家插柳满檐，青蒨可爱。男女也都戴柳，谚云："清明不戴柳，红颜成皓首。"这一天，士庶人家，各备香烛、纸锭、祭品上坟拜扫添土。扫墓人纵苇荡桨，歌声满道，箫鼓声闻。游人笑傲于春风中，乐而忘返，四顾青山，徘徊烟水，真如移入图画，仿佛极乐世界一般。有些人祭毕野坐，醉饱而归。名为扫墓，实为最好的一次野游。清明节的晚上，杭州人家家在楣壁间贴"清明嫁九娘，一去不还乡"之句，说是如此则夏月无青虫扑灯之扰。

三月二十八日，俗传为东岳齐天圣帝生辰。在杭州，行宫共有五处，而以吴山上的行宫为最盛。士女答赛拈香，或奠献花果，或诵经上寿，或枷锁伏罪，钟鼓法音，嘈振竟日。在开封，有东岳庙大会。买卖人出卖货物，与城隍庙大会相同。民间流行送礼，礼品用酥饼、馒头、南北果品、五色糖罐、薄荷扇儿、欢喜团儿等。

往后，又到了立夏。每当立夏之日，杭州人家家烹制新茶，配以诸色新果，馈送亲戚比邻，称为"立夏茶"，又称"七家茶"。一些豪家巨室争相求奇斗胜，细果全用雕刻，饰以金箔，香汤名目也很多，有茉莉、林禽、蔷薇、桂蕊、丁檀、苏杏，再用哥、汝窑瓷器盛放，仅供一啜。

四月八日，为浴佛节，施米打斋，僧尼领去煮粥斋众。此日俗传为释迦佛生辰，僧尼各建龙华会。

此日，民间也流行旅游玩耍。如北京人在这一天耍西湖景、玉泉山，游碧云寺、香山。

五月五日为端午，又称天中节。《续齐谐记》曰："屈原以五日投汨罗，楚人哀之，以五彩系菰叶裹粘米，谓之角黍，投江以祀。当时以舟楫拯之，今竞渡是其遗迹。"文中所言"角黍"，又称粽子。如杭州人当端午节时，家家包黍秫，做成粽子，束以五彩丝。有人用菖蒲、通草雕刻成天师驭虎的形象，放在盘中，四周用五色蒲丝围起来，剪金纸制成百虫的形象，铺在盘上。或者用彩绒杂金线，缠结成金筒符袋，互相馈送。一些僧道将金筒轮子、辟恶灵符分送给施主。一些医家也用香囊、雄黄、乌发油香，送给经常往来的人家。此外，家家买葵、榴、蒲、艾，植之堂中，标以五色花纸，贴画虎蝎或天师像。有人朱书"五月五日天中节，赤口白舌尽消灭"之句，贴在楹间。或者采百草，制成药品，觅蛤蟆，取蟾蜍皮层所分泌的白色液体，书"仪方"二字，倒贴在楹上，用来避蛇虺。在开封，端午节时家家门悬艾虎，插彩艾、菖蒲，供雄黄酒、茱萸蒲酒，用朱砂、雄黄点小儿的耳朵及口鼻，用来避五毒；吃角黍与油馓、腊肉、鸡、鱼。送礼用角黍、油馓、南北果品、糟鱼、鲥鱼、麻姑酒。又用红黄夏布、纱扇、汗巾等做成各样戴器，有皮金小符、五毒大符、小儿百锁绚、线绒缠背牌等，戴五毒花，饮雄黄酒。

端午节龙舟竞渡，当数南京最盛，闽中次之。一舟可容10人，大的舟可容20人，鼓枻而前，顷刻数里，往来如飞，以先后分出胜负。后来杭州人也纷纷效仿，在西湖赛龙舟，但行不能疾。

当端午节时，民间还风行旅游。如北京，在端午这一天，士人相约，携酒果，游赏天坛松林、高梁桥柳林、德胜门内水关，称为"踏青"，比起南京雨花台，景况更盛。

六月初六，为天贶节。各地风俗稍有不同。在北京，各家取井水收藏，用来造酱醋，浸瓜茄；曝晒所有衣服。在杭州，此日流行游湖，多在夜间停泊湖心，月饮达旦。市中有人敲铜盏，卖冰雪。在这一天，杭州人还带猫狗到河中洗浴。在开封，民间流行在这一天吃炒面，说是能免病目。

七月七日为七夕。七夕织女渡河，与牵牛相会，这个传说肇始于汉武帝时。明代风俗，每当七夕，家家在庭院或楼台上盛设瓜果酒肴，谈牛郎织女渡河的故事。妇女对月穿针，称为"乞巧"。或者用小盒盛蜘蛛，次早起来观其结网疏密，以为得巧多寡。市中用土木雕塑孩儿像，给它穿上彩服，出卖，号

明仇英《乞巧图》（局部）

称"摩睺罗"。

七月十五为中元节。俗传此日为地官赦罪之辰，家家持斋诵经，上坟祭祖，荐奠祖考。屠门罢市，僧家建盂兰盆会，放灯河中，称为"照冥"，救拔溺死鬼魂。

八月十五日为中秋节。中秋玩月，肇于唐明皇。此日祭月光，家家清供月饼、西瓜、素肴、果品、毛豆等，请客饮酒，称为"西瓜会"。民间以月饼互相赠送，以取团圆之意。

九月九日为重阳节。九日登高，肇于汉桓景之时。此日吃栗糕，取登高之意。人人佩茱萸，饮菊花酒。白居易诗云："移座就菊丛，糕酒前罗列。"可见此风自古已然。在北方城市，如北京、开封，流行吃花糕。

十月初一日，为民间岁腊之辰，家家上坟，准备纸钱、金锭、寒衣、祭品等物。多有送寒衣的习俗，坊间刻板为男女衣状，饰五色纹，印制出售，市民纷纷购买，在祖考坟前焚化。卖靴人有祀靴之俗，将此日定为靴生日，预先筹集钱，准备祭物，祭靴，以天的阴晴卜一冬寒暖。此日，家家辞去雇工人。谚云："十月一，家家去了年作的，关了门儿自家吃。"即为此意。

立冬日，用各色香草及菊花、金银花煎汤沐浴，称为"扫疥"。

十一月冬至节，一阳生时，称为"亚岁"。官府、民间各相庆贺，与年节相同。吴中冬至最盛，所以有"肥冬瘦年"的说法。或舂粢糕，或弄扁食，用来祭祀先祖。妇女向尊长献上鞋袜，为古人"履长"之义。

十二月初八日，俗称"腊八"。及佛诞之期，施米打斋。大小人家，杂五谷米并诸果，煮为粥，互相馈送，称为"腊八粥"。

十二月二十四日，称为"交年"。民间流行祀灶。坊民刻马形，印成灶马。市民买灶马，在灶前焚化，称为"送灶君上天"。又准备胶牙饧、糯花米糖、豆粉团或小糖饼，供奉灶君。召集一家老小罗拜灶君前，并道："辛甘臭辣，灶君莫言。"乞丐涂抹变形，装扮成鬼判，叫跳驱傩，索乞利物。家家各换桃符、门神、春帖、钟馗、福禄、虎头、和合诸图，贴在房壁。从这一日之后，街坊箫鼓之声，铿锵不绝。

除夕，家家祭祀祖先及百神，架松柴齐屋，举火焚烧，称为"粜盆"。烟火烛天，烂如霞布。爆竹鼓吹之声，远近相闻。家家举行宴会，长幼咸集，儿女整夜博戏藏钩，称为"守岁"。在床下燃灯，称为"照虚耗"。更深夜静，祷灶请方，抱镜出门，窥听市人无意之言，用来占卜来年的休咎。

庙会

庙会起源于古老的祭社活动，但比多行于乡里的"社会"的内容更为广泛，每年的活动也更为频繁。庙会大多在当地的各色神庙中举行，以神庙中的神灵偶像为祭祀中心，故又称"神会"。假若说民间的社会祭祀仅仅局限于社坛、社庙与土地庙，其活动仅以春祈秋报为主，那么庙会则以形形色色的神庙为依托，其中既有佛道寺庙，又有朝廷祀典所规定的神庙，甚至还有民间私自创设信奉的土神，即所谓的"淫祀"，而其祷祀赛会的内容，也不再限于春祈秋报，举凡祈雨、止雨、驱邪、除蝗、禳灾，均可以成为举行庙会的缘由。

明初，朱元璋对民间的迎神赛会进行了限制，并制定了一套里社祭祀仪式。所以，当时民间只有春秋二社的祭社活动，庙会暂趋沉寂。自明中期以后，由于官方的禁令已形同虚设，各地庙会重新盛行。如在杭州，庙会就形成于成化末年。当时正值承平，地方富庶，当地有一个姓鲁的人，倡议道："七月十三日乃是褚侯降生，理宜立会，以申庆祝。"于是，纠率一方富家子弟，各出己资，妆饰各样抬阁及各种社火，备极华丽。自此以后，地方上竞相效仿，由此庙会不断，具体有：九月十五日，千胜庙庙会，在众安桥东；九月二十八日，华光庙庙会，在江涨桥东；十月初三日，晏公庙庙会，在夹城巷内。弘治七年（1494），复举华光庙会，除了各种社火、抬阁以外，还雇请了睢阳戏儿，升上危竿，表演杂技，百般舞跃，不时掷身空中，宛若翼生两腋。（嘉靖《仁和县志》）明代杭州风俗，崇尚释老，每当相传仙佛诞辰，也往往炷香设会。如正月六日，在南山法相寺；正月九日，在城中宗阳宫玉皇殿；正月十五日，在吴山三官庙（七月、十月望日同）；二月十九日，在西山天竺寺观音殿；三月三日，在城中佑圣观；三月二十八日，在古荡东岳庙；六月二十四日，在北山雷院。（万历《钱塘县志》）如此之类，未可悉举。

在北直隶的广平府，明初还没有庙会，到了正德初年，才开始有庙会此俗。据载，广平府的庙会以永年县的娘娘庙、肥乡县的赵王庙、曲周县的龙王庙最为闻名。每当庙会时，先期货物都汇集此处，酒肆罗列，男男女女入庙烧香，以求福利。（嘉靖《广平府志》）据《如梦录》一书，开封城内的庙会分别有：三月三日，关帝庙大会，修醮、打斋，香火不断，北直隶、山东人往武当进香，都要先在此宫拜醮；三月二十八日，东岳庙大会，进香、做醮，壅塞满门，所卖各样货物，遍地皆是，棚搭满院，酒饭耍货，诸般都备，香火燎天，人烟盖地。上述只是开封城内的大庙会。其实，开封城内各庙都有会场，搭台演戏，建醮修斋，大街小巷，按时不断。

明代中期以后，庙会遍布全国各地。在南方，福建寿宁县的风俗，男信三官，女奉观音，至于马仙，无论男女都虔诚信奉。据传，马仙为建安将相里人，俗名马五娘，后成仙。俗传六月十六日为马仙诞辰，县官设祭。里中百姓岁聚敛为迎仙社会，设一人，称为"仙首"。关于马仙庙的庙会，冯梦龙记其事云："自十二日迎之出宫，一日两斋，午斋则轮家供养，晚斋则架台于街次，鼓吹彻夜。如此三日，城中已遍，则往乡，又二日乃还宫。各乡亦有社首，或于八月收成行之。其部下名'元帅'者，另有牲醴。"（冯梦龙《寿宁待志》）从各乡的马仙庙会"于八月收成行之"来看，显然马仙庙会与民间社祀又可合而为一。又如福建崇武所，每年正月终，民间百姓也举行庙会，涂面作鬼蜮之状，结巾穿红绿之衣，锣鼓喧天，烟火沸地，以逐疫为名，倒成了以神为戏。（《崇武所城志·岁时》）

此外，河南夏邑县，正月二十八日有东岳庙会，四月八日有佛会，五月十三日有关王庙会。河南尉氏县，三月十六、十七、十八三天，赛城隍之神。庙中盛设祭品，大张鼓乐，男女剧戏，宴赏很盛。三月二十六、二十七、二十八三天，有东岳庙大会。五月十三日，在关王庙赛神，仪如前。（嘉靖《夏邑县志》、嘉靖《尉氏县志》）

娱乐狂欢

城市民间的社会、庙会，一方面祈祷上苍神灵，以求佑护自己一年发财有望、灾患不生，是人力不能左右自然的一种无力表现；另一方面，百姓在一年的辛劳之后，庆其有成，借庙会以求娱乐、享受。概言之，名为悦神，实则娱人。

每次赛神，均要演戏，百姓借此以得娱乐，同时也促进了我国古代戏剧的繁荣与发展。社会、庙会的赛神仪式始终与戏剧相生相伴，尤以明代为盛。如漳州，时常在秋成之后，优人互相凑在一起，做淫戏，弄傀儡。又据陶奭龄《小柴桑喃喃录》记载，绍兴人喜演戏剧，当地优伶人数可达数千人，而且"百事皆赛戏愿，病棘亦为之，往往锣鼓声未绝，而其人已死"。福建寿宁，民间醵饮，也喜欢用戏班演戏，演一二出不佳，就更换别本。江苏昆山，每年四月十五日为五神会，也做杂剧诸戏，观者如堵。

根据现有的材料，明代民间祀神活动中的演剧，其中全本戏的演出仍较折子为多。这是因为，祀神活动多半一连举办数日。据《远山堂剧目》载，目连戏就必须"以三日夜演之"，

明戴进《太平乐事册页·观戏》

"目连救母劝善戏文"共分上中下三卷，很显然，为每天演一本，三天换三本。明末刊本《鳌头琢玉杂字》中的演戏赛愿联部分，搜集了明末福建一带庙会活动期间或演剧时张贴在神庙舞台上的对句，共有40种左右。从这些对句来看，除了特别点出忠孝节义等道德主题外，也涵括了完整的剧情大纲，显然是针对全本戏而言的。由此可见，敬神祭祀演剧主要流行演全本戏。不过，据明代《礼节传簿》一书，民间赛社也演折子戏。

这当然与礼节的仪式有密切的关系。根据此书记载，官赛赛期只有三天，每天一早由"维首"主祭，"主礼生"唱礼，向神明敬奉供盏七次，节目则是穿插在七次供盏的仪式中进行，因此，时日的限定与供盏的仪式，应该是只演单折的主要原因。

城市民间的迎神赛社活动，具有文化娱乐功能。生活困苦而整年劳顿的平民，需要有神的寄托，同样需要找到逗闷的乐子。所以，赛社祭神事实上就是通过悦神来娱人。《淮南子·精神训》载："今夫穷鄙之社也，叩盆拊瓴，相和而歌，自以为乐矣。"这虽是中国老百姓的穷欢乐，但至少可以说明，赛社的娱乐功能也是源远流长的。

与此同时，社会、庙会的兴起，事实上为百姓提供了极好的社会交往的机会。尤其在明代，泰山、武当、普陀等地的庙会都带有全国性规模，民间百姓千里走集，路上所闻所见，均能开阔他们的视野。尤其是妇女，平常被锁闭在深宅大院与绣房闺楼，只有社会、庙会之时，她们才得以自由外出，参加集会和看戏，这对于扩大妇女的社会交往以及妇女解放，同样起到不可低估的作用。

幽默人生

说到幽默，不妨先引张岱儿时发生的一件事作为例子。

张岱（字宗子）是明末著名的散文家，又是天下闻名的"饕餮客"。当张岱六岁时，他的祖父带他到了杭州，正好遇到了当时有名的山人清客眉公先生（陈继儒）跨一角鹿，在钱塘县里做游客。眉公对张岱祖父说："闻文孙善属对，吾面试之。"指屏上《李白骑鲸图》说："太白骑鲸，采石江边捞夜月。"张岱不假思索，应声对道："眉公跨鹿，钱唐县里打秋风。"眉公听后大笑，起而跃道："那得灵隽若此！吾小友也。"（张岱《琅嬛文集》）

张岱的对子灵巧睿智，以谐对庄，一语点破这位眉公先生钱塘之行的目的，使对子大有谐趣。而眉公先生面对这种阵势，处惊不慌，笑而不窘，这是一种容忍别人消遣的雅量，表现了一个幽默家的风度。

就其大概而言，作为一种普遍的人类文化现象，幽默早在奴隶制时代就已初露端倪，它具体表现在笑话和寓言这些朴素的文学形式里。中国也不例外。笑话这种形式，虽然至东汉末年的《笑林》才见诸著录，但若追溯其源流，战国时期及以后诸子中有关宋人的讽刺小品，显然都是这些笑话的滥觞。在古代载籍中，到处隐伏着幽默的痕迹。由此可见，中国人的天性并非独缺幽默，中国人也是有血有肉的性情中人，只是将喜怒哀乐隐藏在理智之下罢了。

自汉魏以降，尤其是自汉代董仲舒"罢黜百家，独尊儒术"以来，中国人那点自古就有的快乐的心灵感受渐被压抑，幽默日渐泯灭。披上一层正襟危坐、不苟言笑、道貌岸然的道袍，一副凛然不可侵犯的样子，正经得让人不敢亲近，这种儒者风范反而被视作中国人的典范和楷模。一至宋明理学泛滥，这一行为准则更是被理学家极为推崇，使其达到登峰造极的地步，幽默的性情反被摧残不已。物极必反，明中期以后城居士大夫与城市平民中幽默生活的普及，不能不说是一种反传统的新现象。

文人：戏而不谑

明代理学是宋代理学的继承和发展。理学家们仍然将七情六欲隐藏在理智的外衣之下，通脱的性情受到理智的过分压抑，行为拘谨，生活毫无风采。明初的理学家依然恪守传统的人格修养，以矜持的态度傲视一切有趣的生活。他们遵循一种"谨言"的准则，认为"谨言"是治学的第一等功夫，只有这样，才能做到"句句是实理"。他们又主张"慎行"，遵守一种端庄的甚至可以说是形若土偶的行为准则，以此来存心养气。他们排斥稍具实性实情的"戏谑"，认为戏谑会导致气荡心移。（薛瑄《读书录》）显然，在保守的理学家那里，行揖跪拜、饮食言动都有一定的准则，喜怒好恶、忧乐取予也有一定的尺度，不敢越雷池一步。从这种角度而言，要从明代理学家那里找到一些幽默的心灵因子是不可能的。换言之，理学家通常与幽默无缘。

幽默是一种心灵的感受，真正具有幽默感的人应当具有宏大的雅量。明代的文人士大夫与理学家截然不同。正如王阳明"心学"的崛起改变了明代哲学史一样，王氏心学同样也为晚明士大夫开辟了广阔的生活场景。他们不像理学家那样，故意压抑内心的真实感受，而是将真性实情大胆地袒露在人们的面前。这样，性情从理学的束缚下挣脱出来，讲究真性情成了文人士大夫的生活主旨。同时，明代文人继承了魏晋士人心灵通脱的思潮，使得他们具有一种对一切事物好"轻遽议论"的态度，所言不乏趣味之谈。

幽默来源于生活。理学家的生活呆板严肃，生活场景极为狭隘，他们那种行若土偶的行为，在成为别人消遣、调侃的对象之外，根本无法成为消遣别人的主体，更不能自我嘲弄。而文人士大夫则不同，他们从生活中追求乐趣，过着一种消闲别致、风流雅趣的生活。明代的石中立就是这样一位能大胆自我解嘲的人。他官居员外郎之职，曾经随同僚去南御园观看皇家所畜的狮子，守园者告诉他们，这狮子每天能吃到五斤肉。同僚就戏言："我辈日给反不如狮子？"中立笑答："这不对，因为我们都是园外狼（谐员外郎），怎么能与园中狮子相比？"（乐天大笑生《解愠编》）寥寥数语，既是自嘲，又发泄了对明代官俸极低现象的不满。

晚明城居士大夫的生活场景极为广阔，互相戏谑只是他们生活中的一个片段。与传统理学家的喜静恶动不同，文人士大夫好动恶静，他们互相交游，时常举行各种文宴，把盏嬉戏。吴门张献翼为人使才好奇，每天都有"闯食者"，于是他故作一谜粘贴于门上，规定"射中许入"。谜云："老不老，小不小，羞不羞，好不好。"一时没有猜中者。一天，王穉登射云："太公八十遇文王，老不老；甘罗十二为丞相，小不小；闭了门儿独自吞，羞不羞；开了门儿大家吃，好不好。"（浮白斋主人《雅谑·射谜》）张献翼听后大笑。这是士大夫在交游中以射谜互相戏谑。主人别出心裁，出谜难人，客人不但引经据典，而且还幽默风趣，将主人戏弄一番。这种既长知识又别有情趣的射谜，是士大夫幽默生活的特点之一。

人的癖性与幽默是密切相关的，其连结点在于性格，即在于性格间的喜剧性。一般说来，只有串上喜剧性的癖性才带有幽默的意味，才容易被认为幽默，除此之外的数不尽的癖性都与幽默无关。古怪癖性一旦与喜剧性相结合，一般就被称作滑稽。在晚明的城居士大夫中，行为滑稽之人比比皆是。例如，顾承学为人放浪不羁，有时候他身着女人的红衫，抹着粉额，荡着桨，唱着吴歌，引人聚观，但他且歌且饮，旁若无人。他有时候在大雪中，坐在大树上，手持酒，自饮自斟，啸歌不休。（宋懋澄《九籥集》）这种古怪癖性，再加上外观形态动作的荒唐离奇，固然也产生滑稽热闹的快感，但在这些被正统人士目为"人妖"的扭曲的人格背后，我们还能体味出他们逃避世俗社会的悲怆情感。不可否认的是，这些具有很多怪癖的怪人，大多极具幽默感，有一种超群出众的人格，能自在地感受到自己的力量，独自应付任何困苦的窘境，从中自得其乐。

城居士大夫的生活开放活跃，他们往往从极平凡的生活中显示自己的真性情，于是在士大夫中以谈谐为乐成了一时的风尚。这种风气同样影响了一些士人著书立说的风格。我们在明代的笔记中时常能看到"雅谑"与"奇谑"这样的门类，这些都是为适应士大夫谈谐的需要而创设的。士大夫式的幽默不同于民间的笑话，其特点是工于含蓄、耐人寻味、巧于蕴藉，其目的是自闲适处求超脱，所以士大夫往往追求一种雅而不俗、奇而不庸的幽默趣味。为了达到这种幽默效果，他们就采用酒令、句对、灯谜、禅宗式的诡辩等形式，通过玩弄文字与诡辩的游戏，以达到令人发笑的雅趣。由于涉义蕴奥，所以这些笑话只能作为士大夫茶余饭后的谈资，不可能流传到下层民众中去。

冯梦龙在《古今谈概·谈资部》中说："古人酒有令，句有对，灯有谜，字有离合，皆聪明之所寄也。工者不胜书，书其趣者，可以侈目，可以解颐。"在乐天大笑生纂集的《解愠编》中，卷十四是《隐语》，即谜语，由此可见当时的时尚。酒令、句对、灯谜中，有些虽工致，但与幽默无关，只有那些与谐趣有关的，才足以令人解颐，堪称幽默的一种。

《诗》云："善戏谑兮，不为虐兮。"在古今载籍中，有很多足以令人解颐的东西，假如能悟得其中的旨趣，就会发现实际上都是禅机。禅讲慧辩，幽默讲机智，禅与幽默不可能不发生关系。自万历末年以后，袁宗道、袁宏道兄弟与陶望龄等人，在北京"相与聚谈禅学，旬月必有会"，一些高明之士翕然相从，在士大夫中形成一时的谈禅风气。所以，在晚明士大夫的幽默中，往往深得禅机的三昧。潘游龙的《笑禅录》一书，通过禅宗的诡辩术，择取一些类似的生活场景，嘲讽了那些嘴头禅，却又与禅机极为吻合。如："一秀才夏日至一寺中参一禅师，禅师趺坐不起，秀才怪问之。师答曰：'我不起身便是起身。'秀才即以扇柄击师头一下，师亦怪问之，秀才曰：'我打你就是不打你。'"这则笑话引用了禅宗的话头，采取机诡巧辩的方式，讽刺了嘴头禅，解决了一些禅宗的公案。明代的笑话本引禅为辅，以此笑人，在这里，禅却成了被调笑的对象。在这则笑话中，笑与禅的结合也是不言自明的。

市井百姓：耍弄打诨

按照明法，明代将人分为士、农、工、商四等。在士这一等级中，包括已仕的缙绅与未仕的青衿，同时也有理学家与文人之别。一般说来，"士"这一阶层中所包括的政治家与理学家，恪守儒家的行为准则，与幽默无缘；而那些文人，多少与老庄哲学有一定的渊源关系，心灵通脱，所以从他们那里或多或少地可以发现一些幽默，尽管这种幽默仍然不脱士大夫追求闲适洒脱的雅趣。除士之外，在农、工、商以及下层民众中，都保持着良好的幽默感。农、工、商三民以及其他不入流贱民，大都生活在社会的底层，尽管他们的经济地位各不相同，但他们的政治与社会地位都是相同的，同样都不能享受如士一般的政治特权。有"士"之称的儒家知识分子遵循孔夫子"行己有耻"的教诲，时刻保持着一种矜持拘谨的态度，一旦行为不端，就引为奇耻大辱。这种"耻辱感"迫使大多数儒家知识分子性格刻板，以此来保持自己超越其他等级的尊严。农、工、商三个等级的平民既无人身保障可言，又无尊严可说，他们不必用过度的理性压抑自己的情感，故天性活泼，举止幽默。儒家知识分子那副刻板的怪相，在他们眼里反而成了一种可笑的行为，成为嘲笑的对象。

自明代中期以后，农村土地兼并日趋加剧，人口逐渐流入城市。这些大都会中的市民在进行了一天繁重的劳动后，剩下的空闲时间里，他们要找寻闲暇的去处、解闷的乐子。显然，寻找娱乐消遣遂成为社会发展的一大问题。消遣的去处很多，酒楼妓馆尽可以让人醉乐无穷，其他如赏戏、听说书等，也是市民度过闲暇最好的方式。所有这些，无非是为了求得感官的愉悦，所以逗乐解闷就成了市民日常生活的特点之一。

自唐宋以后，文风号称极盛，但笑话几乎很难见及。究其原因，就是笑话在民间口头上流传，不曾有人留意将它写下来。到了明代，才重新有了笑话集的出现，如赵南星的《笑赞》、冯梦龙的《笑府》即是。这事实上是适应了市民生活的需要。如果我们想对中国笑话的特质有一个全面的了解，并从中探究出城市下层百姓真正的爱憎，最有效而理想的办法是搜集流传于民间的故事，将其中有关笑话的一部分抽出来，加以整理研究。令人遗憾的是，一方面明代城市民间流传的笑话故事，只是口头相传，无人记录，失传颇多；另一方面，即使留

明戴进《太平乐事册页·娱乐》

存一二，因迄今无人加以系统整理，仍然无法有效利用。鉴于此，研究城市下层平民的幽默，只能利用像《笑赞》这样的既成材料，尽管这些书有很多已经经过文人的加工，使其符合士大夫阶层的雅趣，但其中也不可避免地保存着一些体现下层平民趣味的幽默。正如清初文人尤侗所说，赵南星虽是一代正人，但他所作歌曲，也大多"杂取村谣俚谚，耍弄打诨"。这种艺术风格不仅存在于《笑赞》，《笑府》也时有所见。正因为如此，才导致这些书"不见重于士大夫而转流播于里巷"。文人笑话作品中所具有的适合平民趣味的通俗性，使我们有可能从中提炼出一些下层平民的幽默特点。

流传于这些城市下层平民中间的笑话，大多源自民间日常生活的琐事，从这些生活中提取笑料，供人娱乐。平民式的闲暇与士大夫式的消闲不同，平民的闲暇是业余的短暂的片刻，而士大夫的清闲是以不参加劳动与保持富足宁静的生活为前提条件的。同样的道理，平民式的幽默绝不像士大夫那样，追求一种清雅的趣味，而是纯粹为了求得感官刺激。所以在符合平民趣味的笑话中，不免夹杂着很多低级庸俗的内容。平民有时就是为了博得一笑，解除疲劳，以便有充沛的精力投入到新的一天更繁重的工作中去。概括起来，平民式的幽默笑料大致有以下几种：

（一）惧内（怕老婆）者的可笑事。传统时代男尊女卑，一个男子怕老婆，就会成为人们茶余饭后的笑料。如："一人被其妻殴打，无奈钻在床下。其妻曰：'快出来！'其人曰：'大丈夫说不出去定不出去。'"（赵南星《笑赞·惧内》）

（二）呆女婿的可笑事。有关呆女婿的故事，在民间流传较广。择婿在民间是一件大事，女婿是否聪明、贤良，不但关乎丈人的脸面，而且关系姊妹间的和睦。姊妹间的争强斗胜，通常是回门时女婿间的较量。有些笑话故事就抓住这一日常生活中经常出现的场景，通过呆女婿的出洋相，以博得人们一笑。

（三）说大话、好卖弄、爱体面者弄出的笑话。明中期以后，城市生活日趋繁荣，不断荡涤着传统乡村生活中的淳朴感情，使风俗日趋浇漓。城市平民虽然靠日复一日的劳动才能勉强维持生计，根本没有什么积蓄，但很喜欢讲门面，爱虚荣，说大话。这种大话或者虚伪的体面一旦被识破，就会落下笑柄。如："主人谓仆曰：'汝出外须说几句大话，装作体面。'仆颔之。值有言三清殿大者，仆曰：'只与我家租房一般。'有言龙衣船大者，曰：'只与我家帐船一般。'有言牯牛腹大者，曰：'只与我家主人肚皮一般。'"（冯梦龙《笑府·说大话》）听后令人喷饭！

（四）其他生活琐事中的可笑事。下层平民百姓不如士大夫那样清闲，他们整天要为生计而奔波，接触三教九流的人物，人生经验相当丰富。日常生活中的一些琐屑小事，都可以成为下层平民百姓嘲弄、取笑的对象。放屁本是极平常的生理现象，却很容易成为人们取笑逗乐的题材。在明代的笑话集中，有关这方面的题材极多，内容大同小异，都是转相变换引用，如《笑赞》中的《颂屁文章》一篇与《笑府》中的《颂屁》一篇，大致相同。这类笑话看似庸俗，实际上仍包含针砭拍马者的意义。

夫妻男女之间的私事，虽属隐秘，却对下层百姓有极大的诱惑力，同样很容易成为人们茶余饭后的谈资。冯梦龙的《笑府》与赵南星的《笑赞》不同，有关这方面的内容占有不小的比重，很多是为了迎合市民的趣味。如《笑府》中的《倒做龟》《丝瓜》《双斧劈柴》《烧香》《药名》《咬牙》《取名》《当酒饭》《不寡》《造人》等篇，都以男女之间的食色之性为题材，变换各种花样与手法，逗人取乐，其中有些近似浅薄的黄色新闻，显得猥琐、庸俗，有些却卖弄关子，令人深可体味。

自古至今，女儿出嫁是一件大喜事，但对即将"失去"女儿的母亲来说，又何尝不是喜尽悲来。所以，自古就流传着女儿出嫁时母女抱头痛哭的习惯。但在这哭的背后，更多的还是一些喜剧的成分。明代的笑话就抓住这一极平常的生活场景，通过几个初出阁女子的假哭，来渲染一些喜剧性的气氛。

在明代城市流传的笑话中，还有一些嘲笑生理残疾的笑话，属于下乘的东西，在此不赘述。

严格地说，上述四种大众式的幽默都应归属于"大众文化"的范畴，是下层大众的笑文化。至于大众文化，历来就受到不少人的讥讽和批评，以为"市民娱乐"直接威胁了"高等艺术"，使人庸俗化。但这些观点恰恰忘记了一个最简单的事实，即所谓的上层社会的"高等艺术"，实际上是闲适生活甚至可以说是生活百无聊赖的产物。所以，这些高等艺术的清雅，有时候与其说是一种高雅的审美情趣的体现，毋宁说是玩弄文字游戏，故弄玄虚。下层大众百姓的笑，是一种开怀的笑，无丝毫的矫揉造作，充满着生命的冲劲与活力，尽管这些笑中难免会夹杂着一些不合高雅时尚的低级趣味。这种大众性的笑文化在民间有极强的生命力，它不断成长、蔓延，并且逐渐扩散到每一个角落。

明戴进《太平乐事册页·婴戏》

大众传播：民谣

　　公元1644年，崇祯皇帝吊死煤山，明亡。同年，福王在南京登极，成立了偏安一隅的弘光小朝廷。正当满洲铁骑南下、狼烟四起之时，南京一派歌舞升平。在戏曲《桃花扇》中以奸相面目出现的马瑶草（士英），更是擅权专断，卖官鬻爵，乡邑哄传。有人看不惯这些，造了一首谣谚，道："中书随地有，都督满街走；监纪多如羊，职方贱如狗。荫起千年尘，拔贡一呈首；扫尽江南钱，填塞马家口。"（计六奇《明季南略》）

　　明代政治腐败的现象，早在嘉靖年间就初露端倪。严嵩在戏曲《鸣凤记》中，也以奸相面目出现。在嘉靖一朝，他权倾朝野，一时炙手可热。城市民间百姓对此冷眼相看，并造了一首歌谣，道："可笑严介溪，金银如山积，刀锯信手施。尝将冷眼观螃蟹，看你横行得几时。"（朱国祯《涌幢小品》）

　　谣谚是城市民众心灵的呼声。在传统社会，城市的大众传播媒介少得可怜，民众的呼声主要得力于民谣俗谚的广为流布。

　　谣谚是一种公众舆论。从理论上说，舆论是一种在多数人中逐渐形成的共同性观点。社会各成员从道德上的正义感出发，直接把某一不正当的事情看作一个问题，并从个人理性的、批判的、自主的立场出发，对这一问题提出自己的看法，这种行动本身就构成舆论的基础。现代社会舆论与传统社会舆论的本质区别，就在于现代社会舆论不仅是社会绝大多数人的共同一致的观点，而且从一开始就获得了原则地进行思考的自由和自由交换意见的场所，也就是说现代社会允许争论与分歧的存在。而在传统社会里，人们的观点一致与其说是得到了个人自主的、理性的承认，毋宁说是它在理论上反映了共同性秩序所支配的思想，是传统习惯和命令的产物。

明代是中国传统社会的末期，社会结构已发生深层次的变化。专制皇权的极度强化与政治腐败所导致的政治权力的分崩离析，使明代的城市舆论蜂拥而起，各式各样的议论遍布朝野。科道是官方的言论机构，科道官是言官。以科道为中心的言论系统，是调剂君臣关系乃至君民关系的官方舆论体系。科道言论系统一旦失去应有的作用，必然导致城市民间舆论的兴盛。

民谣俚谚

城市民间的舆论无时不在。即使在政治安宁、百姓乐业的升平时代，同样也难免"野有诽谤"。一至朝政腐败不堪，科道钳口结舌，噤若寒蝉，官方舆论监督废弛，民间的谣谚就会随之而起，以弥补官方舆论的不足。

谣谚与明代政治相始终。明朝在讥刺元末政治的谣谚声中崛起，同时也在民间谣谚的一片怨声载道中寿终正寝。

元代末季，上下因循，纪纲废弛，风俗偷薄，于是在大河南北有"莫道石人一只眼，挑动黄河天下反"的童谣，导致群雄并起。张士诚崛起后，委派其弟张士信为丞相。士信上任后，起用书生黄敬夫、医士蔡彦文、星士叶德新，把地方搞得鸡犬不宁，因此当时吴中有谣云："丞相做事业，专用黄蔡叶（谐音黄菜叶）；一夜西风起，干瘪！"（郎瑛《七修类稿》）从童谣、民谣这种民间舆论中，已经可以看到大明帝国崛起的契机。

明初立国，在朱元璋统治的洪武年间，谣谚不断。如明初长江的堤岸经常崩坏，人们以为下有猪婆龙在作怪，但因"猪"与"朱"谐音，恐犯国姓，所以对上只称是"鼋"所为。朱元璋因嫌恶"鼋"与"元"同音，下令捕捞殆尽，一时兴师动众，劳民伤财，于是当时有"癞鼋癞鼋，何不称冤"之谣，显然带有讽刺朱元璋这一做法的意味。到了明统治两百多年以后的明末，明朝统治者重蹈了元代统治者的覆辙，赋税徭役加重，人民不堪负担，尤其是崇祯朝时朝议暂借民间房租一年，为此京城怨声载道，人人呼崇祯为"重征"，犹如海瑞疏内称嘉靖为"家净"一般。（李清《三垣笔记》）

民谣俗谚是了解国情、民情的窗口。从明代的城市谣谚中，我们可以看到政治的清浊，国力的盛衰，人品的善恶，以至风俗的厚薄。谣、谚的本义各有专属。谣一般训作"徒歌"，谚训作"传言"，即"直言"。谣、谚均系韵语，可以彼此互训。谣谚发于语言，天籁自鸣，直抒己见，可以达下情而宣上听。它们发于近地，但人们口头相传，可以行于远方。谣谚远近相传，就起到了舆论的作用。谣谚大体上具有讽喻、颂谀与占验预测三大功能，归根结底就是对某一事件或某一人物做出价值判断，体现庶民百姓的爱和憎。

谣谚对朝政的讽喻功能，主要表现在四个方面：一是嘲讽当朝天子及官员；二是讽刺地方官为害百姓；三是触及各种政治时弊；四是讽喻风俗的日趋恶薄。

明仁宗、宣宗时人文熙洽，号称"仁宣之治"，但民谣仍然透视出民间百姓对宣宗的微词。如明宣宗最娴斗蟋蟀之戏，曾下密诏，让苏州知府况钟进贡千个蟋蟀，一时语云："促织瞿瞿叫，宣德皇帝要。"百姓对宣宗的评判，对我们进一步认识"仁宣之治"会有所助益。

成化年间太监汪直擅权，嘉靖时权臣严嵩专政，以及天启时太监魏忠贤把持朝政，都是明代朝政黑暗的时期，所以谣谚四起。成化年间宦官韦英、梁芳、尚铭恃宠贪纵，都下有谚云："韦英房，梁芳马，尚铭银子似砖瓦。"其时，太监汪直用事，导致朝政败坏，朝绅诏附，无所不至，真是丑态百出。汪直巡视边地，所到之处，都御史披甲戎装，迎至二三百里外，望尘俯伏半跪，一如仆隶，靠此晋升。所以，时谚有"都宪叩头如捣蒜，侍郎扯腿似抽葱"之说，对当时朝臣奔竞之风的刻画入木三分。宪宗失德，朝内大臣如大学士刘吉、万安、刘翊等人，对朝政无所规正，因此当时有"纸糊三阁老，泥塑六尚书"之谣。身为阁老、尚书，却结舌不语，明哲保身，确实如土偶纸人一般，民谣的比喻堪称一针见血。据说明宪宗召

明佚名《朱瞻基斗鹌鹑图》（局部）

对这三位阁老时，问及时政，都不能置对，只会叩头呼万岁，所以时人又造"万岁阁老"之谣，加以讥刺。

嘉靖时严嵩掌权，俨然以丞相自居，百官请命奔走。同时，严嵩又将票拟权交予其子严世蕃，让其代拟。当时京师"大丞相，小丞相"之谣就是有感而发。严嵩父子把持朝政以后，吏部、兵部用人时常持选簿让严嵩填注。尤其是吏部文选司郎中万寀、兵部职方司郎中方祥甘愿仰严嵩鼻息，听其指使，如隶卒无异。为此，都门又造出谚语，称他们两人为严嵩家的"文武管家"。

天启时魏忠贤擅权，气势显赫，朝臣竞相奔走其门，当时又有"八千女鬼乱京畿"之谣（周同谷《霜猿集》）。"八千女鬼"合起来就是个"魏"字，此谣隐射魏忠贤弄坏朝政。当时有李蕃、李鲁生、李恒茂三人，都为官御史、给事中，成为魏忠贤的心腹。此三李每日奔走于吏、兵二部，交通请托，时人为之语曰："官要起，问三李。"

上述这些都是京师都门的谣谚，但同时也流传天下。除此之外，还有一些流传在地方上的谣谚，对地方官的贪酷进行讥刺抨击。景泰年间，巡抚广东右侍郎揭稽接受贿赂，擅释有罪军职，逼逐居民，酷虐用刑，广东的城市百姓怨恨已极，于是造出歌谣，有"非巡抚，乃巡苦"之语。苏州曹知府从民间买物，均由铺户供应，一般十分的东西只给一分报酬，当时有"曹平分，傅白夺"之谣。地方官不论位卑，还是位高，人人志于富贵，搜刮民脂民膏，以利固位，但终究不能保其所有。当时的一首民谣就是最好的证明："知县是扫帚，太守是畚斗，布政是又袋口，都将去京里抖。"地方官是小贪官，京官才是大贪官，雁过拔毛，地方官的贪赃之物，最后还得去孝敬京官。寥寥数语，虽然粗鄙，却切中时弊。

明代中期以后，政治日趋腐败，因为用人不当或士大夫苟且推诿，使得一些政府机构的设置名不副实，形同虚设，有京师十可笑谚语为证："光禄寺茶汤，太医院药方，神乐观祈禳，武库司刀枪，营缮司作场，养济院衣粮，教坊司婆娘，都察院宪纲，国子监学堂，翰林院文章。"政府机构人浮于事，其实并不限于这些，据沈德符在《万历野获编》中的概括，其他还有：太仆寺以饲养官马为主，却是"官马驽下"；钦天监主持历学，却"历学固陋"；太常寺掌管祭祀、大朝音乐，却是"音乐谬误"；其他如太仓帑藏之空乏，京师三大营士卒之老弱，制诰两房书法之劣俗，文华、武英两殿画学之芜秽，更是让人浩叹！当时朝内各官司都有自己的俚语，以寓讥评。如在京兵部四司曰："武选武选，多恩多怨。职方职方，最穷最忙。车驾车驾，不上不下。武库武库，又闲又富。"

朝廷选民间绣女是人所共知的一大陋政，它的直接后果是导致民间为逃避此差，匆忙让女子婚嫁，常常鸳鸯错配，使女子抱憾终生。如隆庆二年（1568）就讹传朝廷点选绣女，每家凡是七八岁以上，二十岁以下的女子无不婚嫁，当时的童谣反映了这一情况："正月朔起乱头风，大小女儿嫁老公。"（田艺蘅《留青日札》）

城市民间的谣谚一方面反映出风俗的变化，另一方面又对恶薄的风俗给以针砭。明代的北京是京师，为四方物产所聚。

不过，北京还有许多让人感到怪异的地方，如阉竖多于缙绅，妇女多于男子，娼妓多于良家，乞丐多于商贾。但凡人间不美之俗，不良之辈，北京无不都有，不妨引一首谚语为证："天无时不风，地无时不尘，物无所不有，人无所不为。"（杜文澜《古谣谚》）到了晚明，士风败坏，秀才无才，当时有谚云："之乎者也矣焉哉，用得成章好秀才。"正因为秀才有名无实，所以人人均可冒充，造成方巾太滥。"满城文运转，遍地是方巾"，这一谚语就是当时士风的最好反映。士子无真才实学，他们中了进士以后，正如北京流行的谚语所说，无非就是"改个号，娶个小"。

在谣谚中，讽喻与颂谀并存，相辅相成，形影不离。有时同一首民谣中，既是对一人一事的颂扬，又是对另一人另一事的鄙弃。嘉靖中，绍兴知府李侨多惠政，每出，必是两炉焚香。而同时的山阴知县李某，不得于民，每出，则以两根铁索为前导。所以绍兴城里人语曰："府香炉，县铁索，一为善，一为恶。"仅仅数语，就不难看出民间百姓的爱与憎。除此之外，专门颂扬皇后、循吏行善政的政治性谣谚也不少。如高皇后马氏勤于内治，为宫人所爱戴，其死后宫人作歌以思，歌曰："我后圣慈，化行家邦；抚我育我，怀德难忘。怀德难忘，於万斯年；毖彼泉下，悠悠苍天。"明孝宗时内阁大臣李东阳、刘健、谢迁对政事多有补救，时人为之语曰："李公谋，刘公断，谢公尤侃侃。"谣谚对人物的评判裁量还是公允的。对地方上的清官名宦，谣谚也多有反映，并给以歌颂。如周斌为江阴知县，有惠政，当地民歌道："旱为灾，周公祷之甘露来；水为患，周公祷之阴雨散。"（《明史·杨瑄传》）江西巡按御史王哲，在任期间，亲录罪囚，放出数百人。当地人造出歌谣，道："江西有一哲，六月飞霜雪；天下有十哲，太平无休歇。"谣中既歌颂了王哲的善政，同时也表达了对天下太平这一美好愿望的憧憬。

除讽喻与颂谀功能之外，谣谚还具有占验的功能。谣谚根据事实而作出的占验，有些不言而中，有些却无效验，流传到现在的均是一些言中的谣谚。这固然是谣谚的记录者从中加以荒唐比附所致，同时谣谚与谶言相合，势必也会染上一些迷信的色彩，但无可否认的是，大部分谣谚还是根据事实做出的合理推断。如民间为严嵩父子造出的谣言曰："此时父子两阁老，他日一家尽狱囚。"严嵩一家他日要当狱囚，这是根据"善有善报，恶有恶报"的民间人生经验所得出的预测，有其一定的合理性，后来历史的发展也证实了这一预断的真实性。

谣谚有时对科举考试的结果进行预测，也有一言奇中的例子。正统十三年（1448）会试榜发后，就有童谣云："众人知不知，今年状元是彭时。"殿试榜发，果然应验。

谣谚更多的是做一些政治性的预测，尤其在朝代的兴衰、更迭之际，这类谣谚就更盛。早在建文初年，就有道士在途中歌曰："莫逐燕，逐燕日高飞，高飞上帝畿。"（《明史·五行志三》）最后成为朱棣靖难之谶。正统二年（1437），京师大旱，街巷小儿做土龙祷雨，拜而歌曰："雨帝雨帝，城隍土地。雨若再来，还我土地。"（《明史·五行志三》）有人认为，"雨帝"即指"与弟"，帝、弟同音；"城隍"即指郕王。前两句的意思是说传帝位于郕王；"再来"与"还土地"，即指英宗复辟。天启初年，有道人宿于朝天宫，白天在市上歌道："委鬼当朝立，茄花遍地红。""委鬼"指"魏"，"茄花"指"客"。后来魏忠贤、客氏擅权，其言果应。崇祯末年，京师与吴下市廛中广泛流传着一个口号，都说"宋阿罩"。后李自成攻破北京，崇祯帝自缢，终将天下送予自成。据说李自成小字"枣儿"，"宋阿罩"其实就是"传送阿枣"之意。有的童谣原来显然并不蕴含这类政治性预测的深意，是后人为自己的需要加以比附引申所致，如京师小儿祷雨谣即是。建文初年道士歌的最后应谶，与其说道士有先见之明，毋宁说道士看透了当时的形势。当然，那首道士歌也不能排除是燕王朱棣放出的口风。至于"宋阿罩"之谣，确实是顺乎民心，其应验将是必然的。

匿名文书

在墙头、门上揭贴大小字报，在中国一度盛行。这种东西渊源有自，在明代被称作"揭帖"，或称作"匿名文书"。

民谣、谚语都是口头相传的东西，其载于文字当然是后来的事。它与以文字为表现形式的匿名文书、揭帖有一定的区别。但是匿名的揭帖一旦广泛传播，年代一久，也就被人当作俗谚。前述的京师十可笑谚，最初只是嘉靖七年（1528）被人贴于朝房的匿名文书，是无名氏编造的笑言，当时互相传诵者就有席瑶等十余人。（褚人获《坚瓠集·癸集》）传诵一久，才成为俗谚。万历五年（1577），张居正次子嗣修榜眼及第；万历八年（1580），三子懋修又登状元。当时就有无名子揭诗于朝门，给予嘲讽。诗云："状元榜眼姓俱张，未必文星照楚邦。若是相公坚不去，六郎还作探花郎。"这一首揭帖诗，后又传为俗谚，称作"丁丑无眼，庚辰无头"。（褚人获《坚瓠集·庚集》）

　　早在天顺、成化之际，这种匿名文书、揭帖就已出现，自后就更趋繁盛，蔚为风气，成为城市民间裁量政治，抨击贪官、乡宦为非作歹的舆论工具。明宪宗刚继位，就有人"造言生谤"，甚至写下匿名帖子，"揭于内府及京城内外"，其中指名道姓，"沮挠朝政"，被明令禁止。（《明宪宗实录》）虽明令禁止，但这种现象继续存在。到了成化七年（1471），造谤言及匿名帖子之风更盛。时人不顾礼法，对社会有所不满，或"造谤言及匿名帖子，或撰诗歌"，以此讽喻朝政。（《明宪宗实录》）

　　苏州人口吻儇薄，歌谣对偶不绝于时。万历十四年（1586），刘瑊卒于家。刘居乡有秽名，其子尤其横恣。当时他家延僧诵经，先有人晚上贴一副对子于门，对云："阴府中罗刹夜叉，个个都愁凶鬼到；阳台上善男信女，人人尽贺恶人亡。"（沈德符《万历野获编》）这种对子同样属于匿名揭帖。明末逆党成员阮大铖，罪恶虽已经大曝于天下，但在当时还能奔走四方，南京当事诸人多与之交游。于是，吴应箕、侯方域、陈贞慧、黄宗羲、沈寿民这些复社名士，作了一篇《留都防乱公揭》，向大众公布阮大铖的罪状。公揭一出来，阮大钺就只好跑到南门外的牛首山，再也不敢出头露面。

不仅匿名帖子、诗歌是政治讽喻的舆论工具，同时戏曲也日渐成为传播舆论、讽刺时政的工具。成化年间，在民谣中已被讽刺过的大学士刘珝之子刘镃邀妓狎饮，同里人赵宾就戏作《刘公子曲》，"杂教坊院本奏之"。万历时削籍御史钱岱，声名不雅，被士林所讪笑，人们将他的事迹写成戏曲，"里巷哄传"。（佚名《笔梦》）众所周知的明末"民抄董宦"这件事，其起因就是董其昌的姻亲范某将董其昌在乡不法事"演为曲词，授瞽者被之弦索"（文秉《定陵注略》）。崇祯十六年（1643），清兵深入畿内，周延儒视师，不敢一战，坐待清兵蹂躏而归，以致众议沸腾。于是，民间演为《卖国传奇》这本戏曲，一时"传遍天下"。（赵翼《廿二史札记》）

按照明初朱元璋所定下的制度，除了专司言论的科道官以外，不论在职的还是在野的官员，不论是有身份的缙绅，还是无身份的"百工技艺之人"，如果有可言之事，人人都有至御前奏闻的权利，以此起到"广耳目，防壅蔽而通下情"的作用。但是到了永乐时已被改为"具状自下而上陈告"。这样，民间百姓上告官吏贪赃枉法、酷虐良民，就会在"自下而上"的过程中，被官员层层搁置扣压，无法上达。再加之贪官的有意阻挠，民间的冤情以及政治的弊窦，想靠这一建言系统将是徒劳的。正因为如此，谣谚、揭帖一类的城市民间舆论，才有其兴起、存在乃至广泛传播的必然性。

谣谚、揭帖一类的城市民间舆论，实际上是一种大众传播媒介。民谣俗谚大都采用韵语的形式，读唱起来朗朗上口，容易被民间大众所喜爱与接受。同时，这些谣谚文字浅显，道理通俗易懂，更容易在一些识字不多或完全不识字的民间百姓中广泛流传。谣谚、揭帖一出来，民间口头相传，如风如雨，起到了自发的舆论作用。

粉墨登场

梨园是城居士大夫消闲的好去处，更是城市平民百姓解乏的好地方。台下看戏，叫好喝彩，情绪得到宣泄，精神为之畅快愉悦。

明代城市生活相当丰富多彩，梨园生活只是多样化文化生活的一个侧面。

戏班

明代末年，南京城内，有两个著名的戏班正为一分高下而登台亮相，比试技艺。

这两个戏班，一个称"兴化部"，另一个叫"华林部"。所演的戏，都是大名士王世贞写的《鸣凤记》。

当时，南京城内以技艺称雄梨园的有数十班，"兴化部"与"华林部"则是其中的佼佼者。比试的倡导者，是一些好事的徽商。"兴化"列于东肆，"华林"列于西肆，并请来了南京城中的贵客文人，与一些妖姬靓女，以对两家戏班的演技进行品评。戏演到一半，两班引商刻羽，抗坠徐疾，都十分了得，不分胜负。当演至宰相论收复河套事时，"华林部"中饰演严嵩的是李伶，"兴化部"中演严嵩的是马伶。渐渐地，观众西顾而叹，有的大叫"酒来"，有的移座前看，头再也不转向东边。"华林部"取得了比试的胜利。

马伶比演失败后，颇不甘心，于是弃去梨园行业，跑到当时宰相府中当了一名门卒，观察现实中宰相的生活。寒苦几年，当再次回到戏行中比试时，马伶已比李伶技高一筹。（侯方域《壮悔堂文集·马伶传》）

这是发生在明代末年的故事。故事中的戏班子，在明初并不多见。戏曲本是人们娱乐的一种方式，无论是官宦士大夫政事之暇，还是下层平民劳动之余，都可以从戏曲中求得安逸与享受。明初官方控制严厉，如果有人学唱，就会被割了舌头。礼部管辖下的教坊司乐工，承应着官府的一切祭祀大事，独立的以商业为特点的戏班子还不曾多见。随着明代土地兼并的加剧，农民逐渐从土地上分化出来，从事各种各样的可供维持生计的职业，包括加入戏班。

南、北两京是明代政治与文化中心，理所当然是各地戏班荟萃的地方。南京的戏行主要集中在水西门、淮清桥一带。水西门里有一个总寓，一个老郎庵；淮清桥内是三个总寓，一个老郎庵。总寓大概就是明代戏行公开营业办公场所。一般总寓中都张挂着一班一班的戏子牌，以供客人选择班子。若要定戏，就需先几日定下，并且在牌上记上一个日子。老郎是戏曲业共同祭祀的行业神，就如妓院奉祀白眉神一样。老郎庵就是供奉老郎的神庙。戏行里的规矩极多，凡是本行中有不公不法的事，就一齐上庵烧香，禀告老郎，到总寓中处置，要打就打，要罚就罚，受罚人不敢违抗。每个戏班十几人，生、旦、净、丑各色齐全，立一座碑在老郎庵里，十几人共刻在一座碑上。如果有祖宗的名字刻在这碑上，那么他的子孙出来学戏，就称得上是"世家子弟"；若略有几岁年纪，便可称为"老道长"。凡遇本行中的公事，均由老道长定夺。

北京的戏班以性质不同而分处。如小唱弦索的子弟，一般分布在新帘子胡同与旧帘子胡同。正德时顾佐上疏，严禁官妓，京城缙绅无以为乐，于是小唱盛行。缙绅间一有盛会，就叫用小唱。从事这些行业的大都是宁波人。至万历年间，又有临清、开封、真定、保定的儿童，充当小唱歌童，但多伪称自己是浙江人。（沈德符《万历野获编》）大班大都集中在椿树胡同。一走进巷口，就可见沿门都有红纸帖子贴在门上，上面写着某班某班，大致有昆曲、海盐这些苏浙腔五十班。此外，前门附近还零星分布着几个戏班。（《梼杌闲评》）大班的演员一般由海盐、余姚、慈溪、黄岩、温州人组成，被称为"戏文子弟"，即使良家子弟也不耻为之。不过，良家子弟当戏子，与穷苦人家子弟为生计所迫不同，大多带有"票友"性质，玩腻了就脱离戏班，仍然去过他们纨绔子弟的生活。这些班子善演悲剧，他们扮演的传奇，剧情中都有妇人，并出现哭的场面，让人听了以后易生凄惨。这些班子中还有男扮女的"妆旦"，柔声缓步，演得很逼真。（陆容《菽园杂记》）

上海博物馆馆藏的明稿本《玉华堂日记》，保留了很多明代戏班的资料。据此书可知，在松江府、上海县一带，戏曲种类丰富多彩，令人目不暇接。除各种戏曲演出外，还有评话、弹唱、唱词、鼓吹、影戏（皮影）、跟斗、把戏（杂技）、偶戏（木偶戏）。在戏曲中，也是昆山腔、弋阳腔、余姚腔、海盐腔四大声腔俱全。此外，还有太平腔、徽州戏和其他声腔剧种。来往于华亭、上海的戏班子有"本处梨园（上海梨园）""松江梨园""苏州戏子""吴门梨园""吴门戏子""苏大班""杭州戏子""余姚梨园""余杭梨园""浙江戏子""绍兴梨园""太平梨园""太平戏子""徽州戏子"等。

在开封城内，王府、乡绅家蓄养着很多戏班，共有大梨园七八十班，小吹打二三十班。明代的城居士大夫过着一种宁静富足的生活。他们大都懂得一点书画，或喜欢歌曲，自己蓄养着几个戏子，有时更是室中蓄三四个侍姬，过着一种风流雅致的生活。所以，除了这些营业性的戏班外，士大夫还有自己别具一格的家庭戏班。如文人李开先，家中"戏子二三十人，女伎二人，女僮歌者数人"（何良俊《四友斋丛说》）。明末阉党成员阮大铖在政治上臭名昭著，在戏曲上却是镞镞能新，不落窠臼，有一定的造诣。他自蓄戏班，亲自教唱。因此，他的家优演戏时讲究关目，还讲情理，讲筋节，与别班的孟浪不同。又阮氏自制院本，笔笔勾勒，苦心经营，又与他班的鲁莽不同。到他家看戏，其中的串架斗笋、插科打诨、意色眼目，主人都会细细与之讲明，别有一番风味。（张岱《陶庵梦忆》）前面提到的《玉华堂日记》中的主人公上海人潘允端，为筹建家乐班子，不惜工本。他的家班，生旦净丑俱全，共有二十余位演员，可以演出大型剧目。为了配齐各色行当，他多次到苏州选购串戏小厮。这些演戏的奴仆中，也有少数是自己上门投靠的，还有是往来于苏州、上海之间专事贩卖优伶或奴仆的中间人经手出卖的。购来的"串戏小厮"，一律改名，以"呈"字为排行，如"呈春""呈节""呈艺"之类，有别于一般家内奴仆，又类似艺名。潘允端家的梨园相当齐整，以至于知县也曾多次借去演出。

此外，有一个名叫刘晖的还以自己的家姬组成一个女戏班。他比较重视布景与灯光，弥补了中国戏曲单纯注重表演的缺陷，使演出增加了真实性。如演到唐明皇游月宫时，在音乐奏起的同时，场上一时天昏地暗。随着手起剑落，一声霹雳响过之后，黑幔收起，露出一月，其圆如规，四边还用羊角染成五色云气，中间坐着嫦娥，还有桂树、吴刚及白兔捣药。这种神奇的境界，使人忘记了是在演戏，犹如身临其境。其他如舞灯，十几个人手携一灯，忽隐忽现，怪幻百出，朦朦胧胧，匪夷所思。（张岱《陶庵梦忆》）

南曲中的声伎，在明代属于教坊司管辖。她们本来以唱小曲为多，但至明末，妓女纷纷以串戏为韵事，其中著名的有杨元、杨能、顾眉生、李十、董白等。

堂会社戏

明代戏班如何活动呢？概括起来说，戏班的营业范围大致有三，即承应官府节令、唱堂会与承办地方社戏。

明仇英《清明上河图》中的观戏场景

　　一至节令之时，地方官府待客，一般就差用戏班。在迎春节日，地方官看春，就要搭台唱戏。如开封城内，在迎春这一天，就有庄农、毛女、百二十行，扮作各色杂剧。

　　唱堂会主要是官宦人家喜庆日子的承差。到了寿日，戏班就要带戏祝寿。如《儒林外史》中就提到薛乡绅小妾生日，戏班去拜寿。唱堂会大致先由府上管家到班上来定戏，预交定银，其余的等演完戏再付。除班头收入外，戏子也能得赏钱。拜寿堂会，一般唱扮些吉兆的节目。开场作戏，锣鼓齐鸣，戏子扮饰八仙上去庆寿，还唱一套"寿域婺星高"，还有王母娘娘捧着寿桃上寿。其他如《玉枕记》这出戏，是说裴航蓝桥遇仙的故事，一般也用作祝寿戏。

　　民间的社戏在明代颇盛。社戏分为两种，一种由专业的戏子扮演，至时须请戏班；一种是社日赛会，扮演杂剧故事，民间百姓自己饰演，娱神悦人。

先说前一种。如绍兴陶堰的严助庙，正月的上元节是庙会。至正月十五夜，就要在庙演剧，所请戏班照例是绍兴的上三班，有时候还特地从杭州请戏班演戏，所花缠头日费数万钱。所演节目，往往是《伯喈》《荆钗》两戏。演时有一老人在台下对剧本，如果台上扮演者一字脱落，台下就群起鼓噪，即喝倒彩，需要开场重做。为此，当时绍兴流传着"全伯喈""全荆钗"之说。（张岱《陶庵梦忆》）又如鲁迅先生在小说《社戏》中提到的目连戏，在明代演出时因为有一些专门的杂技动作，诸如使索舞绲、翻桌翻梯、筋斗蜻蜓、蹬坛蹬臼、跳索跳圈、窜火窜剑之类，难度较大，就需要请专门的班子。一般是请徽州旌阳戏子，因为他们个个剽轻精悍，能相扑跌打。目连剧大致要演三日三夜。戏里依次出现的天神地祇、牛头马面、鬼母丧门、夜叉罗刹、锯磨鼎锅、刀山寒冰、剑树森罗、铁城血澥，一如吴道子的《地狱变相》。这些鬼神，都由纸扎，所费万钱。（张岱《陶庵梦忆》）

再说纯粹的民间社戏。如绍兴严助庙上元节的庙会，除了请专业班子演戏外，也有以儿童扮演故事的情况，但大致无甚理致，不过以多为胜。又如临清这个大码头，在明代是商贾辏集，货物骈阗。到了迎春这一日，三十六行经纪人家，争扮社火，装成故事。这天，满街人山人海，挨挤不开，场面十分热闹。满市傀儡跳跃，这是傀儡戏。有莲台高耸，扮成童子拜观音等样子。其他还有唐王醉杨妃、吴王拥西子、三元及第、五子登科等故事。涉及宗教故事的有吕纯阳飞剑斩黄龙、钟馗捉鬼。诸葛亮七擒孟获的故事，也成了社火扮演的主要剧目。绍兴祷雨，也是"日日扮潮神海鬼"，传说鬼怕人唾，所以百姓争唾之。后又扮《水浒》，为求得真实，于是分头四出寻找与小说中面容相似的人，让这些人演梁山泊好汉，个个活灵活现。

明代的社戏，大致均在神庙前演。如城隍庙、关帝庙等，在明代全国各地都很普及，就成了演戏的极好场所。张岱在权阉魏忠贤败后，就删改他人传奇数十本，仍名为《冰山记》，将这出戏在绍兴城隍庙上演，观者达数万人。又如小说《梼杌闲评》第十三回讲到，魏忠贤听到蓟州城隍庙有戏，与另一人同去看戏，"二人来到庙前，进忠买了两根筹子进去，只听得锣鼓喧天，人烟凑集，唱的是《蕉帕记》，到也热闹"。从看戏需要买筹来看，这种演戏不同于一般的社戏，已具有商业性演出的性质，可能是近代戏园的雏形。

明代梨园中还产生了几位有名的戏曲名角。除上述南京兴化部的马伶外，彭天锡与朱楚生二位也是比较有名的。彭天锡是南曲中的管事，以串戏闻名，但每出戏都有传头，未尝一字杜撰。天锡多扮演净丑角色，千古以来的奸雄佞幸，经过他的扮演，都心肝愈狠，面目愈刁，口角愈险，其对人物的刻画入木三分。他的表演，在眉眼皱视之间，往往能使人感到笑里藏刀，鬼气杀机，阴森可怕。朱楚生是一名女戏子，饰演男角，她的科白之妙，即使本腔男角也不能得其十分之一。楚生与精通音律的姚益城合作，讲究关节，妙入情理。如她扮演的《江天暮雪》《霄光剑》《画中人》这几出戏，即使昆山的老教师，细细摹拟，也不能超出楚生。她长得并不很美，但演戏极为认真，如果曲白有误，经人订正，其后演出必会改正。朱楚生堪称明代戏曲史上一位女表演家。

百戏杂技

百戏是古代乐舞、杂技表演的总称。它上承夏代的乐舞、周代的"散乐"与"讲武"，下启魏、晋、隋、唐、宋、元、明、清各代的戏曲、乐舞、杂技艺术的发展。它的兴起，冲破了周礼所规定的那套"礼乐"的束缚，抛弃了那些僵化了的庙堂歌舞，代之以新鲜活泼的民间歌舞。百戏的内蕴相当丰富，它不仅反映了中国古老文化传统的深厚与表演艺术的多彩，而且对整个文化艺术的发展，有着广泛而深远的影响，并起着有力的推动作用。可以这样说，在中国现存的戏曲、歌舞及杂技等艺术中，大都具有古代百戏的因素和特征。

"百戏"一词，在两千多年前的汉代就已经出现。《汉文帝纂要》载："百戏起于秦汉曼衍之戏，技后乃有高组、吞刀、履火、寻橦等也。"在当时，百戏并不是专门指戏剧，而是对乐舞、杂技等艺术的泛称。据《说文解字》，古代对"戏"的解释是："戏，三军之偏也，一曰兵也。"可见古代的"戏"和军事有关，如"蚩尤戏""角抵戏""蹴鞠戏"等。以后，随着社会的发展，才逐渐由军中活动衍变为娱乐活动，形成一种为人们普遍喜爱的综合文艺形式。

在明代城市，各种杂技、舞蹈广泛流行，并成为江湖艺人谋生的手段，而明宫则成为各类杂耍的渊薮。据载，正德三年（1508），武宗曾下令移文各省，选精通艺业的乐工送京供应。自此以后，筋斗、百戏之类，成为明宫兴盛一时的娱乐项目，当时河间等府，奉诏送乐户至京，除给予口粮外，工部还择地为他们建造居室。为了集中艺人教习各种百戏节目，明代沿袭元制，仍设教坊司（属礼部），选取精于诸伎者集中到教坊司习练。每逢盛大的宴会、庆典，诸伎就演出百戏，表演队舞、筋斗、走繲（即马戏）及骑射等。

明宫集中了各种杂耍项目。如永乐十年（1412），北京羽林军曾在新设的东苑球场举行会鞠，表演"击鞠"之戏。当时任中书舍人之职的王绂，曾赋有《端午赐观骑射击球侍宴》一诗。诗中对击鞠场景有相当具体的描摹。现保存在中国国家博物馆的《明宪宗行乐图》，形象生动地反映了明代宫廷元宵佳节时杂技演出的真实情景。这是明成化二十一年（1485）的一次宫廷演出，表演项目纯为杂技、幻术。从画中可知，各种杂技有戏法、冲狭（即钻圈）、蹬技（包括蹬人、蹬车轮、蹬长竿）。这幅画反映了明代杂技艺术的发展情况，像蹬长竿这种技艺，在明代以前还未发现过，到近代已成绝响。

在民间，各种杂耍更是风行一时。每当迎神赛会之时，必有杂技表演。而一些专门的杂技艺人或戏班，为了谋生的需要，也多出入于南北各地的城市，表演杂技项目。在明代王圻《三才图会》中，保存了明代杂技武术活动的图画多幅，画上描绘的杂技表演，都在露天广场，其中项目有飞叉、中幡、耍花坛、双石、杠子、石锁、花砖、舞狮子等。图上还画着围观

明佚名《明宪宗行乐图》中的杂技演出

的看客和放道具的箱担、装石担的马车等，参加活动的除艺人外，还有不少文人秀才。

飞叉是一项民间杂技。旧时迎神赛会，常用此开道。叉头雪亮，并装有铁片圆环，舞弄时不用手，而使之在臂、腿、肩、背等处滚动，或抛掷空中，然后接住。其花样甚多，动作朴实浑厚，活泼利落。如果在叉两头缠上布条，浸油点火，熄灯表演，则叫"火叉"。

中幡是在一根碗口粗细三丈长的大竹竿顶上，装上三面小旗，中间是一幅绸缎长幅，上面绣以象征吉利的语句或图画，两边垂着流苏，上面点缀着一些小铃。演员将中幡舞弄得飞转，或者向上抛起，用肘部、肩背、前额、下巴甚至尾骶骨部都能稳稳接住，而中幡始终不倒。舞弄时，幡幅飘展，铃声叮当。

耍花坛是杂技节目之一。演员将各种大小不同的瓷制花坛、大缸或酒甏，轮番用头顶、手抛、脚踢、臂滚等动作，使之翻滚旋转，动作准确稳妥，表演朴实大方。

双石是一种举重表演。道具是一根竹杠，两端装有圆形石块，故称"双石"。演员除了舞弄石担外，还能仰卧地上，双手双脚各托起一副石担，由几名演员在石担上叠罗汉和拿顶，人称"千斤石"。

杠子即单杠，原是一种民间体育活动，由于演员的创造，发展成为技巧性很高的杂技项目。杠子一般为木制，过去在两端刻有龙头，所以北方称杠子为"盘龙之术"。民间则有练杠子的团体，称为"盘龙会"或"杠子会"。每逢喜庆或节日，在大车上设木架，横缚木杠，人在上面表演各种动作。

石锁也是一种举重项目表演。锁用石块琢成，形状如中国的铜锁，故称"石锁"。一般每块约20余斤，重的五六十斤。表演的项目有举、扔、传、接、头顶、肘架、飞旋等，故又名"五花飞石"。

花砖也是一种举重表演。道具用大块砖头制成，每块约10余斤。表演花砖类似石锁，扔得最高的，可达丈余。

在明代，民间杂技活动十分流行。在城市中，到处留下了杂耍艺人活动的踪影。明人《如梦录》一书对明代开封城内杂耍艺人的活动反映得较为详细。书中提到"偶戏飞线"，其中的偶戏大概指傀儡戏。常见偶戏有二，一为提线抠，一为提脚抠。这种杂艺在宋代《东京梦华录》中即有反映，说明至明代犹有遗存。另外，此书又提到"戏棚杂耍"。这种杂耍，分别包括高竿索上、走索、跟斗、吞剑、弄刀、弄毬、舞盆、踏高跷、撮戏法、摆架子、牵丝戏、隔壁戏等项目。在北京，除经常性的杂技演出外，每逢上元灯节和清明节，均有杂戏表演。明人刘侗、于奕正所著《帝京景物略》一书中，就记载了北京清明时节踏青中百戏艺人的活动，包括扒竿、筋斗、钻圈、叠案、筒子、解数等杂艺。

在小说《梼杌闲评》中，提到了一种杂耍艺人赶市的精彩杂技，称为"鞑靼技"，据说传自鞑靼国。鞑靼技的表演如下：先用13张桌子，一张张叠起，然后表演者从地下打一路飞脚，翻几个筋斗，从桌脚上一层层翻将上去，到绝顶上跳舞；过一会儿将头顶住桌脚，直壁壁将两脚竖起，又将两脚钩住桌脚，头垂向下，两手撒开乱舞；又将两手按在桌沿上，团团走过一遍。收去桌子，只用一张，表演者仰卧在上，两脚竖起，将一条朱红竿子，上横一短竿，直竖在表演者脚心，小孩子爬上竿去，骑在横的短竿上跳舞，表演者将竿子从左脚移到右脚，复又将竿子从右脚移到左脚。此外，表演者取一把红箸，用索子扣了两头，就如梯子一样，将红箸往空中一抛，直竖在半空中。表演的孩子一层层爬上去，将到顶，立住脚，两手左支右舞，又一路筋斗从箸子空中钻翻。

在民间里社的迎神赛会中，也多有杂技表演。明人王穉登《吴社编》中，就真实地记载了苏州一带迎神仪式中的各种乐扮和伎艺演出，包括傀儡、竿木、刀门、马戏、弄伞、广东狮子。郑仲夔《耳新》也记载了在宜黄七夕迎赛时的杂戏，有"鱼龙角抵之戏"。田汝成《西湖游览志余》一书，也对明初杭州佑圣观庙会上表演的雀竿之技做了详尽的描绘，从中可以看出，当时百戏中的竿技艺人，能在竿顶上做"变态多端"

的舞姿，从而进一步将精湛纯熟的技艺和优美的舞蹈结合在一起。此外，此书还记载，杭州流行一种"禽戏"，即驯养动物类杂技。在元末明初，杭州就出现了"龟叠塔"和"虾蟆说法"两种禽戏。到明代，这类杂技得到进一步的发展。其中一种叫"灵禽演剧"，其法是训练蜡嘴鸟作傀儡，以唱戏曲导引，能使作跪拜起立的动作，"或使之衔旗而舞；或写八卦名帖，指使衔之，纵横不差；或抛弹空中，飞腾逐取"。还有一

明戴进《太平乐事册页·戏耍》

种"教虫蚁"之技，其法是训练黄、黑色小蚁，分成两队，各由一大蚁率领，插旗为号。表演时，能做到"一鼓对垒，再鼓交战，三鼓分兵，四鼓偃旗归穴"，这就是蚂蚁角武。

在当时扬州一带，每逢清明节，杂戏纷呈，其中有《浪子相扑》的剧目，戏中把角力伎艺也搬上了舞台。另外，在明代《双金榜》《牟尼会》《春灯谜》等一些戏曲中，都穿插表演跳狮子、跳跑马、舞龙灯、盘杠子等杂技中的技巧，从而大大丰富了戏曲的表演内容，同时也反映出百戏中的杂技已渐与戏曲相结合。

除此之外，明代城市的百戏活动还有幻术、口技两种。幻术又叫"撮弄"。无名氏《四贤记》一剧中有关于撮弄演出的场景。明代出过一本《神仙戏术》，载有幻术20多种，为中国第一本有关魔术的专著。在口技方面，陈鼎《啸翁传》记载了一位明末口技名家汪京。此人善啸，自号长啸老人，人称"啸翁"。他能模拟出笛声、鹤唳声、风声、马叫声、两军交战声等。据载，与他同时负有盛名的口技名家，还有洛阳王、昭阳李等人。

旅游生活

　　明人瞿式耜有一首《春游》诗，诗道："岸容约略全含笑，山意溟蒙不耐藏。晴气烘人如中酒，花香沁口欲休粮。歌裙舞袖谁家好？溪籁村醪兴自长。九十春光今又半，除非一盏为春偿。"（《瞿式耜集》）歌裙舞袖，在家宴乐固然可爱，但大自然春色更使人兴味盎然。这里体现出城居士大夫在冶游生活上所追求的情趣。

　　从洪武至正德时期（1368—1521）的明朝初期，政府对人口流动严密控制，在文化上实行专制主义，四民各有定业，各安其分，禁止游惰。在这种状况下，除了士大夫中还有零星的傍花随柳者，其他的百姓大都被自己的职业束缚着，以致与旅游无缘。自明中期以后，因朝廷宦官擅权，政治上的不得意使得士大夫渐渐疏于政事，开始徜徉于山水之间，以弥补政治失意所带来的痛苦。同时，由于农村土地兼并的加剧，农村人口逐渐分化，部分流入城市，成为城市平民，从而有了更多的可供自己支配的业余时间。而滞留在乡村的农民，由于法律与礼制束缚的松懈，同样可借助民间的节日，外出或在附近风景区旅游，这样大众化的旅游渐成一时风气。

宦游·游学·冶游

　　明代城居士大夫的旅游生活，可以概括为以下三个方面：宦游、游学、冶游。下面依次分述之。

　　宦游实际上是一种政事与旅游的结合体。一般士大夫在政事之暇，流连于山水之间，注意当地民情、风俗，使生活更具风流蕴藉。这样的雅致生活，与某些正统的士大夫是无缘的。他们除了保持为政清廉，一心为民申冤外，通常过的是一种刻板的生活，不可能在政事外的闲暇再去冶游。海瑞、刘宗周就是这些人的代表，因而我们要在他们的集子中找到记冶游生活的游记与山水诗，是一件较难的事。而另一些文人士大夫则不是这样。他们在为官以后，视烦琐的政事如牢狱，常利用政务之暇流连岩壑，摆脱心中的郁闷。如王士性曾在北京、河南、四川、广西、贵州、云南、山东等地做过官，因性喜游历，宦辙所至，足迹几遍于山水之间，写下了《五岳游草》《广志绎》二书。袁宏道在任江苏吴县知县期间，就遍游了附近的山山水水。陈第一生足迹遍布全国，著有《五岳游草》一书，被焦竑称为"周游万里，飘飘若神仙"。（焦竑《毛诗古音考·序》）钟惺性喜游历，在居丧期间还游山玩水，作诗文。（谭元春《谭友夏合集》）这实际上是宦游生活的继续。

　　游学则把旅游与学术研究结合在一起了。旅游是手段，学术研究是目的。晚明学者一改过去士大夫注重口耳之学的风习，尤其注重实地的考察。如郑若曾为了作《江南经略》一书，亲自携带两个儿子，实地游历考察了三江五湖，询问当地的居民。因此，《江南经略》一书并不仅仅是单纯的旅行著作，也是一部东南海防与河防的军事著作。王士性所作的《广志绎》一书，也是在游遍了五岳与所辖的名山大川以后才得以完成，有关"星野山川之较，昆虫草木之微，皇宬国策、里语方言之赜"，尽笔之于书。（王士性《广志绎·自序》）书中记载了山川险易、要害、漕河、海运、天官、地理、五方风俗、九徼情形，以及草木、鸟兽、药饵、方物、饮食、制度、早晚、燥湿、高卑、远近，是一本将人文地理与自然地理相结合的旅行著作。大旅行家徐霞客，遍游全国的山山水水，将名山大川的自然地理风貌一一笔之于书，并纠正了过去一些著作的错误，写成《徐霞客游记》一书。朴学祖师顾炎武因反清活动受到当地土豪劣绅迫害后，于1656年只身北上，游往于山东、河北、山西、陕西一带。在游历中，顾炎武以二马二骡载书自随。到了厄塞，就召来当地的退兵老卒，询问其曲折，如果与平日听到的不合，就"即坊肆中发书而对勘之"。他的《昌平山水记》《营、平二州史事》与《日知录》等书，大多是在这样的情况下写成的。

　　冶游是士大夫旅游生活的主要形式。游览岩壑，寄情山水，寻师访友，寄迹曲中，这是冶游生活的基本特点。明季清流的冶游之习很盛，我们看余怀的《板桥杂记》，就可以从中了解士大夫在南京那种风流蕴藉的冶游生活。政治上的不得意与压抑感，迫使士大夫回归到大自然去，流连诗酒，抒发性情，尽情地享受大自然给予的乐趣，以消除官场失意带来的忧愁。如宋懋澄就有山水之癖，"平生雅好游"，一旦兴致到来，不分风雨波涛，即使胜地在千里之外，也会不分昼夜地前去。他曾经有诗自题，称自己是"宜水宜山一道人"。（宋懋澄《九籥集》）这些士大夫的游踪遍布全国，许多名山大川都留下了他们的足迹，同时他们也给后人留下了许多山水游记与山水诗。

晚明"山人"风气的盛行，就是士大夫冶游生活的一个支流。那些山人属于职业"游客"，他们带着自己的行卷和诗稿，凭着三寸不烂之舌，到处打秋风。虽然过着一种寄食的生活，但在游历过程中，山水之乐确也让他们享之不尽。

士大夫的旅游一般有单独行动的特点，但至晚明，士大夫的旅游开始形成一种群体行动。因为单独一人旅游，固然山水足以陶冶情性，但难免也使人有孤寂之感。这样，在晚明的士大夫中形成一种游山团体，也就是很自然的事了。这种旅行团体，凡外出游览，大致有一人司令，需要准备小船、坐毡、茶点、盏箸、香炉、薪米这些东西。另外，参加者也须每人携一篮一壶，外加两个小菜。如果饮酒量大，就得自己多带佳酿。旅游无定所，外出无定期，游客也不限制人数。他们旅游的目的就是做一闲人，所以酒席之间只谈一些风月之事，笑谈间杂以幽默诙谐，还不时伴随丝竹音乐，这就增加了旅游的情趣。

"交游"二字较能代表士大夫冶游生活的特色。在旅游的过程中，寻师访友，拜谒同道，其实都是社交的具体形式。

园林实际是将一种自然的山水之美浓缩到一个有限的空间。晚明士大夫造园成风，名园遍布大江南北的城市，这同样是士大夫外出冶游生活的延续。名园布置各有特色，有些以假山闻名，有些以花卉而独具特色，有些则以整体构架见长。园林为士大夫的交游提供了良好的环境。众所周知，晚明大部分私家园林与旅游者无缘，但也有一些园林的主人是开明的，他们不独享园林之美，将园林对外开放，可供游人游览，当然也不收门票。只要事先征得主人或看园园公的同意，可以借用园林作为文化集会的场所。我们在读晚明的史籍或小说时，经常可以看到在一些城市中，士子借名园集会，饮酒赋诗结社。如《醉醒石》小说中，记明朝嘉靖年间王锦衣在北京顺城门西造了一个园子。内中客厅、茶厅、书厅都照江南制度，极其精雅。园中回廊曲槛，小榭明窗，外边幽蹊小径，缭绕着花木竹

明谢环《杏园雅集图》（局部）

石。王锦衣好文学，喜与士大夫交往，没有武夫气，所以士大夫当有公会的时候，往往发帖向王锦衣借园子作为聚会之所。有些园林主人还凭借自己的园林举行文宴，招揽文友。如诗人钱谦益就举行过"假我堂文宴"，以牡丹为题，邀请名士饮酒赋诗。前引小说中园林主人王锦衣也邀请缙绅名公与山人词客，在园中"结个诗社，时时在里边作诗"。这种文化集会其实就是士大夫旅游生活的副产品。

明人好游

士大夫的旅行固然有群体的行动，但多是以个体行动为主。而城市平民的旅游是一种大众文化，它是以集体行动为特色的。如山东兖州的民间百姓，每年年末，百十为群，结成"香社"，去泰山、武当进香，就是大众文化的极好例子。

以"明人好游"来概括明代城里人的旅游风习，想来不算过分。在全国众多的城市中，数北京、南京、苏州、杭州的旅游风气最盛。

明代北京人好游，而妇女尤甚。每年农历正月元旦，就开始拜节。正月十六，妇女穿着白绫衫，队而宵行，说是可以免除腰腿诸病，叫"走桥"，也叫"走百病"。到了三月东岳帝诞辰，就有"耍松林"的习惯，往往三五成群，脱裙围松林而坐。游兴一直要到中秋后方息。北京人虽然好游，但不懂得探奇，一年中随季节游览，大多集中在市内白云观及近郊香山寺等地方，譬如，远郊西山的滴水涯，景观甚奇，而去者寥寥。

关于这一点，宋懋澄就曾指出过。（宋懋澄《九籥集》）

南京是明朝的留都，也是四方人士聚集的地方。秦淮河两岸的河房，雕栏画栋，竹帘纱幔；河房之外，还有露台，可供欣赏河中景色。河房便于寓居，便于交际，也便于淫冶，即使房值很贵，但要求租寓者从无断续。秦淮灯船的盛况，更是天下所无。到了每年的端午节，南京城的男女填溢秦淮河房，竞看灯船。有人集中小篷船百十只，篷上都挂有羊角灯，船首尾互相连接，看上去像火龙蜿蜒，光照天地。从聚宝门水关到通济门水关，喧闹达旦。

杭州风俗儇巧繁华，市民恶拘检而乐游旷，大致是南宋遗留下来的余习。杭州的山川又得天独厚，西湖更成了游观的胜地。杭州有春秋展墓的习俗，到了清明、霜降的时候，杭州人必拜奠墓下。暮春时节，桃柳芳菲，苏堤六桥之间，一望如锦。深秋之时，芙蓉夹岸，湖光掩映，秀丽争妍。每当此时，往往全城士女尽出西郊，逐队寻芳，荡桨于湖中，歌声满道，箫鼓声闻，游人笑傲于春风秋月中，乐而忘返。西湖七月半，更是游人丛集，人满为患，被张岱称为一无可看，只可看七月半的游人。他从游人的行为与心理出发，将游人分为五类，甚是有趣。杭州人游湖，一般是巳时出酉时归，避月如仇。但到了七月半这一天，游人多犒劳门军酒钱，逐队争出，游湖赏月。由于旅游兴盛，一些渔夫、舟子、戏子、买卖人、酒老板，可以靠旅游业维持生计。

苏州人游兴更浓。苏州是水乡，一些士大夫自家置一舟，每值嘉会，就鼓棹赴之，瞬息万里，不以风波为苦。当明末复社大会时，四方士子都荡舟以集，动以千计，路途为之堵塞。散会后，社中一些头目往往招邀俊侣，冶游胜景，或泛扁舟，或张乐欢饮。苏州山塘一带，大致每年有数次旅游盛会。当游人会集时，灯舫如云。上元节，谓之灯节，市廛店铺悬灯最盛。其次则清明节，游人亦甚众。又次为端午节，南北濠一带，龙舟竞渡，游人如云。又次为六月二十四日，号称荷花生日。在这一天，苏州人以不出去旅游为耻。游船群集于葑门外的黄天荡，因为此地荷花盛开，就通称为荷花荡。到了这一日，大如楼船画舫，小至渔舟小艇，都被雇觅一空。一些远方来的游客，手持数万钱也无从觅舟，只好在岸上徘徊。荡中大船为经，小船为纬，一些游冶子弟，轻舟鼓吹，往来如梭。舟中的漂亮女子倩妆淡服，摩肩拥挤，汗透香纱。到了八月半中秋节，虎丘的游况更是空前。

清明节的扫墓之俗，自古而然。有意思的是，明代城里人扫墓，厚人薄鬼，借扫墓之名而成游乐之实。如北京三月清明，男女前去扫墓，担提着食盒，轿子后挂着纸锭。在拜哭、祭奠、烧纸锭这些程序后，并不急于回去，而是到一些芳树丛中，选择一些园圃，"列坐尽醉"。扫墓成了名副其实的野游。绍兴人扫墓，男女祛服靓妆，画船箫鼓，如杭州人游湖一般，在祭扫完毕后，常常就路之所近，游览庵堂、寺院与士大夫家的花园。

烧香、拜佛、还愿，是流传在民间的习俗。无论是城市平民，还是乡村农民，不少人一生省吃俭用，目的就是去烧香还愿。绍兴人去香炉峰，就如北京人去白云观一般无二。在明代最为流行的烧香去处，就是普陀山、泰山、武当与杭州的天竺。普陀是一处佛教名山，在它打合山斋的时候，僧人五六千人都跏趺而坐，可见人数之多。去普陀烧香，在明代城里人中很盛行。普陀远在海外，须坐香船。香船分两层，上坐善男，下坐信女。其中饮食水火之事，均由香头主持，香头往往是寺庙中的和尚。去泰山进香，也是城市一般百姓的生平大事。每年去泰山的善男信女成千上万。天未亮，山道上进香的人口念阿弥陀佛，一呼百和，以铜锣为之节奏。上山后，所做的无非是烧香、礼佛、布施。杭州天竺山寺庙，也是当时天下善男信女的必去之处。每到农历二月十九日，男女宿山人数之多，使得殿内外无下足处。尤其是到了清初，因为战乱而普陀山路绝，天下进香的人，更是就近去天竺，所以香火之盛，在当时甲于东南。

　　烧香礼佛本是一项宗教礼仪，但是在明代已成了城市普通老百姓旅游的借口。这种习俗在晚明小说中就有一定程度的反映。凌濛初《二刻拍案惊奇》中有一篇小说就记载此俗。小说记北直张家湾一个长班的妻子莫大姐，问了丈夫，约好邻舍二三个妇女，同去东岳庙烧香。烧香之后，还顺便"各处去游耍"，游后挑了酒盒，在野地里找个好地方，随便摆着酒吃。城市平民不能如士大夫一样有丰厚的资财可供游山玩水，他们一生辛劳积攒下来的钱，或许只能供一次远出烧香，这样就决定了他们在烧香路上，除了宣泄虔诚的宗教感情之外，难免也要借山水享受娱乐之情，更何况普陀山、泰山、天竺还是堪称风景如画的胜地呢！

明仇英《春游晚归图》

　　饶有兴味的是，民间百姓借烧香而进行的旅游，与士大夫的旅游迥然不同。缙绅士大夫资财丰厚，又有特权，所以他们去的都是一些风景秀丽、人迹罕至的胜地，如嵩山、庐山、雁荡山、武夷山等地。士大夫所需的车马饭食，全需当地百姓筹办，因此他们的旅游反而成了当地百姓的祸害。而城市民间百姓的旅游则不同。他们去的都是一些烧香圣地，自备甲马，不远千里。到了圣地，还要布施，交香税。如泰山的香税，都是善男信女所舍之物，每年府库可增加数十万。另外，一些贾人旅店，也借此为生。这就是当时官民旅游的区别所在。

逗闷的乐子

明中期以后，城市人口急剧膨胀，一方面使城市居民的闲暇时间增多，另一方面又滋生出大量游手好闲之徒。那么，这些市民是如何打发闲暇时光的呢？换句话说，他们又有哪些逗闷的乐子？归结起来，大致不外乎博弈、山歌、俗语、酒令、急口令、谜语这几种。

日日博与弈

明代的杭州商业繁荣，赌风甚炽。浙江按察司在处理赌案时，有批文云："顷刻而丧千金，一掷而输少艾。"这句批文是有事实根据的。当时杭州有一富家翁，因赌博而输掉妻子。其妻为故家女，自缢而死，为此引来一场官司，导致家破身亡。又杭州城中有一宦家子弟，因赌博而输掉婢妾，也导致诉讼，与此赌案牵连的人，达数十人之多，大多为学校士子，由此可见士风一斑。

所谓博弈，实为蒲博与弈棋的合称。在大多数情况下，弈棋也是赌物的，所以往往博弈并称。

　　赌博会导致百姓游惰的弊端是显而易见的，所以历代统治者对赌博均严加禁止，对赌徒也处以重罚。明代也不例外。朱元璋建立大明帝国后，也曾对游惰子弟实行严厉的惩罚，据说他专门在南京淮清桥以北建造一座逍遥楼，凡是不务本业及逐末、博弈、局戏之人，全将他们禁锢在这座逍遥楼中，美其名曰"逍遥牢"。

　　自明中期以后，随着城市生活的日趋繁华，游手之徒逐渐增多，博弈之风又炽。即以北京为例，有一批不务生理的奸恶之徒，称为"喇唬"，开设赌房，巧取人财；他们专攻赌博，或抹牌、下棋、打双陆，或踢气球，以赌输赢。在南京，一些横行市井的"莠民"，也是整天赌博饮酒，告讦打抢。早在明初时，杭州的游手光棍就以赌博为业，小则赌饮食，大则赌钱钞。到了晚明，风俗薄恶日甚一日，即使是富贵家的子弟，也习染赌博恶习。赌资随之无限增大，小赌为金银珠玉，大赌则为田地房产，甚至连妻妾子女也成了赌注。

　　在这股如潮汹涌的城市赌风中，参与者当然多为无赖之徒。在他们当中，涌现出了一批职业赌棍。他们结成一伙同党，自称"相识"，合伙设局欺骗一些少年子弟。赌棍骗人，大多采用铝沙灌成药骰，有轻有重。赌棍用手指轻轻捻转，若得法，抛下去多是赢色。如果不懂里面的机关，任意抛下，那么就十掷九输。而那些不识事的"小二哥"，不知好歹，一团高兴，只是要赌，就正好落在圈套中，脱身不得。这些愚蠢的"小二哥"，被赌棍唤作"酒头"。此称是嘉兴话，意思是说他们是专门为赌棍喝酒送酒资来的傻瓜。据朱长祚《玉镜新谭》，明末权倾朝野、有"九千岁"之称的大太监魏忠贤，其出身就是"市井一亡赖耳"。这位魏太监在成为司礼监秉笔太监以前，却是身无分文，产业皆无，每天以"樗蒲"即赌博为计。因为他有胆气，虽家无担石之储，却敢在赌场上一掷百万，成为一个职业赌棍。

赌博作为一种恶俗，不但为历朝统治者所禁止，而且为一些士大夫所抨击。如明人叶春及就要求戒赌博，诸如铺牌、弈棋、双陆等无益之事，即使不赌财物，也要"一并罪之"。（叶春及《惠安政书·乡约篇》）明人魏大中也有一段批评博弈的精彩言论。他说："博与弈，乃贪心、杀心、痴心、嗔心之变理也。于事虽小，害道则大。人家不肖子孙堕其窟窖，至有败荡家业，丧失身命者，要皆一念贪痴之心有以溺之耳。少年之人尤宜警戒。故曰：世人不省事，日日弈与博。赢得转头空，何须论高着？"（魏大中《最乐编·正集》）

也有一些缙绅士大夫以赌博为风流，将赌博视为一种娱乐。不妨举一些例子加以说明。如：长洲祝允明，"好酒色方博"；长洲皇甫冲，"通挟丸击球、音乐、博弈之戏，吴中文士与轻侠少年咸推为渠帅"；福清何士璧，也是"跅跪放迹，使酒纵博"；余姚谢迁致仕还家，"每日与诸女孙斗叶子以消日。常买青州大柿饼、宣州好栗，戏赌以为乐"。更值得一提的是，在苏州、常州一带，士大夫的赌风大盛。一些士大夫致仕归家以后，开设赌坊，赌徒借此躲避朝廷的禁令。到了万历末年，更是出现了进士"以不工赌博为耻"的情形。

在士大夫崇尚赌博之前，通常在市民或赌徒中流行的赌博方式，不过为掷钱、打双陆等。如在开封，就风行"掷钱之戏"。这种赌博赌法简单，随时随地都可以进行。钱分"字""幕（背）"，三个钱、五个钱皆可撅。明代小说《醒世恒言》云："怎的样撅钱？有八个、六个，撅出或字或背，一色的谓之浑成；也有七个、五个，撅去一背、一字，间花儿去的，谓之背间。"打双陆在市民中也很流行。在小说《金瓶梅》第一回中，就说到破落户西门庆"又会赌博，双陆象棋、抹牌道字，无不通晓"；又说帮闲应伯爵"又会一腿好气球，双陆棋子，件件皆通"。

自士大夫以赌博为风流之后，明代新创制了两种赌博形式，一为"马吊"，一为"叶子戏"，对城市赌博之风产生了深远的影响。

据说马吊始于天启年间。顾炎武《日知录》说："万历之末，太平无事，士大夫无所用心，间有相从赌博者。至天启中始行马吊之戏。而今之朝士，若江南山东，几于无人不为此。"马吊兴起以后，其发展自南而北，很快风行全国各地城市。申涵光《荆园小语》云："赌真市井事，而士大夫往往好之，至近日马吊牌，始于南中，渐延都下，穷日累夜，纷然若狂。"

叶子戏源于小说《水浒传》，以政府所出缉捕水浒群盗赏格数目及所指名之人图形博胜负，名为斗叶子。此赌法明英宗时即已盛行于东南一带许多城市。陆容在《菽园杂记》中记道："斗叶子之戏，吾昆城上自士夫，下至僮竖，皆能之。予游昆庠八年，独不解此，人以拙嗤之。近得阅其形制，一钱至九钱各一叶，一百至九百各一叶，自万贯以上皆图人形。"
至万历末年，叶子戏内容又小有变化，有"闯""献""大
顺"三牌，至崇祯时大盛。崇祯时"流寇"四起，都自立名
号，赌惯了叶子戏的人就以叶子戏上最脍炙人口的绰号自
名，"闯""大顺"之外，如"闯塌天""立地王""一堵
墙""曹操"之类，大体上都是从叶子戏上的绰号衍变而来
的。（吴伟业《绥寇纪略》）

　　赌徒信仰赌神。赌神之说，渊源有自。《晋书·慕容宝
传》曰："世言摴蒲有神，岂虚也哉！"在明代赌徒中，即使
自命擅场的人，由于终日不得胜彩，也信仰赌神，讲究所坐方
向宜喜神，不宜鹤神；又主张"朝不向南，暮不向北"。

　　饶有趣味的是，城市还出现了"花赌"这样一种风雅形
式。饮博摴蒲，妓家所擅，古人每每与妓女作狭邪之游。宋李
元膺有诗句道："娇羞惯被诸郎戏，袖映春葱出注迟。"明刘
黄裳诗云："已解疾驰夸女侠，故将迟局媚郎官。"曲房棐几
之间，锦茵围坐，娇声杂递，芗泽微闻，与歌舞筵前相较，当
然别有一种风致。雅则雅矣，却无法改变赌博的腐朽性。士大
夫家赌博可以败坏门风。普通市民一旦堕入赌博陋习，输钱无
偿，则为穿窬之徒。如果党类颇多，则为劫盗，纵火、行奸、
杀人，无所不为。

月子弯弯照几州

民歌在明代有山歌、俚曲、小令诸别称，是一种文辞与曲调相结合的文学形式。民间的格调是明代城市市民文化的基本特征，民歌的音乐性曲调构成了戏曲音乐的基本来源，其文字内容更从根本上反映出适合市民审美情趣的民间性格调。

明代城市的杂曲、俗曲即民歌相当发达，其中最著名的当数"吴歌"与"粤歌"。明人田汝成说："吴歌惟苏州为佳，杭人近有作者，往往得诗人之体。"（田汝成《西湖游览志余》）所谓"得诗人之体"，即歌中有赋、比、兴等形式，显然与文人参与民歌的创作有关。假如说吴歌多为市民文化的产物，那么粤歌则以民族、土俗为其特性。屈大均曾说："粤俗好歌，凡有吉庆，必唱歌以为欢乐……辞不必全雅，平仄不必全叶，以俚言土音衬贴之。"（屈大均《广东新语》）

民歌俚曲有其发展变迁的历程。元人小令，起初行于燕、赵等地，其后浸淫日盛。自宣德、正统、成化、弘治以后，中原开始流行《锁南枝》《傍妆台》《山坡羊》等小令。当时流传的《泥捏人》《鞋打卦》及《熬鬏髻》三阕，即为上述三牌名之冠。此后，又出现了《耍孩儿》《驻云飞》《醉太平》诸曲，然流行程度无法达到上述三曲的盛况。嘉靖、隆庆年间，民间又兴起《闹五更》《寄生草》《罗江怨》《哭皇天》《干荷叶》《粉红莲》《桐城歌》等歌，从两淮以至江南，十分风行，不过其形式渐与词曲相远，不过描写淫媟情态，略具抑扬而已。万历以后，又出现了《打枣竿》《挂枝儿》二曲，其腔调约略相似。此二曲在民间的影响极大，不问南北，不问男女，不问老幼良贱，人人习之，也人人喜听，以致刊布成帙，举世传诵，沁人心腑。《山坡羊》一曲在南北词中均有此名，尤以北方为盛。据说，《数落山坡羊》其曲调传自宣化、大同、辽东三镇。京师妓女，惯以此充弦索北调。言语虽然"秽亵鄙浅"，但羁人游婿，"嗜之独深"（沈德符《万历野获编》）。在南京，里巷童孺妇媪所喜闻的民歌，起初有《皂罗袍》《西江月》诸小令，其后又出现了《河西六娘子》《闹五更》《山坡羊》，到后来又流行《挂技儿》《打枣竿》等。（顾起元《客座赘语》）

民歌多有自己的曲调，并有独特的演唱形式。如《山坡羊》分为沉水调、数落两种曲调。《傍妆台》《耍孩儿》等也有自己固定的曲谱。至于如《桐城歌》《挂枝儿》《干荷叶》《打枣竿》等，其音节均模仿《山坡羊》的曲谱，只是音调更为淫靡而已。又如吴江的山歌，其演唱形式也分为两种，"有先以欸乃发声而后歌者，有既歌而以欸乃为余音者"。民歌曲调的形式，一为桑间濮上之音，二为淫靡，而其精髓则通俗易懂，即为一种俗乐。在民歌流行之前，教坊司乐伎所用筝、篆及"九宫十二"等俗乐，原本颇受欢迎，但一旦民歌出现，这种俗乐中的雅乐也变得"不谐里耳"了。明人薛冈在《天爵堂文集笔余》中对民歌作如下评价："近时里巷所讴《挂枝儿》，声词意味，婉转悠长，真似哀不伤，乐不淫，有风人之遗。南中之《罗江怨》，调更酸楚，雨边月下，枕上舟中，足

明陈洪绶《抚琴图》

令肠断，亦新声之得古意者。"堪称公允之论。

从民歌的文词内容来看，显然它是俚俗的，却又是城市平民真情的流露。细加分析，它们大致包括以下内容：

（一）"借男女之真情，发名教之伪药。"从冯梦龙辑《山歌》一书所录内容来看，均为男欢女爱，实为一本"私情谱"。有些民歌，字里行间几乎到处流露着男女之情。如《山歌·送瓜子》道："瓜子尖尖壳里藏，姐儿剥白送情郎。姐道郎呀，瓜仁上个滋味便是介，小阿奴舌尖上香甜仔细尝。"送已嗑开的瓜子是院中妓女对嫖客的惯用伎俩，而在民间男女情爱生活中也颇为风行。有些民歌则反映了妇女冲破名教，大胆偷情。如《山歌·私情四句·偷》云："结识私情弗要慌，捉着子奸情奴自去当。拼得到官双膝馒头跪子从实说，咬钉嚼铁我偷郎。"显然，这位情姐也大有义气。

《山歌》所录民歌，描摹男女间的私情，显得情真意切，很多就是里巷真实生活的反映。如：《山歌·私情四句·骚》说女子在大门前"冷眼捉人瞧"，偷看情郎，这从《金瓶梅》中潘金莲在楼上偷看过路俊男可以得到印证；《山歌·私情四句·等》描写女子等待情郎的焦虑心情，也与生活如合符节。

毋庸讳言，在这些情歌中，也有一些描写男女性交的庸俗之作，从某种程度上反映了市民阶层的世俗情趣。如《同眠》一首，就是描写女子夜间"同郎一处眠"，在锦被中所做的鸳鸯戏；《立秋》一曲，说的是姐儿与情郎在红罗帐里做风流，虽很形象，却显得粗俗不堪；《本事低》更是直露地描写女子怨情郎早泄，以致"一场高兴无多时"。

（二）民歌的内容虽以自我排遣为主，不过其中也多有警世劝俗之作。如有一首吴地山歌道："月子弯弯照几州，几家欢乐几家愁。几家夫妇同罗帐，几家飘散在他州。"实为抨击时世之作。又一首道："南山头上鹁鸪啼，见说亲爷娶晚妻。爷娶晚妻爷心喜，前娘儿女好孤栖。"（叶盛《水东日记》）埋怨劝俗之情，也是不言而喻。而有些山歌则反映了因世道不平而产生的隐居意识。清溪道人所著《禅真逸史》第二十二回有两首渔人所唱山歌，歌唱道："水光月色映银河，慢橹轻舟唱俚歌。算你争名图利客，何如溪上一渔蓑？""一叶扁舟任往来，持鱼换酒笑颜开。风波险处人休讶，廊庙风波更险哉。"

（三）有些民歌讽刺世道、时人，显得较为幽默。民歌中，多讥刺败家子、尼姑、和尚。《禅真逸史》第四回说到败家子苗儿嫖赌不止，后来渐渐无赖，习了那飞檐走壁、东窃西偷之事，于是村坊上人编成一出曲儿，互相传唱，加以讽刺。第五回说到一个赵尼姑，伶牙俐齿，专门做媒做保，于是街坊上好事君子撰成一出无腔曲儿，其中"烟花队里神帮衬，迷魂阵内雌光棍"二句，在俏皮的语言中，赵尼姑的形象呼之欲出。第八回说和尚钟守净势大，无人敢惹他，于是民间编成一出小小曲儿，曲道："和尚是钟僧，昼夜胡行。怀中搂抱活观音，不惜菩提甘露水，尽底俱倾。"

从成化年间金台鲁氏所刊行的《新编四季五更驻云飞》等四种作品起，一直到明末冯梦龙所辑的《山歌》，明代城市民间俗曲的作品集时有出现，数量甚大。民歌虽不似士大夫所创作的旧曲那样蕴藉雅致，音律也不那么严谨规范，有时显得有点松散，但它们都是通俗的、有生命力的、新鲜的并受大众喜爱的歌曲。它们虽出自里巷妇女及市井小民之口，却情词婉曲，极富真情实感，具有清新本色的艺术特色。

酒令·急口令

什么是酒令？不妨引北宋杨亿的一首《闲忙令》为例。令云："世上何人最号闲？司谏拂衣归华山。世上何人最号忙？紫微失却张君房。"明代一些士大夫在席间以此为令行酒，禁止用故事，只用常言。有人接令道："云云闲？顺风顺水下平滩。云云忙？过关过坝抢头航。"田艺蘅接令道："世上何人号最闲？娼家孤老包过年。世上何人号最忙，妇女偷情夫进房。"（田艺蘅《留青日札》）众人听后大笑称妙。

明代城里人饮酒，多以掷色、猜枚、投壶、抹牌助兴。南京、苏州两处士大夫饮酒，只用骰子掷色助兴。在松江，饮酒时则采用投壶、猜枚。这些习俗在小说《金瓶梅》中有所反映。如第十六回说道，"李瓶儿同西门庆猜枚吃了一口，又拿一副三十二扇象牙牌儿，桌上铺茜红苦条，两个抹牌饮酒"；第十九回说到西门庆在李桂姐家，与应伯爵、谢希大等在院子内"投壶耍子"。

举凡掷色、猜枚、投壶，均不符合士大夫的风雅习气。如投壶起源于祭征虏的雅歌投壶，一旦用到饮酒上，就开启了起座喧哗之端；猜枚为藏阄射覆的遗制，用之饮酒，不但有损闲心，而且攘臂张拳，殊为不雅。所以，士大夫饮酒时多采用行酒令，而且以较为风雅的诗文酒令为主。

古人很重视饮酒。《诗》曰："既立之监，或佐之史。"汉代刘章用军法行酒。唐人饮酒时则设觥录事。明代城里人饮酒，设令官，又设一人为监令，不可谓不严。尤其是常熟人饮酒时的行令，更是成为一种苦事。据载，常熟士人饮酒立令，相当严酷，杯中余沥有一滴则罚一杯，若至四滴五滴，也罚如其数，一切均由酒录事监管。又酒令的事例颇多，如不说后语及落台说话，不检举饮不如法，都要受罚；受罚而进行辩解，算是搅令，也有罚。即使十次受罚，也必须罚十杯，无一饶恕。又如饮者杯中本已干了，主令者故意找茬，就去验杯，喝道："有五滴！"那么又径罚五杯。（杨循吉《苏谈》）饮酒本是为了求欢，反而苦人如此，也算是不仁之甚。

这种严酷的酒令只局限于常熟一城。与其毗邻的吴江，虽也有一些完整的酒令，但并不如此严酷。在吴江，举凡设席饮酒会客，均用干、格、起、住四字作为酒令。所谓干，就务要一饮而尽，不留涓滴；所谓格，则不得拦格，听饮者自斟；所谓起，意思是不许饮酒的人起身；所谓住，即不得叫住。犯此四字，都要罚主人出席，禀令自饮一杯。从宾客推举能饮酒者一人或二人，称为"监令"，一席听凭监令觉察，举凡语言喧哗、礼容失错，都要议罚。有时监令自犯，那么众宾加以检举。中间有人不善饮酒，就禀告席长，确定其分数。据说，此令一出，"四座肃然，主人安坐而客皆醉"。（弘治《吴江志》）

　　士大夫饮酒行令，号为文字游戏，却讲究清雅。如田艺蘅与人饮酒，正好秋宵赏月，忽然轻云翳之，于是出一四声令，令曰："云掩皓月。"要求行令者四声为韵，一韵不叶罚一杯，不成句则罚四杯，还不许重出一字，相当难行。坐客续令者有"天朗气烈""秋爽兴发""蟾皎桂馥""风冷露洁""情美醉极"。最后有一妓名玉蟾，其接令为"行酒唱曲"，用常言合调，算是雅俗合流。

　　在市民阶层的饮酒习俗中，一般将掷色、猜枚与文字酒令合而为一，而行令则包括曲牌名、骨牌名和戏曲曲文中的句子。如《金瓶梅》说到西门庆在家中与众妻妾掷骰、猜枚、行令。令规为依照牌谱饮酒，一个牌儿名，两个骨牌名，合《西厢》一句。吴月娘先说："掷个六娘子，醉杨妃，落了八珠环，游丝儿抓住荼蘼架。"掷骰子色不遇，不用罚酒。轮到西门庆掷，说："虞美人，见楚汉争锋，伤了正马军。只听'耳边金鼓连天震'。"果然掷了个正马军，罚一杯。有时也用掷骰行令，掷着点，各人说骨牌名一句，合数点数。如说不过来，罚一大杯酒，下家唱曲，不会唱曲说笑话，两样都不会，定罚一大杯。如《金瓶梅》写应伯爵起令道："张生醉倒在西厢，吃了多少酒？一大壶，两小壶。"掷骰果然是个幺，就该下家谢希大唱，而应伯爵吃一杯酒。过盆与谢希大掷，轮着西门庆唱。谢希大拿过骰子来说："多谢红儿扶上床。什么时候？三更四点。"可是作怪，掷出个四来，被罚四杯。

　　在饮酒行令中，还有一些文字游戏，如"顶真续麻""急口令""拆牌道字"等。

　　顶真续麻为宋以来流行的一种文字游戏，即下句头一字，乃上句末一字。举例来说，乔吉之《小桃红》："落花飞絮隔珠帘，帘静重门掩。掩镜羞看脸儿㜫。㜫眉尖，眉尖指屈将归期念。念他抛闪，闪咱少欠，欠你病厌厌。"《金瓶梅》中说到行令时，顶真更是与掷色、花名结合在一起，显得更为复杂。如"一掷一点红，红梅花对白梅花""二掷并头莲，莲漪戏彩鸳""三掷三春李，李下不整冠""四掷状元红，红紫不以为亵服"。一、二、三、四为顺数行令，一点红、并头莲、三春李、状元红为花名，红、莲、李、红为顶真续麻。

　　急口令，其实就是绕口令。《金瓶梅》中应伯爵就说了如下一个急口令："一个急急脚脚的老小，左手拿着一个黄豆巴斗，右手拿着一条绵花叉口，望前只管跑走。撞着一个黄白花狗，咬着那绵花叉口，那急急脚脚的老小，放下那左手提的那黄豆巴斗，走向前去打那黄白花狗。不知手斗过那狗，狗斗过那手。"

　　拆牌道字，又称"拆白道字"，也为宋以来流行的一种文字游戏。例如，黄庭坚之《两同心词》云："你共人女边着子，争知我门里挑心。"其中"女边着子"，即拆"好"字；"门里挑心"，则拆"闷"字。在明代，这种文字游戏仍很流行。据《如梦录》一书，开封城内就流行猜枚、行令、拆白道字。此戏一般将一字拆为二字，成句道出。

明姚绶《文饮图》（局部）

打灯谜

　　打灯谜是一种在明代城市相当流行的文字游戏，是城市市民一种闲暇娱乐的生活。

　　打灯谜一般在元宵灯节中举行。何为"灯谜"？明人作如下解释："好事者或为藏头诗句，任人商揣，谓之灯谜，亦曰弹壁。"（嘉靖《吴江县志》）清《清嘉录》打灯谜条云："好事者巧作隐语，拈诸灯。灯一面覆壁，三面贴题，任人商揣，谓之打灯谜。"

　　在古代，有一种所谓"廋辞"，相当于明代的"隐语"，俗谓之"谜"。一般认为谜语始于"黄绢幼妇"，其实自汉伍举、曼倩时就已有谜语。在《鲍照集》中，又可找到"井"字谜。明代杭州人多用谜语猜灯，任人商略。永乐初年，钱塘人杨景言"以善谜名"。

明代城里人所用的佳谜甚多。概括起来，大致有以下几种：

（一）字谜，谜底为字。如"一"字谜云："上不在上，下不在下，不可在上，止宜在下。""门"字谜云："倚阑干，东君去也。眺花间，红日西沉。闪多娇，情人不见。闷淹淹，笑语无心。"

（二）物谜，谜底为物。物谜种类颇多，或为日常生活用品谜，如"印章"谜云："方圆大小随人，腹里文章儒雅，有时满面红妆，常在风前月下。"或为动物谜，如"蜘蛛"谜云："上不在天，下不在田，中心藏之，玄之又玄。"或为药谜、病症谜，如有一灯谜云："十谒朱门九不开，满头风雪却回来。归家懒睹妻儿面，拨尽寒炉一夜灰。"谜底一为药名，即常山、砒霜、狼毒、焰硝；一为病名，即喉闭、伤寒、暴头、火丹。

（三）人名谜，即以今人名藏于古人名中。如云："人人皆戴子瞻帽（仲长统），君实新来转一官（司马迁），门状送还王介甫（谢安石），潞公身上不曾寒（温彦博）。"（田汝成《西湖游览志余》、李诩《戒庵老人漫笔》）

俗语·隐语

明代市井语言丰富多彩，值得介绍的有俗语、隐语。

俗语是人类语言长期积累的产物，是为大众所认可并形成固定形式的共同语言。这类俗语，在明人小说中频繁出现，其表现形式为"自古道"或"常言道"，有的干脆称"俗语道"。如小说《金瓶梅》中有"自古道"："幼嫁从亲，再嫁由身。""欲求生快活，须下死功夫。"有"常言道"："世上钱财傥来物，那是长贫久富家。"有"俗语道"："过了一日是一日。"这些俗语，或来自民间久已存在的谚语，或采自经史诗文中的谚语。采自谚语的有"顺天而行""随时而过""逢场作戏""见景生情"；采自经史的有"当断不断，反受其乱""积财千万，不如薄艺随身""龙生龙，凤生凤"；采自诗文的有"未饮心先醉，不在接杯酒"（后为陶渊明句），"但知行好事，莫要问前程"（冯道句），"但存方寸地，留与子孙耕"（贺亢句）。

俗语的形式很多，既有"歇后语""双关语"，又有谚语、口号，有些甚至是方言俚语。如《金瓶梅》中所用歇后语甚多，诸如"斑鸠跌了弹——也嘴答谷了""春凳折了靠背儿——没的椅（倚）了""王婆子卖了磨——推不的了""老鸨子死了粉头——没指望了""南京沈万三，北京枯树弯——人的名儿，树的影儿"。双关语在《金瓶梅》中也有出现。如有几句双关语，说老鼠云："你身躯儿小，胆儿大，嘴儿尖，忒泼皮。见了人藏藏躲躲，耳边厢叫叫唧唧，搅混人半夜三更不睡。不行正人伦，偏好钻穴隙。更有一桩儿不老实，到底改不的偷馋抹嘴。"说的虽是老鼠，却一语双关，暗寓潘金莲又与王潮偷情。

谑语为戏谑之语，语多暗寓讥讽，口吻儇薄。明人伍袁萃说：“近来士风恶薄，吴中尤甚。稍不得志于有司及乡衮，辄群聚而侮辱之，或造为歌谣，或编为传奇，或摘四书语为时义，以恣其中伤之术。”（伍袁萃《林居漫录》）

谑语的形式各异，有时用歌谣，如袁泽门在松江时，有一袁姓同年住府城东，两人颇相厚昵，时有曲室之饮，故当时有谣云：“东袁载酒西袁醉，摘尽枇杷一树金。”有时则改工四书集句，作成八股文，讥刺官长。如长洲知县江盈科因征粮误拶一冯姓廪生，这位廪生就作成一篇八股文，其中的承题说：“夫士也，君子人也。左右手，齐之以刑，乌在其为民父母也。”苏州知府周一梧别号怀白，为人刚峻，待青衿不加礼，于是生员作时文加以嘲弄，其中的承题云：“盖白之于白也，不为不多矣。怀其宝而迷其邦，先生之号则不可。”长洲知县关善政初次上任，就有人拿他的姓名作八股文，破题云：“善政得民财，今之为关也。”这种八股时文，以嘲讽守令居多，有时也涉及卿士大夫。又有人借传奇以作讽刺。如昆山郑若庸，字中伯，为嘉靖年间人，妙擅乐府，曾填《玉玦词》，用来讥讽院妓，“一时白门杨柳，少年无系马者”。群妓以此为患，酿金数百，行贿薛近兖，作《绣襦记》，用来昭雪，“秦淮花月，顿复旧观”。

口号也为俗语的一种，多带有戏谑成分。如嘉靖年间，嘉兴城内有的缙绅遭受大祸，或者因穷窘遭人挫辱，于是里中士人反古语以示意，作成口号，加以讥诮。口号道：“书中自有千钟粟，汤通判家中啜薄粥”“书中自有黄金屋，赵主事被和尚打得哭""书中有女颜如玉，陈进士被徐秀刖了足""书中车马多如簇，钱举人独身走踽踽"。这种带有讥诮性质的口号，在《金瓶梅》中也能见到。如西门庆与潘金莲通奸、毒死武大郎之后，远近人家编四句口号加以抨击："堪笑西门不识羞，先奸后娶丑名留。轿内坐着浪淫妇，后边跟着老牵头。"

有些俗语，事实上就是当地的方言俚语。譬如，北京人称那些好以言语督过人者为"糁金榔头"，意思是说言语虽美，禁止不易；说人之将死为"去天渐远"，意思是说入土已近；说人脸有病色为"阎王未勾，何自押到"。其言均戏谑尖雅。有时将这些说法合称，讥诮他人，说："未勾先押到，已识去天远；若受糁金椎，冥途可回转。"（蒋一葵《长安客话》）

所谓隐语，即为行话，有时甚至带有黑话性质，属于江湖切口。明代官场贿赂公行，士习犹如市习。为避人耳目，行贿时均采用隐语。如正德时刘瑾擅政，贿赂风行，凡行贿钱钞，说馈"一干"即为"一千"，说"一方"即指"一万"。（陈洪谟《继世纪闻》）又如将黄金称为"黄精"，白银称为"白蜡"。（伍袁萃《林居漫录·畸集》）

城市市井各行均有自己的行语，在本行内流通，非他行中人所得知。即使如妓院中的妓女，也有婊子行语。《金瓶梅》谈到帮闲应伯爵与粉头李桂姐、郑爱香打趣，郑爱香骂他："不要理这望江南、巴山虎儿、汗东山、斜纹布。"据清人张竹坡眉批，可知这是婊子行中的市语。"望"作"王"，"巴"作"八"，"汗"同"汉"，"斜"作"邪"，合起来应为"王八汗邪"。杭州三百六十行，均有市语。有一种"四

平市语"，称"一"为"忆多娇"，"二"为"耳边风"，
"三"为"散秋香"，"四"为"思乡马"，"五"为"误佳
期"，"六"为"柳摇金"，"七"为"砌花台"，"八"为
"霸陵桥"，"九"为"救情郎"，"十"为"舍利子"，
"小"为"消黎花"，"大"为"朵朵云"，"老"为"落梅
风"（田汝成《西湖游览志余》），如此等等，不一而足。

　　至于江湖黑道中人，也有自己圈内的隐语黑话。如河间、
保定等地，军民杂处，有些军民专门邀请盗贼，凡有偷来马骡
牛驴，或半价收买，或勾引窝藏，称为"接手"，又称"收买
短脚"，显然就是行内隐语。

从庙堂到江湖

皇冠心态

皇帝是整个统治集团的最高统治者，皇帝的意志是统治阶级的最高意志。从知识结构、信仰崇尚以及行为特征诸方面来看，明代的皇帝，从开国君主朱元璋，到亡国之君朱由检，既有共同点，又存在着差异。如明太祖的勤政俭朴，武宗的淫佚好武，世宗的崇尚焚修，熹宗的荒诞不经。戴上皇冠以后，意味着可以随心所欲，不过明代诸帝性格各异，导致他们的生活内容各不相同。这亦是明代城市生活中举足轻重的一部分。

随心所欲帝王相

如果将明代的皇帝作为一个群体加以分类，大致可以分为以下两大类：一类是恪守儒家传统的礼仪准则，勤俭治国，崇儒重道，一生勤于政事，以开国君主朱元璋为代表，相类者有成祖、仁宗、宣宗等；另一类对礼教多少有点背道而驰，甚至带有反叛精神，厌倦宫廷生活，或醉心道教，或嬉戏成癖，以武宗、熹宗为代表，相类者有世宗、神宗等。

明代皇室成员朱权有《宫词》七十首，其中一首说到太祖朱元璋："宵旰常存为国心，大庭决政每亲临。退朝镇日凭绨几，御笔常书丹宸箴。"明人黄省曾也作有《洪武宫词》十二首，其中有四首颇能反映朱元璋为国勤政以及俭朴的生活特点："鸡鸣天子下床梯，内直红妆两队齐。阊阖虎头门大启，春星犹带紫宫低。""金铺玉户月流辉，宝座瑶堂映紫衣。圣主观书居大善，三更龙辇未言归。""君王蚤起视千官，金灶争催具凤餐。红粉珍盘排欲进，再三擎向手中看。""云檐排比玉妃房，户户俱铺紫木床。圣后从来敦内治，不教雕镂杂沉香。"鸡鸣一次，天上繁星点点，明太祖就下床，准备上早朝；三更夜深，明太祖还在观书，龙辇不曾回宫歇息；早起用餐，面对红粉珠盘，总要端在手中，仔细观瞧，看是否过于奢侈；宫中床铺，均用紫木，不用沉香木，又不事雕镂。这就是上面四首宫词的主要内容，反映了明太祖生活的两大特点：一是勤于政事，二是生活素朴。

明太祖朱元璋治事，常常以勤励自勉。他认为，治理天下，首先必须"无逸"，即不贪图安逸，然后才能享受真正的逸乐。洪武十年（1377）九月，他对侍臣说："朕从即位以来，常常以勤励二字自勉，天未亮就上朝，到晡时才退朝回宫。夜里躺下，常不能安席，就披衣起来，或者仰观天象，看到一星失次，即为忧惕，或者思考民事，有应当迅速处理的事，就次第笔记，等到天明发遣，让臣下即刻处理。"洪武十八年（1385）五月，明太祖又对侍臣说："朕天未亮就视朝，日高才开始退朝。至中午，再出来视朝，到傍晚才回宫。白天所决断的事务，常常默坐审思，发现有未允当的，即

明太祖坐像

使是在半夜，也要等到筹划考虑得当，然后才就寝。"侍臣答道："陛下励精图治，这是天下老百姓的福分，但圣上身体不要太劳累了。"明太祖说："难道是我喜欢劳累勤苦吗？过去天下还未安宁，我就饥不暇食，倦不暇寝，奖励将帅，才平定了祸乱。如今天下已安，四方无事，高居宴乐，难道有什么不可？不过，自古以来，国家都是因为皇帝勤政才兴旺发达，也因皇帝怠惰而衰落，天命去留，人心向背，都取决于皇帝的勤与怠，实在太可怕了，我怎么还敢利用空闲时间去贪图安逸享受？"

　　明太祖行政做事，带着一种务实的精神。他认为，帝王如果能清心寡欲，勤于政事，不做无益害民的事情，使老百姓安于田里，衣食丰足，这就是神仙；功业垂于简册，声名流于后世，这就是长生不死。在个人的治身之道方面，他对个人的私欲尤其反感，甚至深恶而痛疾之。有一次，他在华盖殿上朝，与侍臣讨论治身之道。他说："人的祸害没有比私欲更大的了。私欲并非仅指男女、饮食、服御这些方面，凡是利己利私的东西，都是私欲。只有礼才能抑制私欲的膨胀。先王制定了礼，就是用来防止私欲的。礼废弃不行，那么私欲就放肆了。作为君主，废礼纵欲，就会给百姓带来灾难；作为臣子，废礼纵欲，就会给家庭带来祸害。所以遵循礼制行事，可以减少过失，使私欲放肆而行，必定会带来灭身之祸。"

　　正是由于有了这样的认识，所以他在生活中是相当克己的。明太祖出身农民，对农民的劳苦很熟悉。洪武二年（1369）五月，太祖游幸钟山归来，从独龙冈步行走到淳化门，才骑马进城回宫。他对侍臣说："朕好久没有亲历农亩了，刚才见到农夫冒暑耕耘，很苦啊，因此很怜悯他们的辛劳，才不知不觉徒步走到这里。"为此，重农思想一直贯穿于他的各项政策。

　　关于明太祖的俭朴生活，《明实录》用下面的话加以概括："宫室器用一从朴素，饮食衣服皆有常供。"不妨举几个例子。大明建国前夕，典营缮的官员进献宫室图。朱元璋看到上面有雕琢奇丽的地方，就将它抹去，并对中书省臣下说，宫室不过是取它的完固实用罢了，何必过分雕镂装饰。吴元年

（1367）九月，新的大内宫殿修成，制皆朴素，不为雕饰。洪武元年（1368）八月，有司上奏造皇帝乘舆服御，凡是应该用黄金的地方，明太祖都下令用铜替代。

在明代皇帝中，要数武宗最游戏成性，放荡不羁。明人王世贞有《正德宫词》二十首，其中四首颇能反映武宗的性格与生活："十年彤管侍先皇，太液甘泉蔓草荒。七叶神孙今好武，苑西新辟斗鸡场。""蜀马分弸对打球，纤腰帖地浣青油。金牌银碗从渠爱，谁敢争先第一筹？""玉水垂杨面面栽，豹房官邸接天开。行人莫爱缠头锦，万乘亲歌压酒杯。""西师入座讲莲经，敕许姝娥取次听。缨络宝珠从密施，莫留余障在宫庭。"显然，好武、斗鸡、打球、造豹房、嗜酒、延师讲佛，这是武宗生活的主要内容。

清初毛奇龄所著《明武宗外纪》，为我们全面了解武宗提供了方便。武宗此人，一生嗜酒成癖，经常以杯勺自随。左右使者乘其酒醉，方便行事，所以常常预备着酒瓶、酒罐之类，等到他醒后，再将美酒进奉。当他游幸到保定府时，巡抚伍符侍宴行酒。当武宗得知伍符善饮，就与他行藏阄之戏。伍符偶胜，他就不快，故意将手中阄投在地上，下令伍符捡拾，并罚饮数瓢。等到伍符颓然瘫倒，他又大笑不止。

武宗好武，甚至连皇帝的尊号也不在乎，反而百般追求武官、勋臣的称号。宸濠叛乱时，他下令"总督军务威武大将军总兵官""后军都督府太师镇国公"朱寿亲统各镇边兵征剿。其实，这两个封号，是武宗加封给自己的武职称号。

武宗猎色，当他听说锦衣卫都督同知于永善阴道秘术，就

明武宗坐像

将他召入"豹房"。于永是色目人，向武宗进言，说是回族女皙润而瑳粲，胜过中土妇女。为此，武宗下诏索要擅长西域舞的回族女十二人，在豹房里歌舞达旦。武宗游幸偏头关时，在太原女乐众人中结识了乐户刘良之女，称为"美人"，宠冠诸女，凡是饮食起居，必与刘良之女在一起。据说这位刘娘娘，其出身是乐伎，而且是有夫之妇，她的丈夫是晋王府乐工杨腾。

　　武宗一生游戏成性。他别构院御，筑宫殿数层，另外在两厢造密室，勾连栉列，称为"豹房"。后来就在豹房内歇宿，令内侍环值，称为"豹房祗候"。他将豹房称作"新宅"，每天都下诏让教坊司乐工入新宅承应。后来，又将河间诸府乐工送京承应。他即位以后，每年上元节宫中都要张灯为乐。正德九年（1514），因张灯时不小心而着火，延烧宫殿，自二漏至天明，乾清宫以内皆成灰烬。当火势盛时，武宗还在豹房，回头看去，光焰烘烘，笑道："好一棚大烟火！"

如果说武宗一生嬉戏成癖，那么熹宗简直可以称之为"顽童皇帝"。秦征兰《天启宫词》一百首，很好地反映了熹宗的个人爱好、性格及生活。

据说熹宗皇帝在玩的方面兴趣相当广泛，不过最喜欢的还是做木匠活。熹宗好亲手制造漆器、砚床、梳匣之类，全用五彩装饰，工巧妙丽，出人意表。有时高兴了，他还让太监将这些木器拿到宫外卖钱。譬如，熹宗曾亲自制作了护灯小屏八幅，上面手刻寒雀争梅戏，他让小太监将它卖掉，并说这是"御制之物"，价需一万。第二天，如数奏进，龙颜大悦。每当他做木匠活最得意时，有急切奏疏进来，奏请定夺，他就命识字女官朗诵官职、姓名、朱批之语。朗诵刚毕，他就谕王体乾辈说："我都知道了，你们用心行去。"

除木匠活外，熹宗一生喜好众多，甚至见到什么喜欢什么，大致为：一、好骏马。魏忠贤在边将送给他的名马中，精选几匹骏马，进奉给熹宗。熹宗赐马赤霞骢、流云、飞玄光等名。二、好山水。魏忠贤让御用监作五彩围屏，绘西湖、虎丘众胜景，放在御榻左右。熹宗看到这些，玩之忘倦。三、好走马之戏。走马，是一种古代的局戏，又称"打马"，在当时宫

明熹宗坐像

中很盛行。四、好上树逮鸟。有一次熹宗游幸西苑，爬上树，从鸟巢中逮雏鸟，失足堕地，裂裳破面。五、好猫。在宫中猫儿房，养着许多名猫，十五成群。牡者称"某小厮"，牝者称"某丫头"，甚至还给猫加上官衔，称为"某管事"，同内官例，给赏钱。六、好捉迷藏。乾清宫丹陛下有老虎洞。洞背为御街，洞中甃石成壁，可通往来。熹宗常常在月夕之夜，率众太监在洞中捉迷藏为戏，潜匿其内。七、好玩冰床。每当西苑池中结冰，熹宗就下令用红板做拖床，四面低栏，也是红色。他就坐在里面，太监在两旁用绳或竿，前引后推，往返数里，瞬息而已。

熹宗所好虽众，然不好女色，夜宴既毕，就陈设种种杂戏，至宵分才就枕，所以宫词中说："六宫深锁万妖娆，多半韶华怨里消。"

杀了他才快活

明代诸帝或起自草莽，或长于深宫，虽然生活的环境与所受的教育各不相同，对艺术的追求与爱好却是归趋一致，尽管在这种爱好的背后，其本身的目的与所起的作用会存在种种差异。明代诸帝对音乐有不同程度的接触，即使谈不上在这一领域里成就斐然，但也在历史上留下了不同的印记。

明太祖即位以后，首要的任务就是制礼作乐。制礼的过程实际上就是抛弃元朝的胡俗衣冠，恢复唐制，然后在此基础上建立起一套贵贱有别的礼制。作乐的本意则是为了和民声，格神人。为此，明太祖实行了一整套的音乐复古运动。在元朝时，古乐全废，只有"淫词艳曲"更唱迭和，而且又使"胡虏之声与正音相杂"。太祖对元朝乐章中所夹杂的胰词甚为反感，就命礼部尚书陶凯等更改旧词，摒弃"一切流俗喧哓淫亵之乐"，使音乐具有"平和广大之意"。至洪武四年（1371）六月，吏部尚书詹同、礼部尚书陶凯秉承太祖旨意，制成《宴享九奏乐章》。洪武年间，太祖还命僧人宗泐撰写献佛乐章，在佛教音乐上有所贡献。佛曲进呈以后，太祖亲自署其曲名为"善世""昭信""延慈""法喜""禅悦""遍应""妙济""善成"等，著为定制。太祖自己对音乐也深有研究，并亲自制作了《大祀天地乐章》。据王圻《续文献通考》载，洪武八年（1375）正月，太祖亲自主持大祀，就采用了他自己制作的乐章。

明成祖也对音乐颇感兴趣。他的音乐思想显然与太祖是一脉相承的。早在永乐元年（1403）九月，成祖下谕侍臣："皇考功德隆盛，祖宗乐章未有称述，尔等其议为之。"笔者猜测，成祖宠幸高丽贤妃，大概与权氏"善吹箫"也有一定关系。（钱谦益《列朝诗集》）至永乐十八年（1420），成祖又令内官"将《折桂令》《醉太平》《雁儿落》三曲来看"，并下旨，对这些曲子，"不要管他腔调，只看中间字义如何"。成祖已不似其父那样，显得严谨正大，而是粗犷疏阔，在对待音乐上也大致如此。如太庙、郊坛所用音乐，其乐辞都由成祖亲自制作，其中就有"杀了他才快活"等语（李诩《戒庵老人漫笔》），乐器也大多是胡乐。

仁宗虽说不上在音乐上有很高的造诣，但亦喜弹琴。他在《池亭纳凉》一诗中，就写有"援琴弹雅操，民物乐时康"（钱谦益《列朝诗集》）。

宣宗对音乐的爱好，大致也是承袭太祖、成祖，所喜者多为歌功颂德、弘扬朝廷恩典之作。如宣德三年（1428）九月，大学士杨士奇进《平胡铙歌鼓吹辞曲》十二篇，宣宗喜纳之。

孝宗对官方音乐也格外注意，曾命太常寺知音官在内府造大祀乐器，"以纯金为钟，西玉为磬"。

太祖所复古的皇家音乐体系，至正德时，已被武宗浪荡殆尽。武宗爱好广泛，对音乐也极雅好，而且解之甚深。他亲自制作了《杀边乐》，一直被南京教坊司所传习。武宗极好百戏，所以宫中宴会，时常有百戏承应。这些百戏均是元朝的旧习，与明太祖倡导的箫韶之响大相径庭。随后的明神宗，也是爱听"新声"，不喜雅乐。（于慎行《谷山笔麈》）

明世宗以藩王入承大统，其首要的任务是更定礼乐。嘉靖五年（1526），当世庙建成，世宗就自制乐章，颁示大学士费宏等，命其更定曲名。太祖惓惓欲复古乐，终因草创而未成就。世宗入承大统以后，自认为兼明圣述作之全，又赶上了礼乐百年之会，一心想协和神人，考正音律。嘉靖九年（1530），世宗下诏，发内府所藏金、玉、铜、石钟磬于神乐观，让神乐观官员考正音乐，仍令科道官"各举所知谙晓音律之人以闻"。（《明世宗实录》）

在明代诸帝中，与音乐最有缘的皇帝，当推亡国之君朱由检。崇祯皇帝喜欢音乐，"万幾少暇，惟抚琴动操一二，亦不属意为也"（宋起凤《稗说》）。崇祯帝雅好鼓琴，善解琴艺。他曾经自制"访道五曲"，分别为《崆峒引》《敲爻歌》《据梧吟》《参同契》《烂柯游》。（王誉昌《崇祯宫词》）此外，崇祯帝还命中书严大华订正历代琴谱，并亲自制作琴文五曲，分别为《五建皇极宫音君》《百僚师表商音臣》《于变时雍角音民》《万邦咸宁徵音事》《四夷来王羽音物》。其中第一曲就有"帝赐以禹畴兮"一句，第五曲又道："建极维王，维王建其有极兮，垂黈冕，授玄圭以为天下王。"所言均属心声，代表着皇帝的气魄，文辞也较优美。崇祯皇帝的御琴在清初尚能见到，藏于济南李家。此琴用金、玉、象犀作为装饰，背面镌刻有"广运之宝"及"大明崇祯皇帝御琴"八字，尾部又有"翔凤"两个篆字。（屈大均《翁山文钞》）

游戏翰墨

明代诸帝与书法的联系也是极其紧密的，并出现了一些善书的皇帝。

太祖出身微贱，识字不多，但凭着自己的勤奋好学，也在书法上取得了一定的造诣。早在元末至正二十五年（1365），太祖就对书法发表了自己的意见。此年，在应天府设置了国子学，其中成贤门之匾，乃书法家詹孟举所书。太祖嫌"门"字写得不佳，就"粉其钩，卒不补"，所以门字一直缺钩。（查继佐《明书》）由此可见，太祖对书法独具欣赏力。另据大学士申时行言，至万历年间，太祖的御笔仍有不少贮藏在经阁中，大概总共有76道。这些御笔，"或片楮短札，或累牍长篇，朱书墨书，真体草体，灿然具备"（《明神宗实录》）。

成祖在闲暇时，也曾"援笔肆书"，喜爱书法作品制作的精妙，由此深悟书法虽属匠艺，却也并非"生而能之"，而是"由积学所致"。成祖对书法爱之甚深，临御之初，就励精文翰，因此一些书学名家在永乐一朝相继受到重用。在永乐一朝获宠的书家有：陈登，专攻篆书；滕用亨，待诏翰林，工于篆籀；沈度，字民则，翰林学士，书法婉丽庄重，成祖称之为"我朝王羲之"；沈粲，字民望，因善书见知于成祖，召为翰林待诏，书法飘逸遒劲。永乐时期的翰林均称善书，其中尤以解缙的真行草、胡光大的行草、滕用亨的篆八分最为著名。（焦竑《玉堂丛语》）

宣宗在幾务之余，时常留心载籍。一等遍观古人翰墨，自然会有契于怀。当时日侍宣宗之侧的是书家程南云。宣宗为答谢他日侍之劳，于是在宣德十年（1435）二月十五日赋《草书歌》一首，于其中多所寓意，"书以赐之"（钱谦益《列朝诗集》）。程南云是江西南城县人，曾经在永乐时以善书预修《永乐大典》。此人精通篆隶行书等书体，为宣宗所喜，宠幸尤厚。此后，孝宗亦喜书法，尤其嗜好已故学士沈度的书法，每天临摹数遍。（孙旬《皇明疏钞》）

在明代诸帝中，真正堪称善书的只有神宗、崇祯帝两位。神宗自髫年即工八分书，为此太监孙隆专造清谨堂墨，款制精巧，极为神宗所爱。明神宗善书，既是家学的渊源，也是受张居正等辅臣的影响。就家学而言，神宗生母慈圣皇太后就善书。同时，辅臣张居正等人在给神宗安排的教学课程中，也有习字一门，所用影格是《大宝箴》。这两者的影响，使得神宗初即位，就"好为大书"，所以时常有一些内使环立两旁，求神宗御书。万历二年（1574）四月，神宗赐给张居正"宅揆保冲"四字，吕调阳"同心夹辅"四字，六卿"正己率属"各一幅。同年闰十二月，神宗亲洒翰墨，大书"弼予一人，永保天命"八字，赐予张居正。这些大书，在张居正看来，已是"笔力遒劲，体格庄严，虽前代人主善书者，无以复逾"。

神宗之子光宗，对书法也很有兴趣。每当讲学之暇，他就挥洒大字匾额、对联，"以赐青宫左右，虽祁寒大暑，未之少懈"。在这些书法作品上，他常常钤上"东宫亲御"的图章。

　　崇祯帝在书法上的造诣较深，在历史上也以善书见称。他常在丈尺幅绢上，作劈窠大书，字显得矫健绝伦。崇祯的书法作品，大多临摹虞世南。写成后，不时赐予臣下，至清初仍有人视若珍宝。崇祯帝的书法作品，传世的有"松风"二字，清初藏于布衣顾苓家。顾氏奉之草堂，曰"松风寝"。此外，尚有"松风吹解带，山月照弹琴"十字，藏于京师一士大夫家。每至书成，崇祯帝就"钤以玉玺"，印文有时是"崇祯御笔"，有时则是"大明崇祯皇帝万幾余暇之笔"，有时又是"崇祯建极之宝"。（屈大均《翁山文钞》）

　　对明代皇帝来说，醉心绘画并不单纯是游戏三昧，消遣人生，更是为了网罗儒士，以示右文，有时甚至是出于政治宣传

明朱由检书法作品

明朱瞻基《武侯高卧图》

的目的。因此，画艺的工拙仅是次要的东西，最重要的则是政治效果如何。明太祖不擅绘画，却懂画理，注重实用，所以有时也涂抹几笔。如当时周玄素善画，太祖就下谕，让他在殿壁上绘天下江山，并亲自操笔，粗具规模，"倏成大势"（郑仲夔《清言》）。洪武元年（1368），太祖命画士绘制"古孝行及身所经历艰难起家战伐之事"图，"以示子孙"，其目的就是使子孙知晓王业艰难。这样，绘画又成了政治宣传教化的工具。

宣宗以善画著称。他绘有《五花马》《白燕》二幅，上面均亲题"赐太监袁琦"。画中燕上柳叶飘洒，用粉分筋，柳干颤掣，所学当是南唐李后主金错刀法。

宣宗以后，景泰帝虽不称善画，但也有绘画作品。如景泰五年（1454），他就画有《花竹双鸟图》，"绢本，方幅，高七寸八分，阔七寸二分，着色夹竹桃枝、杏花、双鸟"（饶智元《明宫杂咏·景泰宫词》）。

今人一般只知宣宗善画，所见也多为宣宗御画，不知宪宗宸翰也极工致。如宪宗曾画有一幅《文昌帝君像》，画中帝君"冠唐帽绿袍，束带履乌靴，手持玉如意，坐盘石上，神仪萧散出尘"。此画题"成化十九年御笔"，押以"广运之宝"，显为宪宗御笔。（顾起元《客座赘语》）宪宗所画，大多是神像、金瓶、牡丹、兰菊、梅竹之类的作品，但有时也作山水小景，所作潇洒出尘。宪宗性爱画，与画士极为亲近，一些画士投其所好，借画艺以进，为此幸门大开。

孝宗是否善画，不得而知，但与画士的关系非同一般。在一般臣子看来，绘画这类玩意虽技艺绝伦，但是有之不足以华国，无之也不足以损治，视绘画为无用之艺，视画士为杂流。但孝宗与画士极有缘，即位之初，为装门面，也假重惜名器，罢黜一些传奉书绘杂流，但不久就给以恢复。至弘治七年（1494）十一月，孝宗直接下令，让各处守臣访取画士，储养于内宫。不久，山西镇守太监刘政奏送画士白玺等十八人，一同送至御用监。

宣德至弘治诸朝，皇帝对画士的重视，最终培植了一个宫廷画派，在绘画史上留下虽不称灿烂但也不可磨灭的一页。

文采风流

在明代诸帝中，太祖与成祖所受教育不多，但本领阔大，气魄宏伟，故所作诗文虽缺少文采，却大都铿锵有力，大可讽诵。随后的各朝皇帝多生长于深宫，经东宫儒士一整套符合儒家规范的训导，在文学水平上大有长进，但因远离了生活，而宫廷环境又造成了他们柔弱的性格，因而所作诗文也体现了温柔敦厚的风格。在明代诸帝中，只有武宗好武，熹宗嬉戏成癖，因而在文学上无甚建树可言。

早在戎马生涯时，明太祖就喜欢阅读经史，不久就能操笔成文章。他曾对侍臣这样说："朕本田家子，未尝从师指授，然读书成文，释然自顺，岂非天授乎？"这种生活经验同样反映于他的文学作品中，他的文章多口语化，通俗易懂。太祖的文学思想是反对言过其实，而以平实为贵。为此，他在文体上做了必要的改革，下诏：凡是表笺奏疏，禁止四六对偶，以免滋长雕琢浮文之风，文字一体讲究质实无华，典雅淳朴。平定蜀地以后，太祖曾御制"平西蜀文"，并系之以诗。此诗文辞或未甚工，但意质而情谦，大都归功天人，显示了他本人的文学风格。

明太祖的作品虽经文人的润色，但仍然保留了不少他本人那种朴实的风格。太祖起自民间，身经百战，所写诗文的内容极其丰富。简言之，太祖诗文内容具有以下特点：

一、太祖虽荣登大位，但对过去的生活仍念念不忘，对亲人的养育之恩感激不尽。如《皇陵碑》不讳艰难，《纪梦》叙及入濠之故，等等，都具有相同的主题。又如《思亲歌》一首，则将慈母养育之恩比作慈乌乳雏，对昔日微贱时的堂上亲人表现出无限的思念。

二、从诗歌中可以发现太祖的性格特点与生活追求。大概是亲近文人儒生的缘故，他的诗有时也反映了对雅致生活的刻意追求。如《竹干青乐钓》一诗，就内容、风格而言，说它是一首文人诗也不为过。而《思老试壮》一诗，充分体现了太祖老当益壮、雄心不减的性格特征。

三、太祖的笔触更多地还是伸向如"大祀"这样的礼仪场景，虽有皇家的气魄，但终究是以歌颂太平景象为目的。如《大祀》一首，其中"鞠躬稽首参天处，四海讴歌贺太平"一句，已将这种目的暴露无遗。

四、太祖出身农夫，作品虽经文臣加工，但有些仍保留了朴实的风格，读起来朗朗上口。如《东风》一诗言："我爱东风从东来，花心与我一般开。花成子结因花盛，春满乾坤始凤台。"（钱谦益《列朝诗集》）

由于成祖对建文遗事的避讳与掩饰，因此建文一朝的遗事大多含混不清，即使建文帝本人的史实，也多被篡改，以致以讹传讹。如野史盛传，建文帝自幼即颖敏能诗，太祖命他赋新月，他应声云："谁将玉指甲，抓破碧天痕。影落江湖上，蛟龙不敢吞。"这首《新月诗》为很多野史所转录，但据明末文坛宗主钱谦益考证，这是各书的附会，此诗实为杨维桢作，见于《东维子诗集》。（钱谦益《列朝诗集》）所以，对建文帝在文学上的造诣，现在还不能遽下判断。

明成祖在戎马之余，铺张文治，敕修《经书大全》与《永乐大典》。成祖也有御制集藏于宫中，不传人间，大概至今已不存于世。从《列朝诗集》所录《赐太子少师姚广孝七十寿诗》二首中，我们很难断定成祖的文学成就，因为这两首诗属贺寿诗，算是应酬之作，不能反映文学水平，只能窥见"神龙之片甲"。不过，从成祖为人看，其诗当气魄甚大。

在明代诸帝中，真正堪称文采风流者，当推仁宗与宣宗。仁宗在东宫较久，虚怀好学，学问较为渊博。他酷好宋欧阳修的文章，"乙夜翻阅，每至达旦"。仁宗有御制集上下二卷，已不存于世。现在国家图书馆藏此书存目，系内府抄本。全集有文一，即《大明长陵神功圣德碑》，诗256首，词8首。钱谦益《列朝诗集》收录了其中的九首诗，只是极少部分，我们只能据此分析仁宗的文学成就。仁宗亲近儒臣，为人雍容大度。诗如其人，仁宗之诗大多雍容蕴藉，大有宫廷风致、皇家气魄。仁宗诗的内容涉及较广，春、夏、秋三季景致的变换，无不留下了他的吟咏，春有《桃园春晓》一诗，《阳春曲》一曲；夏有《池亭纳凉》一诗；秋有《江楼秋望》。尽管如此，由于仁宗的生活已不如太祖、成祖丰富，所以诗歌的内容也不外乎宫廷的生活场景，如上元节观鳌山灯、早朝等，以此体现宫廷诗歌的特点，即粉饰太平，思想较显贫乏。

宣宗颖敏过人，有志于经史，每次考试进士，常常自撰程文，并说："我不当会元及第耶？"显得相当自信。万幾之暇，宣宗游戏翰墨，长篇短歌，援笔立就，作有御制集，就是至今仍留存于世的《宣庙御制总集》。

宣宗喜作诗，他自己就说："朕喜吟咏，耳目所遇，兴趣所适，往往有作。"（《宣庙御制总集·诗集序》）通观宣宗的诗作，具有以下四大特点：

一、受儒家文学思想的影响，诗作带有说理的韵味，《乐静诗》即可为例。

二、宣宗一朝，运际雍熙，治隆文景。宣宗时与臣下同游，赓歌继作，造就了一个台阁体诗派。作为倡导者，宣宗的诗作也具有宫廷的韵味，这种韵味就是颂谀太平景象，显示皇家的宏伟气魄。《新春诗》《元宵诗》《七夕诗》等，都是粉饰太平之作。

三、在明代诸帝中，宣宗也算是一个英主，所以他的笔触就不仅仅局限于皇家宫苑的生活，而且也对民间百姓的生活与疾苦给以客观的描述。每当亢旱岁歉，宣宗均能循己自责，减租赈恤，并毫无掩饰地写下这些与太平景象不符的农民实况。如《书愧诗示户部尚书夏原吉》一诗，所反映的就是"关中岁屡歉，民食无所资"的现实生活。（钱谦益《列朝诗集》）

四、宣宗为人风流儒雅，大有文人气习。故诗作中多有写景之作，而且显得文采斐然。如《四景诗》四首，对春、夏、秋、冬四季景色变化的刻画堪称细致入微。

就目前而言，尚未找到英宗、景泰帝、宪宗的诗作，所以无从研究。倒是《列朝诗集》引用了孝宗的一首诗，名《静中吟》。从此诗确实看不出孝宗有多深的文学涵养，只能发现他本人的生活实录。钱谦益曾认为孝宗"粹然二帝三皇，典谟训诰，不当以诗章求之也"（钱谦益《列朝诗集》）。此说在为孝宗开脱辩白以外，似乎也道出了孝宗诗章不佳的实情。

武宗好武，喜动厌静，与宣宗的风格正好相反，所以他写不出如宣宗那样风格细腻的诗作，只有一些流于粗疏的作品。

据野史记载，武宗临幸宣府时，曾经写过一首小词，有"野花偏有艳，村酒醉人多"句。这两句确是他摆脱繁缛琐碎的宫廷生活的实录。正德十五年（1520），武宗自称威武大将军，御制诗十二首，以赐大学士杨一清。在赐诗中，其中《上马留题》一首云："正德英名已播传，南征北剿敢当先。平生威武安天下，永镇江山万万年。"（钱谦益《列朝诗集》）所言虽多浮夸轻率之词，却也直抒胸臆，道出真情。

世宗醉心于道教，同时也风流自喜，万幾之暇，喜作诗文。大学士杨一清曾进呈《元宵诗》，有"爱看冰轮清似镜"之句。世宗以为此句与中秋诗类似，改云："爱看金莲明似月。"世宗时常与阁臣费宏等唱和，所作诗大有仙气。

神宗天藻飞翔，留心翰墨。曾作《劝学诗》一章，御书赐予太监孙隆，并在吴中刻石。诗云："斗大黄金印，天高白玉堂。不因书万卷，那得近君王。"（钱谦益《列朝诗集》）所言具有皇家那种盛气凌人的气势，自夸不当，但劝人勤勉好学，也算至理名言。

神宗之后，光宗短命，熹宗嬉戏成癖，文学均无足称。崇祯帝喜读书，各宫玉座左右，大都置有书籍，坐则随手披览。他曾经作有四书八股文，"以示群臣"。此作后颁行天下，士子竞相传诵。（《明宫杂咏·崇祯宫词》）惜未见崇祯帝的文学作品，故不能在此详加论述。

天潢印象

　　明朝开国皇帝朱元璋的子孙世代繁衍，宗室成员的数目日趋膨胀，在明代城市中形成了巨大的寄生阶层。明朝廷设置了专门的宗人府，负责管理宗室成员的事务。每当有朱姓子孙出生，就会被登录在《天潢玉牒》中。《玉牒》是皇帝家族的族谱。

　　这些宗室成员，无论是亲王、郡王，还是各类将军、中尉，借着"天潢"的名头，在城市中四处活动，有的结交当地官府，包揽讼事；有的饮酒作诗，开设书院，建造园林，附庸风雅；有的干脆整日无所事事，与一帮地棍打得火热，行同无赖。

中州地半入藩府

　　大体说来，明朝的诸王分封制度，在明初期曾造成了宗室内部争权夺利的斗争，对皇权构成了相当大的威胁。自明中期以后，因为朝廷的削藩政策，大部分宗室成员对政治失去兴趣，转而热衷于娶妾生子，求田问舍，导致宗室人口膨胀，成为社会的一大毒瘤。

　　朱元璋建立起专制主义中央集权后，于洪武初年实行分封王子的制度，其目的是"永绥禄位，以藩屏帝室"，既使自己的子孙后代享尽富贵荣华，又使朱家王朝君临万代。

可是，事与愿违，朱元璋一死，尸骨未寒，墓木未拱，他的亲生儿子燕王朱棣就向他的嫡长孙建文帝朱允炆发难，发动了"靖难之役"，经过几年的反复较量争夺，终于攻占南京，当叔叔的愣是从侄子手中夺过皇位，自己坐上了金銮宝座。

燕王开启了不好的先例。尽管朱棣自己继位以后，继续奉行削藩政策，剥夺诸王兵权，不过"彼可取而代之"的想法久存于诸王之心，觊觎皇位的野心根本无法从诸王心中抹去，更何况燕王自己就是他们最好的榜样呢！

永乐以后，诸王反叛的事例仍复不少。仁宗死后，宣宗为皇太子，监国南京，汉王朱高煦谋反。宣德元年（1426），宣宗亲率大军平叛，俘获朱高煦，还师。正德年间，又有两次重大的宗室叛乱，一次是江西宁王宸濠之乱，一次是宁夏庆阳府安化王寘鐇叛乱。虽最后都被平定，却着实让朝廷吃惊不小。

显然，朱元璋的这套分封制度存在着很大的问题。尽管他在位时修了一部《永鉴录》，辑录历代宗室诸王为恶悖逆的事情，以类为编，直书其事，颁赐诸王，作为他们的鉴戒；尽管他又亲自写了一部《御制纪非录》，内列秦、周、潭、鲁、靖江诸王累恶不悛之事，以便引起子孙的警觉。可是，这些宗室亲王依然我行我素，因为至高无上的皇位的诱惑力实在太大。经过多次的叛乱、平叛以及随后的削藩，明代诸王的政治问题才暂时告一段落。到了明代中期以后，由于宗室人口骤增，岁禄数量庞大，困扰朝廷的宗室问题转而变成了经济问题。

明佚名《明成祖像》

　　朱元璋有十子，除了立长子朱标为皇太子，其他诸子都于洪武三年（1370）四月实行了分封，第二子朱樉封为秦王，第三子朱㭎封为晋王，第四子朱棣封为燕王，第五子朱橚封为周王，第六子朱桢封为楚王，第七子朱榑封为齐王，第八子朱梓封为潭王，第九子朱杞封为赵王，第十子朱檀封为鲁王，侄孙朱守谦封为靖江王。（《皇明诏令》）

　　永乐朝，除成祖诸子如高煦、高燧分别封为汉王、赵王以外，还下了一道《复封宗室诏》，大批分封宗室。如将周王、齐王重新分封到河南、青州，代王、岷王也恢复了封爵，此外，封秦王之子尚烐为兴平王，尚炡为永寿王，尚炵为安定

王；封晋王之子济熿为平阳王，济烇为广昌王；周王长子有燉
复为周世子，有爋封为汝南王，有烜为顺阳王，有爝为祥符
王，有熺为新安王，有炈为永宁王，有煽为汝阳王，有爌为镇
平王，有㶴为宜阳王；封齐王之子贤烶为乐安王，贤㙫为长山
王，贤㒱为平原王。（《皇明诏令》）

成祖以后，仁宗十子，除宣宗外，建藩就国者五。英宗
九子，除宪宗外，建藩就国者五。宪宗十四子，除孝宗外，建
藩就国者九。世宗八子，除穆宗外，建藩就国者一，即景王载
圳。穆宗四子，除神宗外，建藩就国者一，即潞简王翊镠。神
宗八子，除光宗外，建藩就国者四，即福王常洵、瑞王常浩、
惠王常润、桂王常瀛。

按照明代制度，皇帝的次子封为亲王，亲王的世子日后袭
封，其余次子以下均封郡王。郡王长子袭王，次子都封镇国将
军。往下世代袭封，镇国将军之子封辅国将军，辅国将军之子
封奉国将军，奉国将军之子封镇国中尉，镇国中尉之子封辅国
中尉，辅国中尉之子以下都封奉国中尉。皇帝之女封公主，亲
王之女封郡主，郡王之女封县主。郡王孙女封郡君，曾孙女封
县君，玄孙女封乡君。

亲王、公主以下，都有禄米、禄麦、海盐、籽粒（即地
租）。据《皇明通纪》一书记载，每年亲王禄米1万石，郡王
禄米2000石，镇国将军1000石，辅国将军800石，奉国将军600
石，镇国中尉400石，辅国中尉300石，奉国中尉200石。每年公
主禄米2000石，郡主800石，县主600石，郡君400石，县君300
石，乡君200石。

自成化以后，生活在城市的宗室人口日繁，一遇岁歉常赋不足，亲王以下，大多减半支给禄米。就每个亲王而言，岁供禄米当然呈逐渐减少之势。但由于这些皇子皇孙养尊处优，繁衍很盛，因此宗藩岁供总额与日俱增。关于宗室人口的无限增大，明人戚元佐作如下记载："夫国初亲郡王将军才四十九位，女才九位。至永乐年间，增封亲郡王将军四十一位，女二十八位。其数尚未尽多也，而当时禄入已损于前，不能全给。今二百年来，宗支造入玉牒者，共计四万五千一百一十五位，而见存者二万八千四百五十二位，视国初不啻千倍。天下王府之禄反多于岁供京师之米，即使尽发上供之输，犹不足王禄之半。"（陈子龙《明经世文编》）嘉靖初年，霍韬上奏云："洪武至今，自周王一府论之，禄米增数十倍，子孙日益繁矣！"（郎瑛《七修类稿·国家银米数》）

宗室繁衍导致的禄米增加，已使朝廷不堪重负。即以周王府为例，禄粮均在布政司关领，每年于五月发放，禄银共达10余万两。（《如梦录·爵秩纪第四》）顺治二年（1645），《登莱巡抚陈锦残本》提供了明崇祯年间衡王府岁禄和其他各项支领的具体数字，共达26000余两。（《明清史料》）一个王府的岁禄和各项支取如此之大，几十个王府的支取，自然会使明朝政府的赋税收入捉襟见肘。嘉靖四十一年（1562），御史林润曾将岁供京师之粮与王府禄米支出作了如下对比：天下岁供京师粮食每年400万石，而诸府禄米支出就达853万石之巨。以山西为例，存留粮152万石，而宗禄达312万石；拿河南来说，存留粮不过84万余石，而宗禄所需达192万石。（《明史·食货志六》）可见，在山西、河南两省，即使将存留粮全部供给王府岁禄，还不足禄米之半。而天下供给京师的粮食，也不及宗室禄米的一半。由此可见，宗藩岁禄确已成为明代中后期朝廷的沉重负担。

自洪熙以后，诸王通过钦赐、奏讨、投献等手段，大肆掠夺官民田土，成为家业庞大、显赫异常的庄田地主。他们那种穷奢极欲的豪华生活，主要是靠庄田地租来维持的。

洪熙元年（1425）七月，赵王高燧就藩河南彰德府时，仁宗于岁供之外又钦赐田园80余顷，开启了藩王就国钦赐庄田的先例。仁宗嫡五子襄王瞻墭，宣德四年（1429）就藩长沙府，正统元年（1436）徙襄阳府。正统二年（1437），英宗赐襄王"无税地"396顷。景泰三年（1452），代宗又赐襄王地100顷。英宗庶二子德王见潾，于成化三年（1467）就藩济南府时，得赐地4100余顷，后分别于成化十八年（1482）、二十三年（1487）得赐地1320余顷、403余顷。宪宗庶四子兴献王祐杬，弘治七年（1494）就藩湖广安陆州时，孝宗赐给他郢王、梁王的香火地449顷，继而又把郢、梁二府遗下的3839顷庄田，全部赐予兴献王。世宗子景王载圳，于嘉靖四十年（1561）就藩湖广德安府时，得钦赐庄田多达4万顷。穆宗子潞简王翊镠，于万历十七年（1589）就藩河南卫辉府时，神宗将景府遗下的4万顷庄田全部赐给了他。神宗子福王常洵，于万历四十二年（1614）就藩河南府，得庄田2万顷。天启七年（1627），瑞王、惠王、桂王就藩时，各得田3万顷。

有明一代，可以说没有一个藩王不侵夺民田的。侵占的渠道有二：一是将民田妄指为"荒地""退滩地""闲地"等上奏皇帝，通过皇帝批准，以"合法"的手续而广夺民田；二是不通过奏准而直接侵夺民田，侵夺的主要方式包括投献、低价夺买、赤裸裸白占三种。据学者研究，诸王占据的庄田数字，至少已接近五六十万顷，约占明代耕地总数的十分之一弱。

宗室大量占有民田，已引起当时一些士大夫的震动。明末，河南诸藩最为横行，开封城中宗室就有72家田产，当时号称"中州地半入藩府"。明人李攀龙诗云："惟余青草王孙路，不属朱门帝子家。"可谓诗史。此诗语言含蓄有味，可知宗室占田之风由来已久。

明藩不仅占有大量庄田，成为最大的庄田地主，而且占有相当数量的市肆和厂矿，分割了明朝政府相当一部分税课。

明仇英《清明上河图》中的园林

在明藩占有的城市店肆中，主要是官店和盐店。明代的官店也和官田一样，可以由皇帝赏赐给诸王及皇亲贵戚。诸王一方面向皇帝奏讨官店，另一方面自行设立官店。《明史·李东阳传》说，诸王"每于关津都会大张市肆，网罗商税"，指的就是这方面的情况。

喜得天潢有相公

明朝末年，城市宗室甚多，禄米日减。自将军而下，有些自忖文学稍优的宗室子弟，就去应科举考试，有幸得中成为秀才，一时趋者颇众。当时有士子写了一首诗，给以讥嘲，诗道："愿将纱帽换儒巾，解带系绦稳称身。老爷博得相公叫，娘娘重结秀才亲。"有一王子闻知，口占一诗，反唇相讥，诗道："纱帽儒巾气类同，系绦脱带挂玲珑。娘娘原抱老爷睡，喜得天潢有相公。"闻者为之绝倒。

两首诗虽然幽默可笑，但至少可以说明一个问题，即到了明末，在宗室中也发生了两极分化的现象。如亲王、郡王，他们广有田产，过着奢侈糜烂的生活，而将军以下，诸如一些贫支宗室，由于禄米的减少，生活逐渐陷入困顿，只好通过科举考试，以求在政治上获得出路，借此改善生活，重换门庭。

说到宗室成员应试科举，不做老爷，愿当相公，不能不先谈谈明代的宗学，因为宗学的设立，使得宗室子弟接受了系统的教育。

根据《宗藩要例》，明代诸王王府均设有宗学。凡是宗室子弟，年龄超过10岁，均可入宗学学习。宗学之师由本王府的教授、纪善充任，或者从宗室成员中选择学行兼优者一人充当宗正。万历四年（1576），河南巡抚孟重等上奏，奏中有关宗学事宜十二条，包括学制、师职、教职、教规、稽行宗正、稽言宗正、习医、赈恤宗室、资赡、供役、请敕、公移等内容，对宗学的教学内容进行了部分的变更。如宗室子弟13岁以上，才许送入宗学学习，如果年岁不足，就只好各就私塾，或者直接由本府教授训诲。宗生学习的内容，除讲解经书、《性理大全》或《通鉴》外，还要学习《皇明祖训》《孝顺事实》等书。此外，一些贫穷宗室业医足以自赡，就由本府良医充当老师，教授他们《难经》《素问》等书。（《明神宗实录》）

在宗学中，有一套比较完善的考试制度。每年由提学官负责宗生的考试，如果能记诵《皇明祖训》《孝顺事实》，兼通文翰，五年期满，就题给全禄。学行无取，还须另考，考试优异，再请给名粮。学习十年以上，可以授予冠带，无名粮的宗生，给予衣巾。诸生中果真有学行俱优、孝友著闻的人，由巡抚、巡按具奏，原有封禄的人请敕奖谕，原食名粮的人量加奉国中尉之职，不给俸禄。至于一些无名庶宗，则由巡抚、巡按量行优奖。

万历三十四年（1606），朝廷正式下令，宗室成员中将军、镇国中尉、辅国中尉等，与地方学校中的生员一样，共同参加科举考试。凡是进士出身，二甲可以选授知州一职，三甲选推知县。若是乡试中了举人，也照常选授官职。不过，宗室成员无论是中了举人，还是进士，都不得选授京职，只能当地方官。在此以前，只允许奉国中尉以下的宗室成员参加科举考试，有辅国中尉以上爵位的宗室，不得参加，因为他们的爵位较为尊贵，很难授予合适的官职。到了这一年，由于李廷机的上奏，才使辅国中尉以上的宗室也可一同参加考试。（《明神宗实录》）

除了科举考试以外，还从宗学中选拔岁贡、科贡、恩贡生，使宗室成员多增一条仕途上的出路。天启元年（1621），朝廷规定，宗学廪生如各府州县学一样，40人中岁贡1人，未设宗学的王府，不必另设，宗室成员就附在民学里，一体起贡。食廪科贡，额外加增。至于天启元年的恩贡，也照此例奉行。（《明熹宗实录》）

宗室参加科举考试，起初得到特别的照顾，规定宗学中20人应试，必须取中一名，为此还特地增加了考试的名额。到天启年间，宗生参加考试，场中试卷与民生一样，糊名易书，不再另编宗号。宗生应举，也勿拘定数。此外，因天启二年（1622）开科，宗室朱慎鋆首登甲第，足以光耀天潢，所以熹宗特意让吏、礼二部会议，优选京秩。后吏部复议，铨选朱慎鋆为中书舍人。（《明熹宗实录》）这就打破了宗室不授京职的定例。

宗室中擅长文学的人，大致以江西最多，湖北、四川次之。如举人朱由楥，是益王府的宗室，以会试副榜求准殿试。又有朱统钸，是宁王府宗室，参加科举中了进士，当选拔庶吉士时，有人上言，认为宗室不便入翰林院庶常馆，为此改授中书舍人，朱统钸当即告假而去。（杨士聪《玉堂荟记》）

除科举之途外，宗室成员在仕途上还有一条出路，即"换授"。所谓换授，其实就是保举法，大体由亲王保举，如果本府无亲王，则由郡王保举。换授法一行，宗室成员人人学会钻刺行贿，只要行贿50两银子，即可求得亲王荐举，优者得授中书舍人，次者也不失为州县正印。如当时一个叫朱露的宗室，凭借朝觐知县上书皇帝，一味逢迎讨好，于是皇帝就召见了他，授予他给事中一职，赐名朱统泽。（孙承泽《思陵典礼记》）

风流好文

政治上没有出路，导致这些天潢宗室转而追求风流好文的雅致生活，享受宫室苑囿、声伎狗马之乐，音曲词章、枭卢击鞠，靡不狎弄，离宫别馆、舞榭歌楼，无不具备。于是，四方的墨卿赋客、博徒酒人、黄冠羽服、骥子鱼文之流，闻风而动，纷纷鳞集，成为王府的座上客。

宗室成员的兴趣相当广泛，好文仅仅是一个方面。这些宗室成员雅好交游，纷纷与士大夫结交，并仿士人结社风气，在宗室子弟之间互结诗文社，吟风弄月，风流雅致。

周宪王朱有燉，为周定王长子，据说就"恭敬好文辞"，著有《诚斋录乐府传奇》若干卷。他所制的乐府新声，一直为开封人所喜欢，歌舞不歇。代王府的端懿王朱聪滉，为人俊格嗜学，善于属文。益庄王朱厚烨，撰著诗文甚多。他的手下还聚集着很多儒生，替他从事一些文学工作，如他曾命儒生张时彻辑《皇明文范》。富顺王朱厚焜，也对诗歌尤为嗜好。唐王府的昭毅王朱弥鋠，性格警敏绝人，为人儒雅，著有《存稿》《乐府》《复斋录》若干卷。奉国将军朱多炡，颖敏绝人，善于诗歌，所作尺牍小札，多有风致。（张萱《西园闻见录》）秦王府简王朱诚泳，也以风雅著称，著有《宾竹小鸣集》，在当时相当闻名。在秦王府宗室中，还有一位号"青阳子"的宗室成员，藏有石本《清寒九九图》，每图各系诗一首，诗意归于安静，以养微阳。（全祖望《鲒埼亭集》）

宗室成员结成诗文社的例子，也在史料中多有记载。如恭裕王子孙中朱翊鈗、朱翊鏖、朱翊鏻三人，都工于诗，兄弟共处一楼，谈艺不倦，结成"花萼社"。奉国将军朱多炡，也与宗人结成词社。又如河东府将军宗室朱新增，与王浦鹤、钱虚舟、杨定一、李以仁这些士大夫交游，"结诗社苦吟"。（傅山《霜红龛集》）

明代宗室成员大多对书画表示出极大的兴趣，有些甚至兼工书画，在书林画坛占有一席之地。如周宪王朱有燉，曾集《古名迹》十卷，亲自临摹，勒于石上，名"东书堂"；又集有古人书法法帖，也遒丽可观。晋庄王朱钟铉，好博古，喜法书，考虑到绛帖岁久断脱，他就让世子奇源求得旧本，重新刊刻。代王府端懿王朱俊格（朱聪㴑之子），尤好古人篆籀墨迹，曾经亲手临摹60余种，勒于石上，称为《崇理帖》。富顺王朱厚焜，也兼精绘事，在绘画上有一定的成就。益庄王朱厚烨，精研书法小篆，别具一格。唐王府昭毅王朱弥鋠，曾经汇集古人法书，名《复斋集古法帖》。奉国将军朱多炡，精通绘画，看到古代名人墨迹，就再三临摹，如出其手。

　　明人李梦阳《汴中元夕》诗云："中山孺子倚新妆，郑女燕姬独擅场。齐唱宪王春乐府，金梁桥外月如霜。"此诗说的就是开封周王府戏曲之盛。据说周宪王朱有燉在乐府的制作上擅名东京（开封），作有杂剧三十余种，杂戏百余种，一直为中原弦索所采用。这就不得不追溯到明初朱橚到开封就国时，朱元璋"钦拨二十七户乐户随驾伺候奏乐"。其子朱有燉嗜好"声伎"，创作了大量的杂剧，加之王府内广蓄家乐班子，使得王府戏曲在开封名扬一时。另外，毛奇龄《西河词话》载："提琴起于明神庙间，有云间冯行人（即冯时可）使周王府，赐以乐器，其一即是物也。但当时携归，不知所用……太仓乐师杨仲修，能识古乐器，一见曰：'此提琴也。'"从中可知，当时周王府御乐不仅精于搬演各种杂剧、舞旋，而且在王府中保存了整套的北曲所演奏的乐器。

　　除了尽情声伎之外，周宪王朱有燉还好饮"京口老酒"。据周亮工《书影》所载，当时"京口人岁治数万瓮，溯黄流而上，尽以供汴人，呼曰'汴梁酒'"。由此就不难理解为什么《如梦录》一书记载当时开封城内"酒园林立"。这种镇江酒直至清初在开封尚负盛名，长篇小说《歧路灯》中所说"镇江三白颜色俊"一语，即可为例。

　　清人饶智元《辽藩宫词》四首之一云："竹宫秋夜月华凉，隐隐鸾箫出洞房。莫唱人间可哀曲，落花流水送南唐。"说的大概就是辽王府中的宫室、艳曲。据《辽邸纪闻》可知，辽王喜好营造宫室，建亭院20余区，在里面设置美人、钟鼓。这些园亭，名称繁多，有西楼西宫、曲密华房、太乙竹宫、月榭红房、花坞药圃、雪溪冰室、莺坞虎圈，又有塔桥龙口、西畴草湖、蕊珠洞、宫人斜等处，绵延包络，琪花瑶树，异兽文禽，靡不毕至。在园林中，辽王每天与名士赋诗觞酒。据说，辽王雅工诗赋，自制小词艳曲，有《春风十调》《唾窗绒》《误归期》《玉阑干》《金儿弄丸记》，无不极其婉丽。

明佚名《宫殿》

自天顺以来，这些天潢王宗日以溺佛、烧丹，求其肉体长生，于是四方佛道、方士、丹客，纷纷投入王府，目的无非是骗取金银钱财。其实，早在明初，这些亲王就与僧道、方术之士打得火热。如洪武朝时，齐王起盖僧寺，劳民动众，"以致罪及官吏，死者甚多"；此外，又在宫中命龙虎山道士在殿庭上放置神像，在柱上书写一副门对，并将玉帝以及众天神名号刊在板上，五寸阔，八九寸长。靖江王也是盖了一座圆通寺，还请来僧众，在云南都司后堂做斋三昼夜，在广备仓支米53石，给予各僧。秦王则与算命人关系密切，曾将算命人裴先生召入宫中，算命卜卦。（朱元璋《御制纪非录》）

到了嘉靖年间，明世宗崇尚焚修，信奉道教，于是这些宗室也纷纷迎合。如辽王为了奉承世宗，也好致方士，追求长生不老之术。世宗加封辽王为"真人"，宠赐络绎。（钱希言《辽邸纪闻》）恭王朱厚燔，为人暴虐，也凭借好道向世宗献媚。世宗南巡时，封恭王为"太清辅玄宣化忠道真人"。朱厚燔之子朱载圿继承王位后，据说时常梦见一位老人，童颜长爪，说："吾得请于朝，将佐王。"醒后，得道士梁甲，年八十，善于导引术，一如梦中。朱载圿于是将梁甲推荐给世宗，为明世宗所宠幸，地位权势几与陶仲文相提并论。（查继佐《罪惟录·列传》）显然，恭王做梦云云，不过是一派胡言，目的无非是增加道士梁甲的神秘色彩，以便向世宗献媚。

众所周知，自正德以后，在士大夫中逐渐形成了一股讲学风气，并在城市广建书院，作为讲学场所。流风所及，在明代宗室中也形成建造书院之风。他们建好书院后，或奏请皇帝御赐匾额，或请有名的文人士大夫题匾。

据弘治、正德、嘉靖、万历四朝的《实录》，当时由天潢王宗建造的书院，数量确乎不少。如：弘治十七年（1504）八月，由于晋王府庆成王朱奇浈的请求，御赐书院额为"尚贤"，并赐予《五经大全》等书；正德元年（1506）五月，赐隰川王朱聪汉所建书院为"崇礼"；正德三年（1508）八月，由于楚王的奏请，赐书院额为"正心"；正德八年（1513），宁王朱宸濠建成阳春书院，向当时著名的文人李梦阳乞诗，"梦阳与之"；万历十二年（1584）九月，赐建德王朱翊铉所建书院额为"守文"，并赐予《四书集注》《五经集注》各一部。

天潢王宗广建书院，与当时的风气桴鼓相应，以示崇儒右文，也是这些王孙附庸风雅的一个侧面反映。

行同无赖

这些亲王、郡王、将军，从他们的所作所为来看，不但成为名副其实的地方豪强，而且大多无赖成性，而那些王府与将军府，更是成了城市流氓无赖的避风港。

不妨看看下面这些例子：伊王朱橚，就很有点流氓派头，"平居髡裸男女杂坐之"，因为他生活实在过于糜烂荒淫，所以死后得了一个"厉"字的恶谥。（谈迁《国榷》）又如荆宪王朱瞻堈，屡次聚集恶少骑射游猎，微服外出，抢夺他人美貌妻女。（查继佐《罪惟录》）一些王府大都设有乐院，内有很多乐妓，导欲长奸，贻害无穷。如鲁王朱观𤏳，淫戏无度，鲁王府中旧有东园离宫，朱观炡还不满足，对其进行改造，叠山浚池，造复屋曲房。不仅如此，鲁王还挟娼乐及一些无赖群小，在离宫内昼夜欢饮，甚至男女裸体，"群浴于池，无复人礼"。（《明世宗实录》）可见，这些天潢王宗不事生产，整天无所事事，而把大量的社会财富集中到自己手里，用来满足他们荒淫无耻的生活。他们不仅住着雕刻华藻、崇饰富丽的府第别宫，摆着龙凤几榻诸器及宫殿陈设宝玩金玉，而且强夺民间少女，呼唤乐妓入府奸用，甚至烝淫不道，成为一群衣冠禽兽、无赖流氓。

亲王掠夺了大量土地以后，大多设有王庄。这些王庄的直接管理者是"管庄内臣"和"管庄官校"，但庄头、伴当则多由一批无赖充当。这些王府管庄人役不仅恣意掠取财物，而且奸污妇女，私设刑具、牢狱，缚打佃农，甚至格杀庄佃。

正德年间，当时的一些城市流氓，诸如无籍奸人、游食术士、无名内使，更有一些私自净身的男子，大多依托王府，在王府中充当谋士爪牙，不仅"废置害人"，而且"贻累宗室"。（《皇明诏令》）成化年间，在山东兖州府的城内，一些郡王、将军专门收买外姓子弟，或者容留一些各处逃来的军民因夫及游手好闲之徒。而这些人大多无籍贯，来历也不明，实际上就是无赖流氓。（戴金《皇明条法事类纂》）这些人到了王府，无非是充当家人、厨役，或者投充猪、羊、菜户等项名色，在府中听候使唤。一旦进了王府，这些游手好闲之徒就为虎作伥，假传令旨，虚张声势，逼取他人私债，强买商贩货物，挟制地方官府，欺压良善平民，有的甚至暗中与盗贼勾结，劫夺杀人，骚扰一方，毫无忌惮。

更有甚者，这些流氓将人拿到王府，殴打致死，有时还随便捉拿百姓，逼打他们，让他们自己承认为盗，借此吓诈财物。等到事情败露，他们就躲在王府中不出来，地方官也奈何他们不得。

太监的生活

　　太监为刑余之人，是宫廷中供使唤的家奴。太监又因专权而地位显赫，耀武扬威，招摇过市。北京是太监最为集中的城市，太监生活在皇宫中，从事的是服侍皇帝与宫中后妃的事情，不过由于他们时常外出采买，也与市井发生一定的关系。万历中期以后，矿监税使四出，太监蜂集各地城市，把城市搅得一塌糊涂。太监是明代城市芸芸众生中的特殊阶层，这些人的生活也颇值一记。

白浪子

　　中国的老祖宗早就留下训条："身体发肤，受之父母，不敢毁伤。"又说："不孝有三，无后为大。"阉割净身而做太监，这是一般人所不屑为，更为士人所鄙夷。那么，怎么仍有很多人想做太监呢？其原因不外乎以下两个：一是在明代的京畿地区，确有这么一些人，他们家中无地可种，又生性疏懒，不愿为人佃佣，整日在乡村中闲游，为非作歹，当看到有些人做太监以后发了财，又长了威风，着实羡煞人，于是就私自净了身，在北京潜住，想找个机会，托上一个熟人，到宫中找份差使干，既混碗饭吃，或许将来自己也能得权得势。二是畿甸之民，乃至山东、山西、陕西等地，有些人希图躲避徭役，又想侥幸得到富贵，而家中又有数子，就将其中一子阉割，名曰"净身男子"。

这些净身男子进宫以后，有些人就掌了权，志满意得。尽管如此，太监有时仍将阉割视作奇耻大辱。如正统年间，太监于经得志，其父来探望他。于经下帘答父，冤他父亲："尔忍阉儿？"过后，才上堂称父子，抱持而泣。（谈迁《国榷》）太监虽是刑余之人，亦极力追求与常人相同的生活，即使不能娶妻生子，也要讨"菜户"，拉"名下"，犹如娶妻生子过日子一般。

太监有妻，在明代以前已有先例。唐代太监高力士，曾娶吕玄晤女国姝。又如太监李辅国，皇帝替他娶元擢女为妻。宋代太监梁师成妻死，一些大臣还前去祭奠拜哭。元人赵伯颜不花先有妻子，年过三十，元顺帝才将他阉割，成为太监。不花舍不得妻子，入宫后仍与妻子共处。至明代宣德年间，宣宗赐给太监陈芜两个夫人。陈芜后由皇帝改赐姓名，姓王，名瑾，字润德。天顺初年，英宗也赐给太监吴诚妻。

太监已被阉割，即常人所谓的已"去其势"，那么这些人要妇人有何用？有人认为，太监虽被阉割，男性犹在，必须接近妇人，夜晚才能睡得安稳。如太监侯玉，不但人长得很美，而且妻妾成群。其中有一人名白秀，为绝色佳人，与侯玉交好至厚，成了他的宠姬。据白秀透露，才得知太监的性生活真如所传言的一样，也是甚是相爱，而且淫谑超过平常之人。据说，太监每与女人交接，"则将女人遍体抓咬，必汗出兴阑而后已。其女人每当值一夕，则必倦病数日，盖欲火郁而不畅故也"。（田艺蘅《留青日札》）

有些太监为了恢复"阳道"，竟听信一些无赖棍徒的胡言乱语，杀生害人。如有魏天爵、林宗文两个恶棍，向高寀百般献媚，并向高太监进一秘方："生取童男女脑髓和药饵之，则阳道复生，能御女种子。"高太监听后大喜，就多方买取童稚男女，碎颅刳脑。更有甚者，一些恶少年用药迷人稚子，得手后就进献给高寀，以获厚赏。接着，高太监又买了几名少妇，"相逐为秘戏，以试方术"。（张燮《东西洋考》）在税署中，歌舞娈童也不下数十人，备极荒淫。

毛奇龄《西河诗话》载，按照明代制度，直房内官（太监）与司房宫人都有伉俪，稍微紊乱，即被治以"淫失"。凡宫人伉俪，称为"对食"，又称为"菜户"。假若太监强迫宫人作伉俪，就称为"白浪子"。崇祯年间，有一名在兴龙宫供事的宫人，因学道而乞居象乙宫，与她的伉俪同居。到中元节时，夜里到番经厂看法事归，路过大高玄殿，遇见一个老太监。老太监见她长得艳丽，就将她诱到石桌旁，强逼奸淫，导致诉讼。关于此事，当时内庭流传着一首诗，诗云："只合龙宫食菜苔，误从鹤厂看经回。洞中枉作丹砂转，石上还翻白浪来。"此诗就是太监之间为菜户而争风吃醋的实录。

太监有了对食的"菜户"，却不能生子，所以一般将自己名下的小宦官当作子孙。每次朝廷选拔宦官，入选的净身男子进入皇宫，称作"进皇城"。内有一桥，叫"皇恩桥"，意思是说从此即可"受皇恩也"。不过，一般俗称"忘恩桥"。据说，当宦官者大多是一些贫窭家子弟，一旦阉割，必定成为他人的厮养，等到进了皇城，获得富贵，就开始仇恨起养他的人，报德以怨，所以把这座桥称作"忘恩桥"。这些净身男子入朝以后，内府各衙门的大太监就选择其中面容姣好的人，任意拉去，名曰"拉名下"。所谓名下，犹如其子一般。所以，但凡大太监显贵，其名下亦权势显赫。

附庸风雅

东鲁古狂生所著小说《醉醒石》记有太监买扇子一事，可以从一个侧面反映太监的审美趣味。小说叙述几个太监一同逛内市，其中一个拿起一把扇来瞧，是仿倪元林笔意画，一面

明佚名《明宪宗元宵行乐图》中的太监

草书。那名太监瞧了，道："画得冷淡。这鬼画符，咱一字不认得。"撂下，又看了一把，是米颠的山水，背面是钟繇体。那太监道："糊糊涂涂。甚么黄儿，这字也软，不中！"等到拿出一把画有青绿大山水亭台人物、背面为姜立纲大字的扇子时，那太监才看，旁边一个太监连声喝彩道："热闹得好！字也方正得好！"后又看一把宫式五色泥金花鸟扇，背后宋字《秋兴》八首。那太监看后又道："细得好，字更端楷。"显见，太监不喜欢具有士人笔意的画作与书品，喜的只是大红大绿的热闹，字也追求方正端楷，说明太监的审美趣味不仅是宫廷的，更是世俗的。

明代太监多来自民间的贫家子弟，但也有一些是由教职净身入宫的。如永乐末年，"诏天下学官考绩不称者，许净身入宫训女官辈"。当时入宫的教官有十余人，王振即为其中之一，官至司礼监太监。（李诩《戒庵老人漫笔》）这些地方教职，多由生员、贡监甚至举人充任，有一定的学问根底。即使是那些原本并不识字的贫家子弟，入宫当了宦官以后，也曾接受过内书堂的教育，因而变得稍微"文雅"起来。在时风的熏染下，太监也不时参与文化生活，吟诗写字，玩古董，习方术，崇佛道，与当时的文化风气关系密切。

在这些"涓人"即太监中，有些人以"善诗"著名，有些人则擅长时文、古文，更有一些人俨然成了书法家。据朱彝尊《静志居诗话》载，太监张维，隆庆年间入宫，伴读东宫。张太监以善于赋诗著称，被明神宗称为宫中的"秀才"。他在禁中退食之地，植竹数竿，神宗题名为"苍雪"，于是他

就用"苍雪"二字命名自己的诗集。又据刘若愚《酌中志》
记载，太监郑之惠专心经史，能写八股文与古文。天启五年
（1625），他出任宫中典籍，后升为监官。崇祯元年（1628）
冬天，崇祯帝亲自考试他的文采，出了"事君能致其身"这样
一道八股文题目，郑太监挥笔立就，入了选，升任随堂，也算
是古今的殊遇。另据《甲申朝事小纪》所载，司礼监太监高时
明擅长书法，善于写擘窠书。崇祯元年，大内中更换悬挂的匾
额，全由高时明亲自手书。

　　太监的精神生活，在很大程度上受到了当时士大夫风气的
影响。当时士大夫以收藏、赏玩古董为风雅，形成一时习尚。
太监也不例外。如南京守备太监钱能与太监王赐都喜好古物，
收蓄甚多。每隔五天，就让人抬来书画二柜，在公堂中展玩。
玩毕，"复循环而来"。他们收藏的书画，多为精品、奇品，
如"王右军亲笔字，王维雪景，韩滉题扇，惠崇斗牛，韩幹
马，黄筌《醉锦》卷"，又有"小李、大李《金碧》卷，董、
范、巨然等卷"。钱能所藏，还包括云南沐氏家族旧物；而王
赐所蓄，则多为内府中的藏品。（陈洪谟《治世余闻》）

　　当时士大夫崇尚方术，太监也趋之若鹜，以致上当受骗者
也不少。譬如，南京守备太监刘琅，为人很贪婪，资财丰厚，
在私第建玉皇阁，延请方外术士，讲求炼丹炉火之术。有一术
士获知他尤其信神，每事就称"帝命"，骗取很多财物。刘琅
有一条玉绦环，价值百镒，术士假装让他献给玉皇大帝，随后
"窃之而去"。当时有人写了一首诗，讥笑刘琅好方术："堆
金积玉已如山，又向仙门学炼丹。空里得来空里去，玉皇元

不系绦环。"（陈洪谟《治世余闻》）在成化一朝，很多方士因投靠太监而得到了皇帝的宠信。如"妖人"王臣，凭借"妖术"取得了太监王敬的信任，并成为王敬奉使苏州、常州等府时的贴身随从。术士李孜省，也凭书符咒水等雕虫小技，交结太监梁芳、韦兴、陈喜，因而得以重用。

尽管太监百般模仿士大夫的生活，但他们的审美情趣与市民习气更为相近。试举下面几例：

嘉靖初年，南京守备太监高隆喜欢收藏名画。当时有人向他进献名画，他看后说："好！好！但上方多素绢，再添一个三战吕布最佳。"（郎瑛《七修类稿·奇谑类》）好好一轴名画，却要在上方素绢上添一幅"三战吕布"，割裂了画面的统一性，说明太监名为嗜画，实则不懂画，不过凑热闹、图好看而已。

兰陵笑笑生所著小说《金瓶梅》中写道，与西门庆交往的也有几名太监。第三十一回说到刘公公、薛内相两名太监前去为西门庆贺喜，点唱戏曲套词，出尽洋相，讽刺了太监的无文化。如刘太监先点唱"叹浮生有如一梦里"，此词为归隐叹世之辞，显与西门庆华诞喜事不合；又点唱"虽不是八位中紫绶臣，管领的六宫中金钗女"，这段曲词出自杂剧《金水桥陈琳抱妆盒》，也不符合庆贺的场面。薛太监点唱《普天乐》中"想人生最苦是离别"，更是离别之词。最后，倒是薛太监一语道出了实情："俺每内官的营生，只晓的答应万岁爷，不晓的词曲中滋味，凭他每唱罢。"第六十四回说到薛太监、刘太监在西门庆府中听海盐戏子唱曲，认为风靡当时的海盐腔"蛮声哈剌"，只是让唱道情的唱了个"李白好贪杯"的故事，说明太监虽喜欢听戏，但根本不懂南戏滋味，只喜《蓝关记》一类"捣喇小子山歌野调"，不晓得大关目悲欢离合。

从整体上看，太监文化品位不高。尽管如此，但不得不承认，太监中也有一些是读书的贤者，更识得事情大体。如万历时司礼监太监孙隆，任苏杭织造太监，凡是苏州、杭州景色佳处，"不惜厚费，多所点缀"。据说，他曾在杭州岳王庙岳飞神像前，用铜铸秦桧夫妇、万俟卨、张俊四人的像，"俱镌姓名于胸次，跪之殿中"（李乐《见闻杂记》），说明他识大体，能分辨忠奸善恶。

明佚名《入跸图》中的太监

南桥北寺

太监中大部分人为没有文化的贫家子弟，在他们的精神生活中，更多地保留了民间的信仰习俗，甚至与佛、道及民间宗教有着千丝万缕的联系。如正德、天启二朝的权势太监刘瑾与魏忠贤，就分别以崇道或佞佛著称。刘瑾曾上奏请求，在朝阳门外建道教宫观，供奉北极玄帝，后又奏请将猫竹厂的空地给付大德玄明宫，供瞻香火。（《明武宗实录》）魏忠贤生平杀人如同刘草菅一般，但也礼佛敬僧，诚心屈体。宣武门外文殊庵僧秋月，高桥寺僧愈光，碧云寺僧大谏，他都供养施舍，并起建梵宇，塑装佛像，金碧辉煌。（抱阳生《甲申朝事小纪》）

明人刘若愚曾对太监佞佛作过如下描述："中官最信因果，好佛者众，其坟必僧寺也。"（刘若愚《酌中志》）由于太监好佛，在京畿一带广建寺庙，所以当时俗语云：南桥北寺。其意是说，北方寺庙之多，犹如南方水乡之桥。北方的寺庙大部分由太监创建，一座寺庙的费用甚至达到数万两银子，穷工极巧。如钱宁建石经山祠，张雄建大慧寺，张锐建寿昌寺，于经建碧云寺，费金银不计其数。太监建庙之风，尤以北京西山为盛。每年春天三月，太监设斋供僧。按照平常宗教习俗，所设斋饭不过蔬食果饼，但太监别出心裁，"甚有用腥肴，潜佐以酒"。更令人奇怪的是，太监从附近找来一些娼妓，根据路途的远近，用苇席搭成围棚，将妓女安顿在围棚中，任凭僧人淫媾，号称"大布施"。（刘廷玑《在园杂志》）由此可知，太监信佛，行同胡闹，很不严肃。

太监信奉道教，一如佛教。自永乐年间在道教圣地武当山重建宫观以后，明代历朝在武当山设有专门提督道教事务的太监。每次朝廷送玄武帝神像至武当山，也由太监专门负责其事。由于太监信奉道教，所以也有部分太监精通道教方术，并因此深得皇帝宠幸。如弘治年间，内官监太监李广凭借丹术符水，受到孝宗的宠幸，权倾中外。太监所建道教宫观，为数不少。如在北京，刘瑾建有玄明宫，张忠建有隆恩宫；在南京，守备太监罗智、唐观在乌龙潭庙废址上建王灵官神祠。（陈琏《琴轩集》）

太监与宗教的关系如此密切，其实也事出有因。宫中太监的来源多为民间的净身男子。然选中入宫的毕竟只是少数，仍有大部分净身男子无缘进入皇宫。这些未被选中的人就被安置在皇城外有堂子的佛寺中，俗称"无名白"。再加之他们识字不多，胸无学术，对宗教不加区分，一概滥信，致使宗教体系极其混乱，神号也多无稽。譬如，北京的宏仁万寿宫，为万历四十三年（1615）由司礼监太监林潮督建，中为文昌殿；左祀诸葛孔明，封号为"天枢上相"；右祀文天祥，封号为"天枢左相"。二人均被称为"真君"。所有这些，无不说明太监虽生活在宫中，但精神生活依然与民间合拍，因为童年的生活已在他们身上烙下了深深的印记，永远无法抹去。

士绅百态

　　提到明朝城市生活，不能不讲士绅这一特殊的社会阶层。士绅应当包括以下两个等级层次：一是青衿，即一些生员秀才，为士绅的下层；二是缙绅，为一些有了举人、进士功名以后出仕的官僚，或者那些致仕回乡的乡绅，是士绅的上层。

　　这些人在童年入学后，所接受的是一套完整的科举教育，世俗流行的观念是"书中自有黄金屋""书中有女颜如玉""书中车马多如簇"。他们把前半生的精力全都耗在科举上，等到登科入仕以后，就把八股文束之高阁，如何做事，如何从政，诸如国家的、民族的、社会的问题都一概置之不顾，却用全副精神来谋求物质的享受。一般说来，他们大多饱食终日，无所用心，一味刻意谋求生活上的舒适，或纳姬妾，或营居室、筑园亭，或侈饮食、备仆从，进而召伎女、养优伶、事博弈。假若附庸风雅，又可玩古董、讲版刻、组文会、究音律。无可否认，这一阶层人的生活情趣影响了当时的文学、绘画、建筑学、金石学、戏曲、版本学等门类，使之具有特殊的时代特点。

　　明人陶奭龄的"五计"说，比较全面地反映了士绅阶层的一生，相当形象具体。他把这一阶层中人一生的生活区分为以下五个阶段：10岁为儿童时，为"仙计"，即如神仙一般。这时期，他们"依依父母，嬉嬉饱暖，无虑无营，忘得忘失"。20岁以后，为"贾计"，即如商贾一般。这时期，他们"坚强自用，舞蹈欲前，视青紫如拾芥，骛声名若逐膻"。30岁至40岁，为"丐计"，即如乞丐一般。这一时期，他们"利欲熏心，趋避著念，官欲高，门欲大，子孙欲多，奴婢欲众"。50岁左右，为"囚计"，即如囚犯一般。这时期，他们"嗜好渐减，经变已多，仆起于争斗之场，亨塞于崄巇之境，得意尚有强阳，失意遂成枯木"。50岁以后的终老之年，为"尸计"，即如等死一般。这一时期，他们"聪明既衰，齿发非故，子弟为卿，方有后手，期颐未艾，愿为婴儿"（朱国祯《涌幢小品》）。陈继儒也将士大夫一生归纳为如下"三部曲"："做秀才如处子，要怕人；既入仕如媳妇，要养人；归林下如阿婆，要教人。"（陈继儒《安得长者言》）这虽然是一种比喻，但观之士绅生活，大体与此相符。

大隐在朝市

作为文化精英的士大夫，在倡导以至维护传统文化的过程中不遗余力，尽了他们应尽的义务。但是，生活在市民文化日趋张扬的文化氛围中的晚明士大夫，其文化意识、生活情趣、人格追求各方面都烙下了与之前时代士大夫不同的印记。资本主义萌芽所带来的繁华的城市生活，给晚明士大夫的息隐

明陈继儒草书

意识染上了独特的色彩，这就是留恋世俗的繁华，由息居山林转向城市隐居。"大隐在朝市，何劳避世喧？"（卢楠《蠛蠓集》）这种变异，与其说是士大夫心性修养场所的简单变迁，毋宁说是世俗生活的繁华迫使士大夫追求一种城市隐居生活的新格调。这种变异所带来的必然是士大夫生活情趣的大改观。禁欲是理学式的封闭生活方式。明初的士大夫也只是追求一种穷乐的生活情调。晚明的士大夫却更多地追求一种适意享乐的生活："击鼓会佳客，秩秩满中堂。齐娥扬妙音，越女捧微觞。良时不重至，此乐已岂常？"（康海《对山集》）这是一种及时行乐式的颓废的享乐主义。

古代士大夫一向以清高自鸣，以超凡脱俗相尚，以混同世俗为羞，以显示士人风骨，与世俗之人相别。一至晚明，士人生活慢慢由雅趋俗，在思想观念和生活方式上带有不同程度的俗化痕迹。陶奭龄《小柴桑喃喃录》言："士大夫膏肓之病，只是一俗，世有稍自脱者，即共命为迂为疏为腐。于是一入仕途，则相师相仿，以求入乎俗而已，如相率饮狂泉，亦可悲矣！"显然，世俗化、享乐化在士林中已经成了一种时尚。

文士的俗化现象千形百态，较为突出的一点是追求现实世界的幸福与享乐，对世俗生活表现出一种"腻情"的态度。袁宏道的"五快活"，可谓这种生活态度的典型代表："目极世间之色，耳极世间之声，身极世间之鲜，口极世间之谭"，这是第一种"快活"。"堂前列鼎，堂后度曲，宾客满席，男女交舄，烛气薰天，珠翠委地，金钱不足，继以田土"，这是第二种"快活"。"箧中藏万卷书，书皆珍异；宅畔置一馆，馆中约真正同心友十余人，人中立一识见极高，如司马迁、罗贯中、关汉卿者为主，分曹部署，各成一书，远文唐宋酸儒之陋，近完一代未竟之篇"，这是第三种"快活"。"千金买一舟，舟中置鼓吹一部，妓妾数人，游闲数人，泛家浮宅，不知老之将至"，这是第四种"快活"。"人生受用至此，不及十年，家资田地荡尽矣，然后一身狼狈，朝不谋夕，托钵歌妓之院，分餐孤老之盘，往来乡亲，恬不知耻"，这是第五种"快活"。（《袁宏道集笺校》）

从袁宏道所说的"五快活"，可知当时士人的生活理想和方式。他们大多注意寻求生活的乐趣，往往放情竭意，穷欢极乐，生活流于放逸浪荡。显然，他们始终把生活的落脚点放在世俗尘世。"若夫世乐可得，即享世间之乐，世乐必不可得，因寻世外之乐。"（袁中道《珂雪斋集》）无论是世间之乐，抑或世外之乐，凡是人世间的一切欢乐，诸如饮食男女，声色狗马，看戏，听曲，收藏书画古玩，养殖花鸟虫鱼，观赏民间百戏，赌博弈棋，游山玩水，全让他们享受殆尽。张岱在《琅嬛文集·自为墓志铭》中对自己的纨绔子弟生活，有赤裸的坦白，这就是"极爱繁华，好精舍，好美婢，好娈童，好鲜衣，好美食，好骏马，好华灯，好烟火，好梨园，好鼓吹，好古董，好花鸟"。

物质上的享受，多种多样，先有三部曲之说。操持八股业的士子一旦有幸得中科名，第一步是先起一个别号，诸如什么斋、什么庵之类。此风自嘉靖以后始盛。第二步是娶一个小妾。明末北京有一条谚语，说士人登第以后，多易号娶妾，即"改个号，娶个小"。明人沈德符在《万历野获编》中也说："缙绅羁宦都下，及士子卒业辟雍，久客无聊，多买本京妇女以伴寂寥。"第三步是求田问舍，建造适合自己身份的居室。做大官的邸舍之多，往往骇人听闻。譬如严嵩得罪籍没时的家产清单，仅宅第房屋一项，在江西原籍共有6704间，在北京共有1700余间。陆炳用事时，营造的别宅至十余所之多。在营造邸舍之余，经构园亭的风气日炽。除自己出资建构外，有些则多出于门生故吏的报效。这些园亭遍布南北两京，以及苏州、杭州等城市。园中名胜迭出，多叠假山，清池修竹，子孙可以诵读，亲朋可以过从，同道可以觞咏，享尽自然风光之乐。

士大夫的饮食也刻意求精，互相侈尚。正德时大臣宴会，赏赉庖役动辄数百金。万历时张居正牙盘上食味已超过百品，还以为无下箸处。他们耽耽逐逐，日为口腹谋。当时理学日渐式微，世风趋于佚乐，士大夫对吃喝越发变得讲究起来。谢肇淛就说："今之富家巨室，穷山之珍，竭水之错，南方之蛎房，北方之熊掌，东海之鳆炙，西域之马奶，真昔人所谓富有小四海者，一筵之费，竭中家之产，不能办也。"（谢肇淛《五杂组》）

品茗饮酒是文人雅士的饮食生活内容。明季士人一般以品茗为雅事，因此出现了许多茶博士、品茶名家，如南京闵汶水、黄冈杜濬，均以精于茶道而闻名于世。张岱也有"茶淫"之称，能"水辨淄渑"，令闵汶水这样的品茗专家也大为叹服。此外，文人还多嗜酒，不善饮酒者也要凑趣。何良俊力不胜酒，一饮就醉，却自号"酒隐""酒民"。（何良俊《四友斋丛说》）。袁宏道酒量也不大，却喜欢饮酒，一遇酒客，就与之流连，饮不尽夜不休。（《袁宏道集笺校》）他还大谈饮酒之道，著有《觞政》。

在这种风气的影响下，出现了一些专讲饮食烹调、品茶饮酒的流行著作。张汝霖著有《饕史》，张岱据此删正补充，而成《老饕集》一书。晚明论茶道酒政之类的书也很多。茶书有陆树声《茶寮记》、夏树芳《茶董》、屠本畯《茗笈》、许次纾《茶疏》、万邦宁《茗史》，酒籍有冯时化《酒史》、袁宏道《觞政》，至于其他杂谈茶酒的闲适小品更是比比皆是。

明文徵明《品茶图》（局部）

闲适雅致

如果说明代城居士大夫在物质上追求适世乐生，过的是一种穷奢极欲的享受生活，那么，他们在精神上则追求艺术化，别有一番闲适雅致的情趣。

士绅是城市的有闲阶层，过着一种清闲的生活。他们雅尚幽赏有致，玩赏幽境幽趣，高明旷达，超尘脱俗，别具天眼。

那么，这些士人的"赏心乐事"是什么呢？大体说来，无非"四时幽赏"，享尽四时风光，以达到四季清闲。下举高濂为例，看他如何四时幽赏，如何做一个幽人。

春时幽赏：虎跑泉试新茶，西溪楼啖煨笋，八卦田看菜花。

夏时幽赏：空亭坐月鸣琴，飞来洞避暑。

秋时幽赏：西泠桥畔醉红树，六和塔夜玩风潮。

冬时幽赏：雪夜煨芋谈禅，扫雪烹茶玩画。

士大夫的生活，归根结底是为了追求"有致"，即有风致，其实就是让人不务本业。举凡名妓翻经，老僧酿酒，将军翔文章之府，书生践戎马之场，虽乏本色，却自有致。一句话，他们要做一个"知足"与"偷闲"的闲人。陈继儒说："莫言婚嫁蚤，婚嫁后，事不少。莫言僧道好，僧道后，心不了。惟有知足人，鼾鼾直到晓。惟有偷闲人，憨憨直到老。"（陈继儒《岩栖幽事》）陈继儒还有一首《模世语》，描摹了士大夫安身立命式的生活情调，且引几句："一生都是命安排，求甚么？""儿孙自有儿孙福，愁甚么？""他家富贵生前定，妒甚么？""一生作孽终受苦，怨甚么？"（高濂《遵生八笺·清修妙论笺》）这种话语，在当时被看作"清修妙论"。其实，士大夫这种清闲的生活内容、偷闲的生活方式、逐世的人生态度，无非都是一种颓废的享乐主义。

喜禅悦是晚明城居士人的风尚。礼佛饭僧，谈禅说佛，与僧人交际结纳，则成为当时士大夫清雅生活的基本内容。明人陈弘绪指出："今之仕宦罢归者，或陶情于声伎，或肆意于山水，或学仙谭禅，或求田问舍，总之为排遣不平。"（陈弘绪《寒夜录》）可见，"学仙谭禅"也为士人生活重要内容。近人陈垣在《明季滇黔佛教考》中也说："万历而后，禅风寝盛，士夫无不谈禅，僧亦无不欲与士夫结纳。"士人中禅风之炽，于此可见一斑。这种风气导致士大夫与僧徒往还，不分好坏，不别良莠，即使一些酒色无赖僧徒，也一概接纳相狎，所以当时有谚语道："不交僧与道，便是好人家。"（叶权《贤博编》）

参禅、礼佛、饭僧，在明代城居士大夫看来，一概都是清雅的，所以日常生活内容离不开这些。顾起元有一首《参禅》诗，诗道："晏坐团蒲上，瞒肝白昼长。西来意何似，薝卜逆风香。"又《礼佛》诗云："长日空斋里，和南绣佛前。仍惭滥巾客，未了世因缘。"还有一首《饭僧》诗，诗云："为饭莲花僧，伊蒲馔还具。若遇赵州来，且教啜茶去。"（顾起元《懒真草堂集·诗部》）士人宗教生活，于此可以想见。

晚明城居士大夫聚会，往往谈禅说法，十分热闹。当时士林名流如焦竑、冯梦祯、陈继儒辈，都好佛喜禅，有些人甚至对佛学还有比较独到的研究，有著作传世。据《明史·艺文志》，陆树声有《禅林余藻》，陶望龄有《宗镜广删》，王肯堂有《参禅要诀》，袁宏道有《宗镜摄录》，袁中道有《禅宗正统》，萧士玮有《起信论解》，钟惺有《楞严经如说》，曹学佺有《蜀中高僧记》。

狎妓听曲，也是士大夫风流雅致生活之一。唐宋以来的官妓，明初仍加以沿袭。洪武年间，设十四楼，均为官妓妓楼，士大夫休闲时也前往游观。后因士大夫大多耽酒悦色，有碍政事，渐加限制。宣德年间，官方正式下令，禁止官员狎妓饮宴，缙绅无以为乐，随之"小唱"盛行。

当然，那些非现任官吏用不着受此禁例约束，勾栏盛况也并不因之减色。到了后来，士大夫竟然以"老"来称呼妓女。如茅元仪曾说："近来士人称妓每曰老，如老一老二之类。"（茅元仪《暇老斋杂记》）明朝末年，一些轻薄文人甚至用科举名次来标榜妓女，称为"花榜"。如冰华梅史《燕都妓品》中，也有状元、榜眼、探花之目。此外，曹大章有《秦淮士女表》，萍乡花史有《广陵女士殿最》，可见士人狎妓风气在当时相当炽盛。

文人雅士对戏曲有特别的嗜好，家中蓄有声伎，养着一些家乐班子。此风在嘉靖、隆庆之际已初露端倪。当时如李开先与何良俊均是著名的曲家，家中蓄有声伎。据《四友斋丛说》记载，李开先家有"戏子几二三十人，女伎二人，女僮歌者数人"。何良俊也"畜家僮习唱"，"又教女鬟数人"。张岱家的声伎始于万历年间其祖张汝霖，三代经营，组建了很多戏班，有"可餐班""武陵班""梯仙班""吴郡班""苏小小班"。

明代剧作家大部分属于士绅阶层。如丘濬、王世贞、汪道昆、梁辰鱼、汤显祖、陆采、张凤翼、梅鼎祚、屠隆、李玉、阮大铖等，均为进士出身，官阶从知县到内阁大学士不等。与元曲的作家多为平民和胥吏不同，明代传奇的作者多半是文人达官。这样，在这些士人中，涌现出了很多戏曲大家。如戏曲家汤显祖被江西数千伶人奉为导师。公安派文人潘之恒遍游大江南北，广交剧坛名家和演员，游于梨园数十年，被誉为"曲中董狐""顾曲周郎"，歌儿舞女争乞品题，一经提携，如登龙门。

除了狎妓捧戏子外，自命风流或附庸风雅的士绅，进而搜集古董书画，乐此不疲，甚至被称为收藏家。据陆容《菽园杂记》，在明代前期，举凡蓄书画及诸玩器、盆景、花木之类的人，被称为"爱清"。自中期以后，时人统称为"清娱""清玩""清赏""清欢"。一个"清"字，点出了这些文化生活和审美活动的性质，它已迥异于犬马声色之类的物质享受及低层次的娱乐，不仅能增长知识、愉悦情性，而且能荡涤胸中种种烦闷、积垢，净化人的心灵，提高人的精神境界。因此高濂认为，凡此"足以忘饥永日，冰玉吾斋，一洗人间氛垢矣。清心乐志，孰过于此"？（高濂《遵生八笺·燕闲清赏笺》）顾起元有一首《博古》诗，反映了士绅追求"博古"的风气。诗云："摩挲古彝鼎，仿佛辨殷周。虎凤葳蕤出，云雷溙浓流。"（顾起元《懒真草堂集·诗部》）嘉靖以后，士大夫好古董、法帖之风大盛，巧取豪夺，无所不为。严嵩家产籍没后，抄没清单中有石刻法帖358册、轴，古今名画刻丝绫纱金绣手卷册共3201轴。嘉兴项元汴家财雄厚，且以古董逐利，其家多藏绝世之宝，如顾恺之《女史箴图》、阎立本《豳风图》、王摩诘《江山图》，是全国著名的收藏家。古董市场生意的兴隆，导致造假作伪之风大盛，赝品充斥市场。为了辨别真伪，出现了一批鉴定名家，如王世贞、董其昌、陈继儒、李日华、项元汴，在当时均以精于鉴识著称。

明人伍袁萃《林居漫录别集》记道："一友问：'士何如，斯可以称名矣？'曰：'笥无佛书，室无侍妾，门无食客，居然有名士之风矣。'"这当然只能算是一家之言。从明代的士人风气来看，如果笥有佛书、与僧道结纳，室有侍妾、狎妓养戏子，门下食客满堂，如此种种，反而倒颇有些名士气象。

墨吏如娼家

先引一则小故事。时有人问赵山人道："墨吏状若何？"山人答道："不忍言，不忍言。譬如娼家一般。然当时也存些廉耻，掩房避人。如今径在大路上青天白日淫媾，全不怕人看见，何世道不幸至此！"（李乐《见闻杂记》）

这则故事在嬉笑怒骂之中将墨吏比作娼妓，加以辛辣的讽刺。明代的吏治，大致可以嘉靖朝为界限，分为前后两个阶段。据明人陈邦彦说，在嘉靖、隆庆以前，士大夫敦尚名节，游宦归来，客人如果向他询问囊橐，必遭唾斥。嘉隆以后，则公开谈利。受选做官，得了膴地，大家更相庆贺；得了瘠地，则更相吊伐。游宦归来，如果囊中空空如也，就会遭人耻笑，

明南京城复原图

1. 太庙
2. 社稷
3. 翰林院
4. 太医院
5. 鸿胪寺
6. 会同馆
7. 乌蛮驿
8. 通政司
9. 钦天监
10. 山川坛
11. 先农坛
12. 净觉寺
13. 吴王府
14. 应天府学
15. 大报恩寺
16. 大理寺
    五军断事官署
    审刑司
17. 刑部
18. 都察院
19. 黄册库
20. 市楼

陌上
大明风华 明朝人的城市生活
明 吴彬 岁华纪胜图

明仇珠《行乐图》

被人视为无能。（陈邦彦《陈岩野先生集》）可见，嘉隆以前，人们指斥贪污为不道德；嘉隆以后，则指责不贪污为无能。

晚明士绅贪污受贿，蔚然已成风气。文臣不爱钱，武臣不惜死，这是政治清明的标志。不过，文臣爱钱，武臣惜死，由来已久。在明代，武臣不仅惜死，而且爱钱。当然，武臣爱钱，也是事出有因。在重文轻武风气的影响下，举凡总兵、副将、参将、游击将军，若想得以升迁，就必须贿赂抚按司道诸公。按照明代法律，监守自盗满五十贯，将被处以斩刑。至晚明，如布政使、知府、知县等地方官，贪者居半，多者一年可得一二万两银子，少者一年也可得二三千两。

官场贿赂公行，而且百般造巧，掩盖贿赂的本质。如官场行贿，流行暗语，称黄金为"黄精"，白银为"白蜡"。（伍袁萃《林居漫录畸集》）到了后来，易以"书帕"的雅称，馈遗金珠时必以书为副。如当时北京有"白变黄，黄变白"之谣，反映了官场贿赂的风气。这是因为起初用黄金替代白银，取其易于携带；后来用美珠代替黄金，就更易于携持，而且使人无法觉察。在官场，凡是馈赠经籍或诗文稿几册，其实即指黄金几两。明人朱仲晦云："今之在位以金珠为脯醢，以契卷为诗文。"（陈弘绪《寒夜录》）这就是说，当时是把金珠当作脯醢一类食物，把田地房产契卷当作诗文，用来掩盖贿赂丑行。

有两个例子很能说明这一点。嘉靖年间，有一个专管官员考察并选拔官吏的吏部文选司郎中，生性嗜鳖。当时有一人善烹鳖，凭借此技被擢入吏部。万历年间，又有一名官员用"食味"数次馈遗当路官员，得以调入兵部。不仅赠送美味佳肴，有人还向官员馈赠玩好之物。如秦舜峰曾专门制作两个紫檀木文柜，共花费4000余两银子。柜外雕镂人物、花鸟、山水，再用珍宝装饰。此外，柜子装满书室之需、玩好之具，均为精金美玉、古铜奇丽之物。（伍袁萃《林居漫录畸集》）

一些平步青云的官员，根本没有真才实学，无非是靠贿赂所得，所以当时官场流行"黄历给事""青由御史""蛤蟆给事"等号，确为官场实录。

明代乡绅既包括致仕罢免官员，又包括丁忧在家守制的官员与捐纳钱粮而得出身的义官。这些人在乡里也极不老实，专做坏事，故被人称作"豪绅"。一些在朝做官的大臣，自己一副道貌岸然的样子，却纵容家人勾结无赖流氓，武断乡曲。如崇祯年间，大学士温体仁之子混名"八蛮"，在地方上强横奸淫。百姓积忿不平，"以绳絷其足，曳至金鱼漾，奔驰不止，皮肉无一存者"（顾公燮《丹午笔记·体仁恶报》），倒算是恶有恶报。

又如成化年间，在四川内江县，一些致仕为民的官员不知廉耻，常在一些府州县与官吏通融关系，只要碰到民间有争占田土、户婚、斗殴大小事件，就兜揽过来，颠倒是非，紊枉曲直，凡是有财的，他们就帮庇，凡是无财的无辜之人，他们就诬陷。更有甚者，有些致仕官员倚仗自己的势力，又靠收养的众多子孙，每当下乡时，就如虎狼一般害人。小民百姓一见到他们，就四处逃窜，他们就将小民抓回来，锁在牛栏中。有些百姓因为受气不过，上吊自杀，有些则因饥寒故疾而累死。

成化十八年（1482），原任南京监察御史的方辂丁忧居乡。在乡期间，他霸占其叔的田产，抢夺寡嫂的棺具。不仅如此，他还置朝廷守制大礼于不顾，在守制期间放纵儿子饮酒作乐。多行不义，必然自败，方御史最后被族人告发。朝廷遣官勘治，却只轻描淡写地拟上"赎杖复职"的处罚。明宪宗认为方辂在乡多所违法，"难居风宪"，所以将他降为陕西肃州卫经历这样一个杂职。（《明宪宗实录》）

再如，那些纳粟义官每当外出的时候，如果是陆路，就"凉漆伞轿"，前呼后拥；如果是水路，也是"楼舠响器"，左摆右列，俨然一副官太爷出巡的样子。他们暗中容留各处逃来的军人、灶丁、工匠，乃至容留强盗窃贼，招集四方游手好闲或搬戏赌博之徒，而这些人其实都是因为在原籍犯罪，才逃至外地隐藏。他们一旦得到豪强庇护，就仗势欺人，流氓本性暴露无遗。有时候，豪强主人让他们收租取债，有时候则支使他们外出经商，他们便三五成群，凶似虎狼，恶似鹰犬，或强夺小民家业，或欺奸贫民妻女，"非礼犯分，靡所不为"。（戴金《皇明条法事类纂》）

由上可知，这些乡绅在地方上无恶不作，举凡包揽词讼、嘱托官府、隐庇县役、欺损小民、豪夺田宅、占据市肆、擅役乡民、广兴造作、营放收息、重利盘剥、擅抽私税、扰苦商民、经营商业、与民争利、抑买货物、占夺水利、淫虐杀人，无恶不作，都成了他们的"日课"，或者家常便饭，行为一如无赖流氓。

市井众生相

明代城市市井的芸芸众生，可谓千姿百态，无法一一描摹。在城市中，有贩夫走卒，有三姑六婆，有医卜星相。既有专逐大利的盐商，又有追逐蝇头小利的小商贩，甚至还有供役朝廷而业精一技的手工匠人。这些市井众生，各有自己比较雅致的称谓，如大夫、待诏、博士、太医、郎中之类。下面择取部分市井人物，稍加分类，做些介绍。

商贾百工

"财利"二字，对于常人来说，确实是必所追求之物。货利，是大多数人所希望的东西。同欲而共趋，如众流赴壑，亲往相续，日夜不休，不止于横溢泛滥，不会止息。所以说："天下熙熙，皆为利来；天下攘攘，皆为利往。"对商人来说，为了追逐锱铢之利，即使穷日夜之力，历尽千难万险，也在所不惜。

重本抑末，贵农贱商，是古代中国的传统，明代也不例外。明代立国，关市之禁比起前代来更为详尽。钞关掌管舟车，属户部；抽分厂掌管竹木，属工部。管理盐课的有转运司，有提举司，又由御史加以稽查。茶课也与盐课相同。征商之法，纤悉具备。尽管如此，在全国各地的城市处处留下了商贾的足迹。大体说来，东南的利益，莫大于罗、绮、绢、纻，三吴地区尤其如此，所以三吴多以机杼致富。在西北地区，盛产绒、褐、毡、裘，尤以关中为多。如有一张姓之人，世以畜牧为业，养羊万头，富甲于秦。明代商人逐利，不西入四川，就南走广东，因为四川、广东有珠玑、金碧、材木之利。茶、盐二项，获利尤巨，只有巨商才堪经营。如浙江富厚之家多靠贩盐起家，杭州贾氏靠贩茶富甲一方，累世不乏。至于明代有名的商帮，南有徽商，北有晋商，其他如浙江龙游商人、三吴洞庭商人，也在当时较为著名。

明仇英《清明上河图》中的官盐店

　　商人求利，多是为了甘食美服，甚而借金钱取悦燕姬赵女，过着偎红倚翠的生活。徽州商人为人啬吝，在明代是出了名的，话本小说多所刻画，不必多说。他们平常过日子相当节俭，一个铜钱分成八个子花；家里臭猪油成坛，肉却不买四两；即使大熟之年，米只需五钱一石，他们也只是吃些清汤不见米的稀粥；菜肴更简单，从瓶中倒出几粒盐豆，或吃半个咸蛋，权充一餐菜肴。但是徽商外面又要装饰体面，惯去闯寡门，吃空茶，假耽风月，见一个略有颜色的妇人，便看个半死。至于嫖娼讨妾，徽商个个一掷千金，绝不吝啬。

　　有了钱，即使身处穷乡僻壤，也能享受到城市一般的繁华生活。譬如，四川建昌，僻远万里，处于深山老林之中。但因生产杉木板材，四方商人会聚，获利甚巨，大发横财。于是，杭州、苏州新织的种种文绮，吴中贵介公子尚未穿戴，建昌木商已经先得。妖童娈姬，比山外城市更胜一筹，山珍海味，也都获先尝。（王士性《广志绎》）

　　商人是佛、道或民间诸神真诚的信奉者。他们供奉的偶像，尤以财神为主，始终带有世俗功利的目的，即让神灵保佑他们商途平安，能发大财。当获利以后，他们又建寺修庙，算是对神灵的还愿。如崇祯年间，有一徽商路过常州府东门三官堂，见大士像剥落，就捐献十两银子，用作修葺费用。（陈梦雷《古今图书集成·方舆汇编·职方典》）松江府嘉定县的汉前将军壮缪侯庙，在澄江门内，也是由徽商孙镇创建。（万历《嘉定县志》）

　　商人并非个个为富不仁，有些商人同样遵循儒家伦理，讲道德，求教化，征引儒士，馆于家中教诲自己的子弟。如辽东商人史六丈，平生在南方经商，老后归慕德化，向先辈问学，所学有《小学》《家礼》《四书》《通鉴纲目》《春秋》《左传》。数年之间，寒暑不废，学有心得，终于成为"乡之达尊"。（贺钦《医闾集》）又在松江，有一大贾，家中雇有馆师，训导子弟。他们的子弟读书进学以后，也不忘行善乡里。如上海诸生唐默，"父以贾起家，积资雄一乡，田亩十余万"，唐默看破钱财，认为这些东西原本就是一场空，将钱财田亩散去。（李延昰《南吴旧话录》）

作为城市主要消费品的财货器用，均由百工生产。任何精美的工艺品，大到皇宫富丽堂皇的建筑，小到一把折扇，无不是工匠艺人呕心沥血之作。明代能工巧匠的制品，大多以地域闻名。举例来说，如陇西有丹砂羽毛，荆、扬有皮革骨象，江南有楩梓竹箭，燕、齐有鱼盐毡裘，梁、兖有漆枲绺绤，均为百工呈能献技的产物。

这些精美的器物与产品，体现了明代手工业生产所达到的水平。手工产品大多出自东南地区，但都汇聚到都城北京。明代的北京城，百货充溢，宝藏丰盈，服御鲜华，器用精巧，宫室壮丽，所以当时有"四方之货，不产于燕，而毕聚于燕"的说法。至于百工技艺之人，也多出于东南，江西最多，浙、直次之，闽、粤又次之。西北地区的工匠也不少，但都在本地谋生，很少奔走于四方。

明初，以工役抵罪，各地工匠必须到京师服役，号称"在官"。工匠分为轮班、存留，又有隶属于机籍而在织染局供役的工匠。轮班匠由各色工匠编成班次，轮班上工，以一季为限，工满放回，周而复始。轮班或分为五年、四年一班，或分为三年、二年、一年一班。后一概改为四年一班。存留在京的各色工匠，则廪食于官，每月一旬上工，二旬歇役。到了后来，存留在逃，轮班失班，甚至工少人多，只好渐加疏放，令工匠自为工作，而且还允许纳价准工，使工匠有了更多的自由支配时间。除了上述官匠以外，在闾里之间，还有许多为衣食奔走的百工杂役，多得不可胜数。

工匠隶属于匠籍，与别的民籍以示区别。至于工匠内部的分工，更是相当精细。即以金华府为例，各色工匠细分起来则有木匠、锯匠、瓦匠、铁匠、裁缝匠、油漆匠、竹匠、锡匠、刊字匠、铸匠、帘子匠、挽花匠、双线匠、缨匠、船工匠、石匠、银匠、鼓匠、穿甲匠、墨窑匠、木桶匠、五墨匠、雕銮匠、熟皮匠、舱船匠、箅匠、捏塑匠、纸匠、琉璃匠等29种名色。隶属于织染局的机匠，又可分为织匠、络线匠、染匠、打线匠四种。（《金华府志》）在明代宫中服役的工匠，因技艺不同而各有差等，隶属于内官监的有"十作"，分别为木作、石作、瓦作、搭材作、土作、东作、西作、油漆作、婚礼作、火药作；隶属于御用监的有"四作"，分别为木漆、碾玉、灯作、佛作。（朱一新《京师坊巷志稿》）

工匠工于器物，终日雕镂，岁月积劳，创造出许多精巧绮靡的器物。如蜀地所产蜀锦、蜀扇，在全国闻名。蜀锦一缣值银50两，厚数分，织作工致。蜀扇精美，成为朝廷、官府的专用品。广东封川县所产纸灯，以竹篾为管，花纸为饰，也是精美绝伦。

明仇英《清明上河图》中的铁匠

技者，道也。一些工匠凭借自己精心制作的器物而声名鹊起，堂而皇之地与士大夫交游，平起平坐。一些士大夫也极为欣赏工匠的作品，欣然接纳他们，而且将他们的技艺抬高到"道"的地位。

三姑六婆

在明代城市中，专有这么一等妇女，周旋于富豪大族或小户人家的妇女中间，有一张利辩之嘴，从事买卖，说事传言。她们就是影响城市生活极为深远的"三姑六婆"。《禅真逸史》中有一首诗，道出了三姑六婆的厉害："老妪专能说短长，致令灾祸起萧墙。闺中若听三姑语，贞烈能教变不良。"

古人将尼姑、道姑、卦姑称为三姑，而六婆则为牙婆、媒婆、师婆、虔婆、药婆、稳婆。明代有人认为应将三姑六婆拒之门外，方才做得人家，对她们避之如蛇蝎。

在明代，三姑六婆处处有之。其中的三姑，即为"觋"的角色。觋的别名，除三姑外，尚有尸娘、看香娘、看水碗娘、卜婆。（徐复祚《花当阁丛谈》）值得指出的是，除三姑六婆外，明代城市中又增添了不少穿行于市井街巷的妇女，主要有以下几种：

（一）绣花娘。所谓绣花娘，即为一些善于针刺女红的妇女，她们凭借自己的技艺出入大家，教导闺中女子学刺绣女红。时日一久，有的大家闺秀就被她们引诱成"花娘"。所谓花娘，即杭州人骂娼妓淫妇之称。

（二）插带婆。富贵大家的妇女去赴筵席时，往往满头尽是金玉珠翠首饰，自己无法梳妆，就需专门雇用插带婆，由她们来帮忙。首饰颜色间杂，四面均匀，一首之大，几如合抱。即一插带，顷刻间就费银二三钱。等到上轿时，几乎不能入帘轿。到了别人家里，入席，又需俊仆四五人在左右服侍，仰观俯察，唯恐遗失一件首饰。每次作为从人的俊仆，熟视动心，以致通奸露丑。这种插带婆主要存在于杭州，后在江西建昌也日渐流行。

（三）瞎先生。所谓瞎先生，即双目失明的女子，也即宋代陌头盲女之流。这些人自幼学习小说、词曲，靠弹琵琶为生。她们多有美色，精技艺，善笑谑，颇能引动人。大家贵族妇女生性骄奢，无以度日，就招致瞎先生，将她们养在深院静室中，昼夜狎集饮宴。淫词秽语，污人闺耳，引动春心，多致败坏门风。有些家主人也宠幸她们，留荐枕席，反而忘了她们是盲女。在杭州的瞎先生，又称"陶真"，学琵琶，唱古今小说、平话。她们所说多为宋事，大概就是汴京的遗俗；有时也唱近世所拟作的杭州异事，如"红莲""柳翠""济颠""雷峰塔""双鱼扇坠"等。

按照明代惯例，民间妇女不许进入宫中，即使宫女已经承恩赐了名号，她的母亲不得旨，也不能进入宫内。只有三婆，时常能进入宫中。此三婆分别为奶婆、医婆、稳婆。奶婆由大兴、宛平二县奶口选用，假若内廷有诞喜，"则预召数人候之内直房，产男用乳女者，产女用乳男者"。医婆取精通方脉之人，"候内有旨，则各衙门选取以送司礼监会选，中籍名待诏"，入选以后，妇女多以此为荣。稳婆选自民间的收生婆，"中预选籍名在官者，惟内府所用之"。三婆一经传宣入宫，那么出入就高髻彩衣，犹如宫妆，以便与同侪相别。因为她们曾经到过宫中服务，民间多"信而用之"。医婆、稳婆事竣以后，都自动出宫，只有奶婆一旦有幸，就能留在宫中，"则终其身事所乳，得沾恩泽"。（沈榜《宛署杂记》）

卜巫星相

卜巫星相，大致是指从事卜卦、驱邪、算命、相面等职业并走游于全国各地城市码头的江湖术士。这些人中的上等多出入于宫府、宦族，游于公卿之门，也算是一批狎客。如胡可泉任苏州知府时，曾在苏州府衙门外张贴一副对联，甚是有趣。对云："相面者算命者打抽丰者各请免进，撑厅者铺堂者撞太岁者俱听访拿。"（苏祐《逌旃璅言》）至于那些下等的星相之人，则走街串巷，不过借迷信活动骗口饭吃而已。小说《三刻拍案惊奇》如此描述当时的算命人："头戴着倒半边三角方巾，身穿着新浆的三镶道服。白水袜有筒无底，黄草鞋出头露跟。青布包中一本烂鲞头似《百中经》，白纸牌上几个鬼画符似课命字。"他们走街串巷，逐家喊道："算命起课，不准不要钱。"

卜巫星相之士在明代城市的泛滥，自有其特殊的原因。据说，明太祖在未登上大明帝国宝座的时候，就与星相之士打得火热。他曾召星相之士刘日新替自己推命，推出"极富极贵"之命，大喜过望。登基以后，他将自己用过的白扇赠给刘日新，并在上题诗一首。（徐学聚《国朝典汇》）立国以后，明太祖出于长治久安的考虑，再加上卜巫之人多假此妄言祸福，一度禁止卜巫。但到了洪武二十六年（1393），又下诏取消对卜巫的禁令，"凡瞽目及阴阳人，仍听其卜筮，诸人不许妄词讦告"。（《明太祖实录》）

明成祖朱棣在燕邸时，就与当时著名的相士袁珙、袁忠彻父子过从甚密。袁珙相术精妙，在元代已名闻天下。洪武初年，袁珙与姚广孝相识，后广孝选入燕邸，参与密谋，并向朱棣推荐袁珙，袁珙就被召入燕王府。袁珙替朱棣相面，许以"当登大宝，必为二十年太平天子"，使朱棣下定发动"靖难之役"的决心。后恐机密外泄，朱棣将袁珙遣还家乡。朱棣登极后，又将他召回京师，任命他为太常寺丞，赐予甚厚。（陆粲《庚巳编》）袁珙子忠彻，传习乃父之术，也受到成祖重用，官至尚宝司卿。早在洪武三十一年（1398），朱棣就派遣典膳井泉等人将袁忠彻召入燕王府。朱棣向他出示相人一类的书籍，命他与内使哈剌帖木，识字人朱绣、沈淳，画工白皙等，将古代相人一类的典籍以类编辑，汇成一书，称为《人相大成》。（袁忠彻《符台外集》）

明朝廷对相术一类书籍十分重视，甚至将它们颁发到各地学校，供诸生学习。如明末清初人周亮工在福建曾见到袁忠彻所著《相人书》一帙，后载"嘉靖四年秋七月，浙江督学道发衢州府江山县学收藏"，下用关防钤记。（周亮工《闽小纪》）即可为证。

由于帝王对方士格外重视，于是就在城居士大夫中形成一种与方士交游的风气。据说，明代城居士大夫"多信地理"，其实就是对风水之术的佞信。士大夫相聚在一起，"大都讲些堪舆话，又说些星命学"（李乐《见闻杂记》）。当时如少卿薪贵、侍读徐穆都好星术，京城翰林院诸先生每次会晤，也都笑谈星相之术。所以术士多游历京师，与士大夫相交，借此获取名利，成为一时风尚。如会稽方士罗一元，凭借星术游历北京，沈龙江、石东泉等京师大老都"上宾礼之"（陶奭龄《小柴桑喃喃录》）。有些星相方士甚至凭借自己的方技，进入督府军营，成为幕僚。如新安人汪龙，是一瞎子先生，"自言遇异人，授观梅数，遇物而推其用四十有九"（董斯张《吹景集》），嘉靖三十三年（1554）被召入督府幕中。

据传统的说法，方术中的拆字一派，始于蜀人谢石。明代《天中记》一书述谢石之术甚详。如果称人擅长拆字算命，就说"工谢石之术"。不过，据岳轲《桯史》，南宋淳熙年间，拆字方士就与岳飞有交往，可见拆字并不始于谢石。

明代万历年间，最著名的拆字先生当为马守愚。关于他拆字算命的本事，不妨试举一例：当时有人替别人做媒，拿"吉帖"二字问马守愚，守愚拆字道："此姻事已谐，以'帖'字巾傍横'吉'下，喜象也。然谐后且有忧，'吉'下口置巾上，宛然一'吊'字也。"（董斯张《吹景集》）事后果然如此。其实，不过是巧合言中。时人说拆字算命能言中，多用"奇中"二字形容之，说明在"神奇"一义之外，尚有偶然性的因素。

相人之术，无非有以下几派：或以子平五星言禄命；或以六壬遁甲龟策衍禽言占候；或以太乙太素洞微紫微言术数。此外，还有风鉴一派，根据人的形貌、丰采，来确定人的吉凶、寿夭、贵贱，其说以麻衣为宗。所有这些，都不过是瞽伎方术。

由于相术的流行，相人之术引起士大夫的注意。他们中的一部分人开始对相术加以钻研，进而提出了比"瞽伎"更高一筹的相术理论。如明人孙作就认为，相人之法，"论形而取舍之"，不过是"世俗瞽伎之见"。因此，他提出了相人所必须具备的变、常二法："常者，人之所不见也。变者，人之所不知也。常犹可勉，变则虽鬼神有不能知。"（孙作《沧螺集》）显然，由于士大夫的参与，相术已不仅仅是一种方技，而是更趋哲理化。

明仇英《清明上河图》中的占卜术士

至于巫师、巫婆所操持的巫术，更为城市民间所虔诚信奉。如在河间府，百姓或写神，或告斗，或设生坛，或以僧尼为子女，有时甚至有"山醮神""朱太尉"之号，均由巫师、巫婆主持。每当朔望，师、婆昼夜张幕捉鬼，鸣钲击鼓，闾巷喧沸。而在三吴一带，巫师名下多有"童子"。每一个木居士或上居士，都跟随一个童子。民间若有人"疾病或失脱人家，请得一居士，则童子随之，而往代居士，以言祸福"（徐复祚《花当阁丛谈》）。显然，童子已成了居士巫师的代言人。

游方僧道：色中饿鬼

明代中期，曾经在朝当过内阁大学士的丘濬路过一座寺庙，看见四壁俱画《西厢记》中张生与莺莺情恋故事，惊讶道："空门安得有此？"僧人答："老僧从此悟禅。"丘濬又问："何处悟？"僧道："是'怎当他临去秋波那一转'。"（冯梦龙《情史》）僧人所言固然颇富禅理、禅机，但这个例子中所含的佛教世俗化成分显然不言而喻。

明太祖朱元璋建立大明帝国以后，对僧道门风曾一度进行过大力整顿。洪武六年（1373）下令，凡是民家女子，年龄未到40岁，不许当尼姑、女冠。洪武二十年（1387）下令，百姓若年龄在20岁以上，不许入寺为僧。洪武二十四年（1391）又下令，假若有人效法瑜伽教，自称"善友"，假借张真人的名头私造符箓，均治以重罪。洪武二十七年（1394）下令，在僧人道士中，若有人私自拥有妻妾，允许众人赶逐；若包庇容隐，一同治罪；僧人自称白莲、灵宝、火居以及僧道不务祖风，妄为议论，也要治以重罪。永乐十年（1412），明成祖下谕，如果僧道不守戒律，参与民间修斋诵经，并计较报酬厚薄，或修持没有诚心，饮酒食肉，游荡荒淫，乃至妄称道人，男女杂处无别，败坏风化，将杀不赦。在这种严厉的政令下，明初僧道大致能恪守清净门风。在明初，尽管一些著名僧道偶尔也有与士大夫交往的例子，但他们自持甚谨，所行不过是向士大夫求学问道，或练习作诗之法。于是，在明初出现了一大批既能恪守佛道祖风又在佛道教义上有较高造诣的名僧高道，他们甚至擅长作诗，在士大夫中留下较好的口碑。

自中期以后，僧人道士不守祖风，不在寺庙修持，羡慕城市繁华的生活，到处游荡，于是在各地城市中，到处可见游方僧道的踪影。尤其在北京，十方缁流全都辐辏于此，简直成了"僧海"。名蓝精刹，甲于海内；香火之盛，更是别处无法比拟。（王元翰《凝翠集·书湛然僧卷》）和尚、道士一旦到了城市，参与民间事务，或与士大夫交游，必然带来僧俗混淆，造成一股宗教世俗化的洪流。

明代僧道的世俗化，主要表现在以下两个方面：一是僧道与士大夫相交，出入于公卿之门；二是僧道不守祖风，喝酒吃肉，娶妻生子，甚至闯寡门，嫖娼妓。

晚明城居士大夫受狂禅风气影响，与僧人交游也成一时风气。同时，士大夫也喜与道士来往，使方士的"采战"之术有了用武之地。明人张凤翼在《谭辂》一书中言："近来士夫谢病，多挈一僧出游，以表见其高。人见之，便谓是苏长公、佛印作用。"这就是当时的风尚。如赵贞吉甚嗜禅理，对僧人多所访问。南京牛首山云谷寺一位老僧，不时入城，与朝中赵贞吉、毛起元、朱曰藩、陆光祖等人交游。这些缙绅大老有时将老僧"各迎于家"，有时则一同游览牛首山，清谈雅论，杂以诗句。嘉靖初年，牛首山祝禧寺僧福全、崇明寺僧寄芜，也与许仲贻、谢应午、陈羽伯等名公交游，有"相随一童子，作伴两山僧"一句，即为当时交游盛况的实录。僧人如此，道士也不甘落后。牛首山清源观道士唐景虞，在山房中种竹艺花，以待游人，一时清雅之士，"多与之游"。（盛时泰《牛首山志》）在南京，当时与缙绅往还的道士，最有名的有闫希言、李彻度、醒神子、彭仙翁四人。

僧道与城居士大夫交游，当然是为了附庸风雅，以便借此获取名利。同时，道家方士的"采战"术，对士大夫来说也颇具吸引力，使他们不得不屈尊与方士交往。如方士孔复，通晓烧炼，尤精采战术。他曾到南京猪市娼家歇宿，娼妇与他交接，开始觉得甚异，颇感新鲜，不久，转而害怕他的淫毒，"号呼避之"。娼妇的假母（即鸨儿）年已四十，一向以善淫著称，代娼妇与孔复交接，"久亦趣避"，败下阵来。经此一战，娼妇病了数月，假母也数日不能起床。可见，道士孔复所操之术，为采战逆流，是邪僻不经之术，但当时"人多惑之，学其术"。（顾起元《客座赘语》）

"僧习为市"，是晚明僧人的实录。当时的寺庙净地多与民居相杂，已不再知道剃发的本意。供奉观音大士的殿堂，也成为僧人饲养猪的场所。而别处云游过来的僧人，却无斋饭供给。在苏州，缁流的习俗已是"市酤以为常"。虎丘山寺的僧人，整天为"治生计"，时常出入于市井买卖，获利颇多。（黄宗羲《明文海》）杭州的天竺寺，在明代香火很盛，然天竺寺僧也多"杀生酗酒"，寺庙的外面，布满屠户。（陈龙正《政书·乡筹》）至于河南一带的少林僧人，自唐以来，就一向啜酒啖肉，习武教艺，只识得拳棍，不知棒喝。河南少林寺以外的僧人，更是从来不纳度牒，今日削发则为僧，明日长发则为民，任意随便。"故白莲教一兴，往往千百为群随入其中，官府无所查核，为盗者亦每削发变形入比邱中，事息则回。"（王士性《广志绎》）不要说僧行，在这些僧人中，能做到不饮酒食肉的也百无一人。

僧道不但饮酒食肉、治生，而且娶妻生子，与世俗百姓一般无二。道士有室有家，称为"火居道士"；僧人有室有家，则称"火宅僧"。据唐代郑熊《番禺杂记》，广东僧人"有室家者，谓之火宅僧"。又宋代陶穀《清异录》载："京师大相国寺僧有妻曰梵嫂，亦曰房老。"显然，自唐宋以来，僧道有妻室已不乏其例。据上所述，道士有妻，也当称"道嫂"。另外，明代世俗称道婆佛妻为"耶须"，此称见于《莲经注》。

在明代，僧人有妻室，已是习以为常。如凤阳大龙兴寺，原本称皇觉寺。在明初，太祖敕谕，只有前辈老僧可以有妻室。其他后进僧人，如果也有妻室，即使在寺中辈分较高，下面的僧人也可以加以凌辱。但到了明末，僧人一概"荤娶"，也无差累。福建邵武、汀州的僧道也都娶妻，寺僧数百，推一人削发，"余如民俗"。云南大理府僧人也有妻子，"亦读儒书"。（谈迁《枣林杂俎》）

尤堪注意的是，明末的僧道不仅有妻室，而且不戒色欲，时逛教坊妓院，被称为"色中饿鬼"或"花里魔王"。明朝廷设立教坊司，如同为僧道准备一般。嫖妓取乐，成了他们分内事。所以，和尚有"光头"之称，道士有"嫖头"之号。

称和尚道士为"色中饿鬼"和"花里魔王"亦有来由。据说，"色中饿鬼"是讥诮和尚无妻，见了女人如饿鬼一般。道士看经打醮，辛苦了一昼夜，不过赚得三五钱银子的衬仪，若去妓院嫖妓，不够一宿，所以竭力奉承妓女。年壮的道士精元充足，力量可以通宵；年老的根本空虚，须服用诸如固元丹、虾须丸、涩精散、百战膏一类的春药，助壮元阳，才能做到鏖战不泄。因此，妓女见了道士，个个销魂，人人胆怯，称他们为"花里魔王"。可见，僧道对城市性文化的泛滥起了推波助澜的作用。《金瓶梅》中西门庆所用的"胡僧药"，名为出自胡僧，实则中原僧人也个个具备。

人在江湖走

俗语道：人在江湖走，怎能不湿鞋？在明代城市中，那些在江湖上混饭吃的黑道人物，不可能不靠山吃山。他们整日无所事事，游手无赖，在街上闲逛，生计的来源，无非是设计诱骗、讹诈、抢劫、打人、偷盗。

逸夫·喇唬·光棍

明代小说《梼杌闲评》中有一首小词，对城市中的光棍作了如下描述："个个手提淬筒，人人肩着粘竿，飞檐走线棒头拴，臂挽雕弓朱弹。架上苍鹰跳跃，索牵黄犬凶顽，寻花问柳过前湾，都是帮闲蠢汉。"此词相当通俗，自不待释，但从中透露出一个信息，就是这些光棍与宦家恶少臭味相投。

在介绍光棍以前，不能不提一下明初城市中久已存在的"逸夫"。逸夫又称"逸民"，逸者，游也。所谓逸夫，其实就是游惰之民，也就是过去唐宋两朝时常出现的闲人。这些逸民，一般以松江、苏州二府为多，所从事的活动主要限于以下两个方面：

一是在公门中讨生活，阿谀奉承那些皂隶，也即帮衬公门，夤缘害民。如当时衙门中的小牢子、野牢子、小官、帮虎等，都由一些市井游手之徒投充，称之为流氓也不为过。

二是在市井游逛，不务生理，专干一些为非作歹的事，扰害市井百姓。这些游民虽无帮衬公府之名，却也浪荡成习，堪称逸夫。

"喇唬"的含义，《六部成语注解》解释为"诈骗之匪"。喇唬在明初即已存在。据记载，当时有些喇唬中的无能之辈，时常口称圣号，大白天在街上倒地撒泼，引人围观。至于那些刁猾的无籍棍徒，更是气焰嚣张。他们有时身背黄包袱，头插黄旗，口口称说要求奏告上诉，直入衙门，挟制官吏；或者自己根本没有冤枉事，代人捏写状本，教唆或扛帮他人赴京城或巡抚、巡按、按察司衙门告状，借此恐吓他人，获取财物；有时更是险恶张狂，上京诬告他人叛逆，或者诬陷他人犯有强盗人命。

喇唬在明初出现以后，由于政府的严厉打击，沉寂了相当长一段时间。自正统以后，喇唬的势力重新崛起，并在社会上逐渐扩大，至成化、弘治时达到了极盛。正统五年（1440），通州张家湾军余邵文斌等九人，各立"郎头""铁脸""阎王""太岁""先锋""土地"等名号（《明英宗实录》），往来上下码头，欺侮良善，吓骗财物，恃强凌弱，谁也奈何不了他们。成化六年（1470），山西太谷县民杜文矗，自号"都太岁"，与兄弟一起结交一批恶少，号"十虎""二贤""八大王"（《明宪宗实录》），暴横乡里，时常聚众做一些奸恶不法之事。

明代城市的喇唬主要从事以下几方面的活动：其一，打架斗殴，行凶杀人。当时北京城内凡是军民杂处的地方，就有一些喇唬之徒，他们偶尔因为一些小忿，就大发雷霆，斗殴杀人。此后又将尸体扛抬，图赖他人钱财。有时在街上与人发生口角，喇唬就执刀持棍，纠合人众，行凶殴打。有时甚至将对方的"有钱器物尽数毁弃，或将房屋垣墙一概毁损"。其二，横行市肆，强取货物，他人莫敢谁何。在北京，专有一批不务生理的喇唬，他们三五成群，非华衣不穿，非美馔不食，宿娼买奸，百无禁忌。等到家业荡尽，别无财路，就只好开场赌博。赌博花样较多，或抹牌、下棋、打双陆，或踢气球。赢者得钱，肆意所欲，输者丧气，莫返原物，以致饥寒交迫，不能自存，只好做贼，往来于京师之间，肆行劫掠。其三，充当揽头，兜揽粮物，从中掺杂糠土，获取暴利。如顺天府涿州地方设有一座常盈仓，仓周围军民混住。每当夜里，就有一些无籍小人，抛掷砖瓦，偷盗钱粮。经访察，得知是孙全、庞富等喇唬所为。他们奸恶相济，结成党群，势如虎狼。他们还强行充当纳粮揽头，作弊以后上纳，如果不收，就行凶撒泼。据《金瓶梅》的作者兰陵笑笑生所言，现代意义上的流氓在宋代称"捣子"，而在明代则称"光棍"。光者，赤也。故光棍又叫"赤棍"。何谓"光棍"？清代李鉴堂在《俗语考原·光棍》中这样说："俗谓无赖匪徒以敲诈为事者为光棍。今俗亦以无妻之独夫，谓为光棍汉。"这种解释比较全面，也有道理。

明代城市的光棍神通广大，可以买通官府，专门替人打官司。他们专吃闲饭，好管闲事，捕风捉影，寻人家的闲头脑，挑弄是非，扛帮生事，所以又被人叫作"没头鬼"。不管哪里有事，只要被光棍中的一个人打听到，就合着伴去干，得利平分。他们结帮成派，也有头领，可以取绰号"钻仓鼠""吊睛虎"，也可以取号"洒墨判官""白日鬼"。光棍头领的手下，当然是一些提草鞋的无名小光棍。

　　光棍们无孔不入。他们也靠衙门吃饭，充当囚户与铺户之间的介绍人，获取回扣，有时甚至公开勒索财物。如当时有两个"打光棍"者，即王玉与王海，他们不务本等生理，专门在通政使司与兵部衙门前，拦截告状人与送问囚犯，争先接到贯城街上的卖纸人家，以买纸送饭安歇为理由，向囚犯勒要银物。而那些卖纸人家，因为光棍们替他们招揽了生意，就高抬纸价，趁机大赚一笔，除掉本钱以外，赚钱与光棍平分。因此，良善者大多被光棍挟诈，贫难者也被他们逼迫，光棍可以为所欲为。更有甚者，有时光棍竟敢奸淫妇女，"剥捉衣服，留当行李什物，其害不可胜言"。（戴金《皇明条法事类纂》）

　　京城内外，是光棍出没的地方，因为那里人口流动频繁，大有油水可捞。他们三五成群，人数多者达到数十人。妓院娼门成了光棍们的集会地，他们在此不分昼夜地游荡饮酒，替人报私仇。有时候，光棍们凭借一股蛮力，在街市中肆逞凶恶，拦截买卖之人，强索钱物。这些光棍常常随身携带流星袖棒、秤锤、尖刀等凶器，往来挟制良善，强霸人妻女，欺侮殴打平民百姓。有时被害之人不服，前去赴官告理，但官府良恶不分，是非颠倒，

明仇英《清明上河图》中的打斗场景

必然使受害者与光棍一同受刑，所以受害者只好忍气吞声。而光棍们更是肆无忌惮，日积月累，一以成风。

泰昌元年（1620），御史张泼上言："京师奸宄丛集，游手成群，有谓之把棍者，有谓之拿讹头者。"（梁章钜《称谓录》）显见，至明末，流氓又被称为"把棍"。"讹"音与"鹅"通，故明代史籍有时又称"拿讹头"为"拿鹅头"。所谓"拿讹头"，其实就是流氓所采取的行动方式。如明末姚希孟就说，当时都城里号称"把棍"的游手无赖之徒，平日大多以"拿鹅头"与"生事诈人"为业。（陈子龙《明经世文编》）

那么，这些把棍又是如何"拿鹅头"的呢？据记载，每当把棍侦知一人将去作奸犯罪，就尾随其后。正当那人动手之机，把棍跳将出来，以告官要挟，讹诈金钱。将"拿鹅头"说成"拿讹头"，其义盖源于此。

"把"是把棍的组织团体。恶棍聚在一起，结成团体，就称"把"。把棍时常假借会茶的名头，积聚银钱，或数百，或成千，如果把棍的恶事被人告发，就用这些钱打点官司。把棍有各自的群体，各把之间由于利害冲突，也时常发生群殴，即打群架。那些在打群架中吃了亏的把棍，也不甘心，于是"结把以求胜，以把胜把，而把遂不可胜穷"（《明光宗实录》）。把棍的诈骗行为，除了前述的"拿鹅头"之外，有时又采取一种"讨白债"的方法。所谓讨白债，就是引诱解官与客商到一个僻静的去处，威逼他们立下文契，公然讨取。有时候把棍冒用兵牌，勒取火夫，需索铺行。显然，这也是一个破坏性的组织。

打行与青手

自明代中叶以后，在经济富庶的江南地区，尤其是在苏州、松江两座城市，出现了一大批专职替人报私仇的社会闲散人员。他们"皆系无家恶少，东奔西趁之徒"（徐光启《农政全书》）。这批不良之徒结党成群，凌弱暴寡，势不可当。这些无赖不是别人，正是当时名震江南的"打手"，又称"青手"，而打手的组织则称"打行"。

就打行的发展过程来说，先是兴盛于苏州，随后才迁延到松江。时间大概起于嘉靖中叶，至万历八年（1580）以后达到极盛。打行所从事的活动，主要有以下几种：

（一）既然号称"打行"，那么必须以殴人为专职。打行中人有时也被称作恶少年，他们群聚殴人，一人不逞，就呼集同类进行报复，不残伤他人决不罢休。打行中人打人也有独特的方法，内部转相传授，秘不告人。他们打人，或胸，或肋，或下腹，或腰背，可以做到定期让被打者死亡，或者被打以后三月死，或者五月死，或十月、一年死，一般不会出现差错。时间一久，如果有人以杀人告官，但早已超出期限之外，这样也就不用抵命。所以打行的同党胆敢跳梁市肆中，市民只好"摇手而避之"（范守己《曲洧新闻》）。打行有时专门替人扛打。如果某人与他人有仇，打算进行报复，常常可以在暗地里贿赂打行中人，约好在某一天，在怨家所在的地方，"佯相触忤"，故意寻衅，如果起而反抗，那么打行中人就起来群殴。有时打行中人又以不根之辞诬陷他人，用他们的同党作为证人。在这种情况下，如果受害人不出金帛谢罪，此事就无法解释清楚。

（二）诳骗偷盗，专门在街上"撞六市"。有时候，他们碰到乡下人持物入城做买卖，就设计诬骗，到了偏僻之处，就半骗半夺；有时候，他们白天在地方上偷盗东西，被人识破，扭送官府，路上刚好遇到打行同党，就乘机解救逃脱，而扭送者反而受到他们的侮虐，这就是人们常说的"炒盐豆"。（范濂《云间据目抄》）

（三）打行中人大抵是一些侠少，中间选一些有勇力之人为头领，重报复，抱不平。这种无赖的做法，使打行中人给人以一种狰狞可怕的感觉。但打行中恶少所行之事，有时也极巧慧，每每成为人们茶余饭后的谈资。据记载，当时有一僧业医，颇有资财，但很吝啬，因而打行中的少年很厌恶他，准备好好作弄他一番。于是，打行少年让一妓打扮成少女，前去勾引这僧人，最后狠狠地敲了他一笔。（叶权《贤博编》）

（四）打行中人有时又充当阉党余孽的打手，参与政治。此时的打手，又可称"青手"。如崇祯十七年（1644）三月，李自成率农民军攻入北京，明亡。此时的南京闻变以后，举行了一场哭临的仪式。阉党余孽也想随朝班行礼，于是复社中的一些志士草了一个檄文，攻击阉党。阉党余孽大为气愤，就雇募了数十名"青手"自卫，似乎有侮辱诸生的意思。为此，复社中徐武静与张子退二人，各率来自东阳、义乌的力士戴宿高等，也手执白棒，大白天在街上搜索行走，遇到青手，随即击逐。有鉴于此，阉党余孽不敢轻举妄动，凌辱诸生，而士气由此大振。（杜登春《社事始末》）

此外，打行中市井恶少也采用"扎火囤"的方法诓骗财物，武断坊厢间。扎火囤，宋时称"美人局"，清代称"仙人跳"。有一诗专说扎火囤之害："睹色相悦人之情，个中原有真缘分。只因无假不成真，就里藏机不可问。少年卤莽浪贪淫，等闲踹入风流阵。馒头不吃惹身膻，世俗传名扎火囤。"所谓扎火囤，就是一些奸诈之徒，从世上这种男贪女爱的风情上面，想出一些奇巧题目来。他们用自己的妻子，或有时压根儿不是妻子，而是用娼妓假扮妻子，装成圈套，引诱良家子弟，一等成就好事，就率领光棍打将进来，诈他一个小富贵。

嘉靖三十八年（1559），应天巡抚翁大立到苏州上任，发檄给府县官员，要求他们捕治打手，严加督责。经过这一次变故，苏州打手的势力渐损，但并没有被消灭。自此以后，打行的势力逐渐转移到松江、嘉定一带。如明末嘉定人侯峒曾就说："打行薮慝，敝邑为甚。小者呼鸡逐犬，大者借交报仇，自四乡以至肘腋间皆是也。"（侯峒曾《侯忠节公全集》）显然，在明末，嘉定县不但成为打手的渊薮，而且遍布城乡各地，势力颇为繁盛。

至明末，打行的活动也有所变化。当时由于官府追赋急迫，百姓无法交税，时常有挨杖之苦，于是有流氓专门开设"打行"，实行垄断，代人挨板子，而且定有时价，一般每挨一板付银二钱。

穿窬攘窃

《二刻拍案惊奇》中有一个神偷懒龙，本事高强，非一般穿窬的小偷所可比拟。此人颇重信义，绝不扰害贫弱。他虽是偷儿行径，"却有几件好处：不肯淫人家妇女，不入良善与患难之家，与人说了话再不失信；亦且仗义疏财，偷来东西随手散与贫穷负极之人。最要薅恼那悭吝财主、无义富人"。可见，这种神偷，也算得上是穿窬小人中的大侠。比起那些峨冠博带，却面是背非、临财苟得、见利忘义之人，不知强了多少。

小偷大盗，由来已久。在明代城市中，这类人的活动相当活跃，称呼南北各不相同。《燕京杂记》说："窃行道人佩物者，南方谓之'蒭绔'，京师谓之'小利'。方其割物时，旁见者不敢言，言之即以暗刃相仇。"在杭州，骗子、小偷、流氓各有绰号，如："白手骗人，谓之'打清水网'；夹剪衫袖，以掏财物，谓之'剪绺'；撒泼无赖者，谓之'破落户'。"（田汝成《西湖游览志余》）

逾墙穿壁，这是小偷偷窃用的伎俩。当然，偷窃的方法也各有不同，如南京专有一批偷仓米的"白龙挂"，党羽很多。因为他们偷米时"以白布为长索，跨墙出米"，所以被称为"白龙挂"。

小者入室偷窃，强横者则明火执仗，公开抢劫，这些人在当时被称为"强贼"，其实就是强盗一类。如在北京，"响马阻截道路，口出危言，有同叛逆。从者尽劫财物，否者便至杀人"（戴金《皇明条法事类纂》）。"口出危言"云云，大概就是戏曲小说中强贼常用的那些话，如："此山是我开，此树是我栽。若要打此过，留下买路财。"响马在北方相当盛行，尤其是华北，都是一望无际的大平原，强盗骑上马，马挂铃铛，如风驰电掣一般，来无影，去无踪，官府很难缉拿。到了明末，在北京玉河桥一带，每到夜幕降临，就成了恶少年经常出没抢劫行人的地方。据《查浦辑闻》一书记载，这些人狡狯百端，常常身蒙驴皮，黑面利爪，吓唬行旅，谋取钱财。在嘉兴府，一些无赖埋伏在草野中，遇人持布入市，就掩击抢夺，称为"打布贼"。（冯汝弼《祐山杂说》）

小偷、强盗偷窃和抢劫来的财物，都有专门的销赃去处，并有窝家提供藏匿、保护。如南京，有专门的夜市，其实就是

"鬼市"。鬼市设在笪桥廊下，每到五更天，"盗者以所盗物至，不举灯，惟暗中度物，又不出声，物值随其所指，即度钱，或价与物等，或得利数倍，习以为常，略不致讶，盖所从来旧矣"（姚旅《露书》）。据《镇吴录》一书载，在苏州，专有一批替盗贼窝赃的窝家，称为"纲头"。他们一贯招引四方无籍棍徒，在家窝养，以应夫差。如果遇到闲暇时日，白天就让这些人到街市掏摸剪绺，到了晚上，或者在河路钻舱，或者在陆地上穿窬，偷窃财物，得财分用，大为民害。而在山东济南历城县，一些捕役成了盗贼的窝家，衙役与盗贼打成一片，坐地分赃。（《崇祯历乘》）

盗风一炽，在当时出现了一批遐迩闻名的大偷、神偷。如当时北京有一个大盗，叫朱国臣，"其党数十人"（朱一新《京师坊巷志稿》）。据谢肇淛《五杂组》所载，当时北京有一盗魁，与缉盗衙门的首领锦衣卫都指挥使陆炳开了一个大玩笑。此书记道："有盗魁劫大金吾陆炳家，取其宝珠以去，陆气慑不敢言。一日与巡按御史语，偶及之，其夜即至，怒曰：'嘱公勿语，何故不能忘情？'既而嬉笑曰：'虽百御史，其如我何？我不杀公也！'一跃而去，不知所之。"《二刻拍案惊奇》中的"懒龙"，更是神偷的代表。他出没如鬼神，去来如风雨。"果然天下无双手，真是人间第一偷。"偷盗本领，于此可见一斑。

妇女面面观

　　明代城市妇女，依其社会身份地位的不同，有宫廷后妃、士族妇女、市井女子以及倚门卖笑的风尘女子之别。身份固然不同，束缚妇女的父权、夫权、族权、神权等枷锁却殊无二致。由于所受教育的差异，各阶层妇女之间会有审美情趣方面的不同，然而信奉佛道却是她们共同的生活旨趣。

　　引人注意的是，由于城市生活日趋繁华，使得妇女不再安于困守闺房、家门，足不出户，而是积极参与各项社会活动，扩大自己的社会交往。明人有感于妇女不守阃范，抛头露面，曾立下如下戒条：莫买命算卦，莫听唱说书，莫结会讲经，莫斋僧饭道，莫修寺建塔，莫打醮挂幡，莫山顶进香，莫庙宇烧香，莫招神下鬼，莫魇镇害人，莫看春看灯，莫学弹学唱，莫狎近尼姑，莫招延妓女，莫结拜义亲，莫来往卦婆、媒婆、卖婆，莫轻见外人，莫轻赴酒席。（张萱《西园闻见录》）如此等等。先有冒犯，而后才有约诫，这是不言而喻的道理。上述戒条恰好反映明代城市妇女的生活内容，同时也足证当时一些妇女的社会交往已是相当广泛。

内令闺范

明太祖朱元璋立国以后，刻意建立起一套维系传统统治的礼教制度。他尤其强调男女有别，禁止男女混杂，以免败坏风俗。他说："男子妇人，必有分别。妇人家专在里面，不可出外来，若露头露脸出外来呵，必然招惹淫乱之事。"（朱元璋《御制大诰武臣》）朱元璋一方面将礼教制度公诸天下，另一方面又将它首先实施于宫中，以便对宫中后妃、宫女加以有效的管理。他在《内令》中规定了如下四条：一是"凡私写文帖于外，写者、接者皆斩，知情者同罪，不知者不坐"；二是"凡庵、观、寺、院烧香降香、禳告星斗，已有禁律，违者及领香送物者，皆处以死"；三是"凡宫中遇有疾病，不许唤医入内，止是说证取药"；四是"凡宫闱当谨内外，后妃不许群臣谒见，命妇于中宫千秋节并冬至、正旦、每月朔望来朝，其隆寒、盛暑、雨、雪免朝"。（朱元璋《皇明祖训•内令》）

后妃既是皇帝所定"内令"的忠实执行者，又为天下妇女的表率。她们一方面秉承皇帝的旨意，小心侍候，恪守妇道；另一方面，又创制《女诫》《内训》等，作为规范宫中女子的道德准则。洪武初年，马皇后作有《女诫》，开了此类训导妇女书籍的风气之先。至成祖朝，仁孝皇后徐氏于永乐二年（1404）冬撰成《内训》一书，将马皇后的"教训之言"发扬光大，以教宫壸，垂法万世。《内训》共计20篇，分别包括妇女德性、修身、慎言、谨行、勤励、警戒、节俭、积善、迁善、崇圣训、景贤范、事父母、事君、事舅姑、奉祭祀、母

仪、睦亲、慈幼、逮下、待外戚等方面的内容，其主旨无非
是使妇女恪守礼教，以从妇道。如论妇女德性云："贞静幽
闲，端庄诚一，女子之德性也。孝敬仁明，慈和柔顺，德性备
矣。"又论妇女修身云："故妇人居必以正，所以防愿也。行
必无陂，所以成德也。"（《大明仁孝皇后内训》）

　　徐皇后幼年时就读书史，过目不忘，被人称为"女诸
生"。她自己也说："吾幼承父母之教，诵诗书之典，职谨女
事。"据《胜朝彤史拾遗记》一书载，徐皇后曾召见命妇，对
命妇作了如下训示："凡妇相夫，岂止衣服馈食云尔，必将有
德行之助焉……朋友之言，有从有违；夫妇之言，婉而易入。
尔其思之！"这番训示与她所撰《内训》的宗旨若合符节。

明仁孝皇后像

此后，明兴献皇后蒋氏也著有《女训》一书。《女训》计12篇，内容涉及闺训、修德、受命、夫妇、孝舅姑、敬夫、爱妾、慈幼、妊子、教子、节俭等，基本上是《内训》的翻版。如论闺训云："盖女人之训，德在安静，性在柔顺，不生事以致祸，不娇态以取媚。"（章圣太后蒋氏《女训》）

《女诫》《内训》《女训》等书，不仅流行于宫中，而且颁发天下，成为天下妇女的必读书，乃至行为准则。

一些士大夫秉承君主旨意，将有关妇女礼教的内容列为四礼之一，以此作为规范家庭伦理生活的基本准则。如吕坤就作有《四礼翼》一书，包括"女子礼"与"妇人礼"两方面的内容。其中女子礼从口腹、从命、节俭、职业、卑逊、言语、衣服、佩饰、雅素、书史、女容、勤励、性情等方面规范未婚女子的行为与生活；妇人礼从拜跪、居室、无遂、内谮等方面规范已婚妇女的行为及生活。

这些关于妇女礼教的训条，既是规范妇女日常行为的准则，同时也是妇女教育的基本内容。如每当宫女选入宫院，就派宫内博学善书而且有德行的人对她们进行教育。宫女所读的书，除《百家姓》《千字文》等入门书外，就是《孝经》《诗经》《大学》《中庸》《论语》等儒家经典，而最重要的则是《女训》《女孝经》《女诫》《内则》等妇女礼教训条。而在民间，虽戒妇女舞文弄墨，但也鼓励妇女读书，至于所读之书，除《孝经》《论语》外，也多为《女诫》《女训》之类。举例来说，明人贺钦在家庭中对妇女所实施的教育，就包括下面关于礼教的12条：安详恭谨，承祭祀以严，奉舅姑以孝，事丈夫以礼，待娣姒以和，教子女以正，抚仆婢以恩，接亲戚以敬，听善言以喜，戒邪妄以诚，务纺织以勤，用财物以俭。（贺钦《医闾集》）

在礼教的束缚下，明代城市妇女大多足不出户，生活极其单调乏味。为保持仪态，她们必须做到：说话须安详沉重，不可烦琐、粗暴，甚至高大、花巧；性情须慈悲宽大；至于女容，更须精神不露，意态深沉，不可轻浅浮薄，学成聪明、轻佻的样子。为了操持家务，她们的一生不外乎主厨、纺织女红及教子三个方面的活动。而对待自己，则必须勤俭持家，即所谓的"女德尚俭"，衣服、佩饰、饮食等，崇雅素之风，耻奢华之尚。

信佛奉道

明代城市妇女与宗教的关系相当密切。宗教成为她们的精神依托，而入庙烧香或远出进香则成为她们主要的社会活动。

从地域来看，无论是京师北京，还是吴、越两地，城市妇女与佛道二教均有一种天然的亲近感。如北京城东有东岳庙，祀东岳神。每年三月二十八日为东岳帝的降生之辰，设有国醮。按照民间习俗，每年各随其地，预集近邻，结成"香会"。妇女也结成香会。这一天，行者塞路，呼佛声震天动地，甚至有的人一步一拜，称为"拜香庙"。明代天下大势，崇佛之地很多，而妇人女子信佛尤甚。如三吴一带，百里之内，有称"佛爷""佛祖""佛师"，"巍然上坐，群男妇数百人，罗拜其下"。（李乐《见闻杂记》）在吴地，在老人婆子中，盛行结成念佛会。一些老妇年老无所事事，惧死，于是修善结会念佛，如白莲教一般，全为师姑、尼姑所引诱，以致成群倾国，老幼美恶，无不入会。一些淫僧泼道拜念佛婆子为"干娘"；而信佛道的淫妇泼妻，又拜僧道为师或父，自称"弟子"。这些妇女虽不出家，但持斋把素，袖藏念珠，口诵佛号，装供神像，俨然如在寺院一般。（田艺蘅《留青日札》）在越地绍兴，妇女中也流行入庙烧纸锭的习俗，号称将纸锭烧毁，"以是寄之冥司，死得用之也"。（陶奭龄《小柴桑喃喃录》）

就社会分层而言，各社会阶层的妇女均对宗教生活表现出极大的兴趣。

在皇宫或亲王府中，后妃大多礼佛。譬如，永乐朝的仁孝皇后精通内典，在燕邸时，曾梦见观音大士授给她佛经一卷，梦中诵读一遍，醒后书写下来，称为《观音梦感经》。此经被人称为"洁净精微，深入三昧，不减《圆觉》诸经"。万历朝慈圣皇太后也信奉佛教，被宫女称为"九莲菩萨"。据《过日集笺》载，当时外方进贡绿刺观音一座，高六尺，慈圣皇太后将它迎供慈宁宫中。又据《玉台书史》载，万历朝郑贵妃，奉佛甚虔，曾在磁青纸上用泥金书写《观世音菩萨普门品经》一卷，以恭祝神宗万寿。在崇祯朝，懿安皇后也时常制作与宗教活动相关的佛像及服饰。如她曾用素绫作底，用五色绢剪叠成大士宝相，宫中称为"堆纱佛"；又用素绫与黄桑色绫相间，制衣，如鹤氅式，穿着此服礼拜观音大士，宫中称为"霓裳羽衣"。在王府中，宫女也礼拜佛道成风。如宪王府中宫女夏云英，七岁就尽通释典，法名"悟莲"，后出家为尼，接受了菩萨戒。

一些士族妇女也把入寺庙烧香当作日常生活的主要内容。如在三吴一带，一些大族妇女时常"入寺拈香听经"，并拜高僧为师。（陈龙正《政书·杂训》）同时，由于一些士大夫本人就信奉佛教，因此影响到了他们的女儿，导致她们从小就对宗教产生一种虔诚的感情，大多皈依佛教。如袁宗道之女，通竺典，诵《金刚经》，"时有问答，皆出意外"（袁宗道《白苏斋类集》）。女子信佛，导致平常的生活也大多带有宗教色彩。"高楼终日礼弥陀，天女生来厌绮罗。"这一诗句就是青年女子信佛的最好注脚。又如顾璘女顾敬，也是"奉佛甚虔，绝荤习静，遂悟空寂"（顾璘《顾华玉集》）。

至于城市一般平民百姓家的妇女，一方面是受时风影响，另一方面由于天灾人祸不断，更使她们将希望寄托于神灵的佑护。据载，明代小户人家妇女，相聚二三十人，结社讲经，不分晓夜。每当朔望，就入寺庙烧香，或者跋涉数千里外，望南海，走东岳，进香祈福。

妓女固然名列贱籍，然民间的许多宗教活动，诸如庙会或祭祀之类，都离不开这帮人。与其他行业一样，妓女这一行也有自己的行业神。据说，明代妓女供奉"白眉神"，此神长髯伟貌，骑马持刀，与关帝像略肖，但眉白而眼赤。（沈德符《万历野获编》）坊曲中娼女初次接客，必与嫖客同拜此神，然后再定情。

妇女的宗教活动，多与那些游荡于城市并自称师长、火居道士、师公、师婆、圣子一类的巫师有关。这些巫师或假画地狱，私造邪书，伪传佛曲，摇惑四民，或烧香施茶，降神跳鬼，举行一些修斋设醮的活动。这些活动均有妇女参加，史称巫师"交通妇女"，即可为证。

金陵十二钗

明代城市妓院林立，妓女人数陡增，从中涌现出许多色艺俱佳的名妓。据说，嘉靖年间，海宇清宁，南京最称富饶，而平康也极盛。当时著名的妓女，前有刘、董、罗、葛、段、赵，后则有何、蒋、王、杨、马、褚，在青楼中号称"金陵十二钗"（冯梦龙《情史》）。明末，南京旧院中的名姝名扬四海的则有董小宛、李香君、卞玉京几人。

青楼女子的出现，可谓历史悠久，然明代曲中女子无论是数量还是识见、社交活动，均超越前代而独具特色。

明代官妓均由教坊司统一管理。按照明代制度，南北两京都立有教坊司。北京有东西二院，南京有十四楼。教坊司设一官主持其事，有衙署，也有公座，甚至有人役、刑杖、签牌之类。教坊司官有冠带，不过见客则不敢拱揖。隶属于教坊司的官妓要从良落籍，则必须通过礼部，并获得批准。

南京教坊司所属官妓十四楼，史籍记载甚详，却互有出入。据《明太祖实录》载，先是在江东诸门外建十楼，其名分别为鹤鸣、醉仙、讴歌、鼓腹、来宾、重译等。到洪武二十七

明仇英《百美图》（局部）

年（1394），又建成五楼，号称十五楼。据明人沈德符考证，明太祖所建十楼，除上述所列六楼名外，还有清江、石城、乐民、集贤四楼；而后建五楼，则分别为轻烟、淡粉、梅妍、柳翠，余一楼名，史所未载。（沈德符《万历野获编》）又据《洪武京城图志》载，明初所设妓楼，当为十六楼，分别为江东、鹤鸣、醉仙、集贤、乐民、南市、北市、轻烟、翠柳、梅妍、淡粉、讴歌、鼓腹、来宾、重译、叫佛。嘉靖年间编的《南畿志》，又说只有十四楼，分别为南市、北市、鸣鹤（当作鹤鸣）、醉仙、轻烟、淡粉、翠柳、梅妍、讴歌、鼓腹、来宾、重译、集贤、乐民。综上所述，明初南京妓楼当为十六楼。如洪武时进士李泰，有集句咏十六楼，其中提到清江、石城二楼。而永乐年间，晏振之《金陵春夕》诗又说："花月春江十四楼。"显然，十四楼之说也相沿已久。

除官妓外，尚有私妓。北京私妓会聚之处，则为西河沿，为一处"斜狭"（张潮《虞初新志》）。南京私妓会集之处，叫勾栏，分为二处，一处在武定桥东，一处在会同桥南。（《洪武京城图志·楼馆》）又有珠市（亦称"猪市"），在内桥旁。（余怀《板桥杂记》）

明中期以后，南京官妓十四楼大多荡然无存，独存南市楼一处。北市楼在乾道桥东北，似乎就是猪市，明初刘辰《国初事迹》所记富乐院，即此地。在明初，富乐院也有两处，一在武定桥东南，一在聚宝门外东街。至明末，官妓所处的旧院人称"曲中"，前门对武定桥，后门在钞库街，妓家鳞次，比屋而居。

随着城市生活的日趋繁华，妓女人数也逐渐增多。即以大同为例，王府所蓄乐户之数，多出他藩数倍。即使到了衰落之时，隶属于花籍的人数也达两千，歌舞管弦，昼夜不绝。在北京，自天顺以后，一些不知廉耻之徒，纵容妇人为娼，"大开门面，接纳官舍、商人等在家宿歇，歌唱饮酒，全无忌惮"。另外又有一些人，买来良家女子，假借使女或妾的名头，却纵容她们与人通奸，觅取财物。（戴金《皇明条法事类纂》）在这种淫风甚炽的大势下，北京的私娼数目必然也会有很大的增加。万历十年（1582）以前，南京教坊司房屋盛丽，连街接弄，几无隙地。当时南院妓馆有十余家，西院也有三四家，可见从业的妓女人数颇多。此外，一些官宦士大夫出于求利的目的，或者是为了满足淫欲，也多开设妓院，使妓女的人数更趋膨胀。如常州藏春院，位于高家衖口，由致仕举人高政于成化元年（1465）创建，院中多"曲中艳异"。

南京旧院姝丽，赋性好游。她们通过外出冶游，扩大自己的影响，寻觅意中人。明代苏州繁盛一时，南京名姬常常轻装一舸，翩然而至。因为她们来自南都，故被当地人称为"京帮"，借此与土著妓女相别。其中如卞玉京、董小宛诸妓，文采风流，倾倒一时。其后，至者益众，于是她们在苏州本地妓女之外，俨然别树一帜。此外，淮扬帮妓女也托庇其宇，混入京帮妓女之中。

女子一旦沦为娼妓，名落贱籍，犹如跳入火坑。于是，娼妓在出卖色艺的生涯中，通过广泛交游，结交各方人士，千方百计从孤老中物色中意的人，以便有朝一日能脱籍从良。妓女的色艺样样俱全，她们善诙谐、谈谑，抚操丝弦，撒画、手谈、鼓板、讴歌、蹴圆、舞旋、酒令、猜枚，无不精通。她们就是依靠这些色艺接客，并从中物色人选。妓女的出路不外乎以下三条：一是由于偶然的机遇，得到皇帝的宠幸，但这毕竟是少数，甚至是极个别的例子；二是结交名公或名士，从中选择一人，做人之妾；三是寻觅富商大贾，作为自己一生最后的归宿。

在明代的皇帝中，武宗堪称最不安分而又不顾礼教束缚的人。他除了喝酒游玩，另一爱好就是嫖妓。据记载，武宗皇帝游幸到偏头关时，从太原找来一些女乐，从而结识了一名妓女，即乐工刘良之女。此妓擅长讴歌，深得武宗宠幸。至万历朝，出现了《正德嫖院》这样的戏剧作品，所指即为此事。

　　当然，并非所有妓女都有幸结识天子。于是，她们退而求其次，从名公巨卿或名士中物色人选。史籍记载，明代南都名姝与士大夫的交往蔚然成风。复社同人的诗文聚会，也大多在妓家举行。为此，名妓纷纷归身于公卿名士。如葛嫩归于孙

明柳如是《香风静荷图》

临，董小宛归于冒襄，顾媚归于龚鼎孳，马骄归于杨文骢，柳如是归于钱谦益。名妓柳如是与文坛宗主钱谦益结成秦晋之好以前，曾一度与复社盟主张溥如胶似漆，后又与幾社名士陈子龙打得火热，最后才委身于钱谦益。

伴随城市商业繁荣而来的是商人地位的日渐提高。"卖油郎独占花魁"中的卖油郎，不过是小本经营的小贩，他深得名妓青睐，当然靠的是诚实可靠的品行。然而毋庸置疑的是，商人财富的不断积聚，必然也会深得名妓垂青，从而使自己在与名士大夫争竞名妓的天平上，增加相当诱人的砝码。那些与名公俊士演出了一幕幕"才子佳人"喜剧的妓女，在从良观念上，同样不可避免地向拜金主义靠拢。

飘摇的传统

城市风景线

　　在城市中，既有静止的景物，诸如山水、园亭、庙宫；也有活动的形形色色的人，人声鼎沸，市场喧嚣，五音杂聚，甚至连穿戴也五花八门，各不相同。自然景物与人文风俗成为城市风景的两条主线。自然景观天造地设，历千年而不变；造化又创造了人，让他们改变自然，填充城市，使人与物合一，融会贯通，形成了城市独特的人文景观。

　　正当明代国运盛时，生活在城市中的人们如在人间天堂，小户也好不快活。南北两京十三省及各地城市无不如此。市中行人或安闲漫步，或行色匆匆，却多有喜色。城市的特色当然是忙，但忙过以后，又无非是寻找逗闷的乐子，过一种轻松愉悦的闲暇生活。如此看来，当时出现反映南北两京工商业盛况的《皇都积胜图》《南都繁会景物图卷》，以及描摹苏州晓关繁忙拥挤的舟船的《晓关舟挤图》、描绘杭州北关夜市盛况的《海内奇观·杭州北关夜市图》，显然用不着惊讶，无论是"积胜""繁会"，抑或"舟挤""夜市"，无非都是城市风情的侧面裸露。

　　那么，明代城市究竟是一幅什么样的繁盛景象呢？综合各家记载，不妨做如下速写：

北京城中，大如紫禁城的富丽堂皇、天坛的庄严肃穆，小至雕漆器物的精致雅观，处处体现出艺术精华之地的特色。三百年来，北京四方人物辐辏，红尘白日，无有闲人。在水关一带，沿水而建者有梵刹、别墅、园亭，与水交相辉映。梵刹中传来声声钟磬，亭墅中声歌相闻，遥见遥闻，隔水相赏，别具风情。水关夏天的莲花灯，冬天的冰床，几乎可以与西湖春、秦淮夏、洞庭秋相媲美。上元节灯市热闹，四方珍异杂集，市中轻薄儿等闲游戏，前唝后哨，追香逐靓。四月初八的戒坛，芦棚满山，无赖僧云集，歪妓凑趣，给钱拥醉，士庶群姗，佛法沦堕，几成一处淫窟。德胜桥右的定国公园，有室、斋，有水、石，乱杂简朴，别具风格；惠安伯园中牡丹，花开时晖晖如，目不可极。万寿寺的永乐大铜钟，侈弇齐适，钟声响起，舒而远闻，如闻清音。

南京，正当盛时，公侯戚畹，甲第连云，宗室王孙，翩翩裘马。乌衣子弟的生活奢侈糜烂：游湖海，则有挟弹吹箫；开筵宴，则有妓女劝酒。秦淮河畔，河房洁净素雅。河房之外，家有露台，朱栏绮疏，竹帘纱幔。夏月浴罢，露台杂坐，两岸水楼中，茉莉风起动儿女香甚。女客团扇轻纨，缓鬓倾髻，软媚着人。河中桨声灯影，喧阗达旦；桃叶渡口，喧声不绝。真是人间的仙都，升平的乐国。

杭州，王谢子弟多好夜游看花，选妓征歌，集于六桥。一树桃花，一角灯，风来生动，如烛龙欲飞。与秦淮五日灯船相较，尤为旷丽。

明袁尚统《晓关舟挤图》

　　开封，城市繁华，光景清丽。市井贸易，人声鼎沸；花园景物，让人流连。原武王府，殿宇巍峨，金碧晶莹。山洞楼阁、亭台池塘、花草树木、活水山子、黄河九曲、灯殿，遍布府内，尽作景物。西有桂树百株，隔墙香味扑鼻。满池金鱼，长二尺余。其景世间罕有，恍若人间天上。酒店内，有各样美酒、各色美味佳肴，高朋满座，又有清唱妓女伺候；富乐院中，多出奇艳美色妓女，王孙公子、文人墨士，坐轿乘马，买俏追欢，月无虚日。

扬州，人物繁华，笙歌聒耳。竹西歌吹，邗水楼船。青娥皓齿，坐拥高台；掩映红楼，连绵十里。异贝明珠，来自绝域；参差宝树，汇集千家。玉人待月叫吹箫，豪客临风思跨鹤。九曲池，锦帆荡漾；廿四桥，青帘招摇。瘦马门，牙婆驵侩杂集，引得多少豪绅公子眼馋。粉黛如云，直压倒越、吴、燕、赵；繁华似海，漫夸他许、史、金、张。正可谓"文章江北家家盛，烟月扬州树树花"。

城市风景线的构成，很大程度上得力于大自然风光的旖旎，城市的得名也是因了"八景""十景"的说法。

北京自辽金以来，就相传"燕台八景"，分别为蓟门烟树、玉泉垂虹、卢沟晓月、西山霁雪、太液晴波、琼岛春云、金台夕照、居庸叠翠。此外，北京还有"西湖十景"，分别为泉液流珠、湖水铺玉、平沙落雁、浅涧立鸥、葭白摇风、莲红坠雨、秋波澄碧、月浪流光、洞积春云、壁翻晓照；有"碧云十景"，分别为环峰叠翠、曲径通幽、洞府藏春、池泉印月、乔松傲雪、修竹欺霜、奇桧连阶、危桥跨涧、楼台潇洒、碧云杳霭；有"香山八景"，分别为护驾长松、饮仙寒井、香莲金界、松顶明珠、佛阁云梯、祭台星影、乳峰古寺、妙高云堂。这些自然风景，景物宜人，大多留下了词人骚客的吟咏。

开封有"汴梁八景"，分别为繁台春色、隋堤烟柳、汴水秋声、相国霜钟、铁塔行云、梁园雪霁、州桥明月、金池夜雨。如天汉桥桥高水深，舟过皆不去桅，最宜月夜，号称"州桥明月"；大相国寺钟楼内悬大铜钟一口，霜天声闻最远，号称"相国霜钟"。

杭州有"西湖十景"，分别为两峰插云、三潭印月、断桥残雪、南屏晚钟、苏堤春晓、曲院荷风、柳浪闻莺、雷峰夕照、平湖秋月、花港观鱼。

人在自然界活动，与自然融为一体，形成人文风俗、景物，同样构成了城市风景的另一条主线。人文风景最著名者，明人张岱认为有扬州清明、西湖春、秦淮夏、虎丘秋。刘侗在《帝京景物略》中认为，北京冬，也可与西湖春、秦淮夏、洞庭秋相媲美。可见，在明代城市中，依四时节序的变迁，形成了一些全国闻名的人文风景。

杭州，每当暮春时节，春风和煦，独可人意。桃柳芳菲，苏堤六桥之间，一望如锦。于是，阖城士女，尽出西郊，逐队寻芳，纵苇荡桨，歌声满道，箫鼓声闻。游人笑傲于春风中，乐而忘返。四顾青山，徘徊烟水，真如移入画图，诚是极乐世界。明人张京元《断桥》也说西湖春天的风光："春时肩摩趾错，男女杂沓，以挨簇为乐。无论意不在山水，即桃容柳眼，自与东风相倚，游者何曾一着眸子也。"崇祯初年，苏堤又演出了一幕春光活剧。知府刘梦谦与士夫陈生甫，在苏堤作胜会，"城中括羊角灯、纱灯几万盏，遍挂桃柳树上，下以红毡铺地，冶童名妓，纵饮高歌。夜来万蜡齐烧，光明如昼。湖中遥望堤上万蜡，湖影倍之。箫管笙歌，沉沉昧旦"。西湖风光，七月半的景象也煞是可人。杭人游湖，巳出酉归，避月如仇。当七月半晚，纷纷游湖。二鼓以前，人声鼓吹，如沸如撼，如魇如呓，如聋如哑，大船小船，一齐凑岸，一无所见，止见篙击篙、舟触舟、肩摩肩、面看面而已。西湖七月半，一

明唐寅《钱塘景物图》

无可看，只可看七月半之人。

扬州清明日，城中男女毕出，家家展墓。虽家有数墓，日必展之，所以轻车骏马，箫鼓画船，转折再三，不辞往复。监门小户也携肴核纸钱，走至墓所。祭毕，席地饮胙。自钞关南门、古渡桥、天宁寺、平山堂一带，靓妆藻野，袨服缛川。有货郎，路旁摆设古董、古玩及小儿器具；有博徒，持小机坐空地，呼朋引类，以钱掷地。此日，四方流寓及徽商西贾、曲中名妓，一切好事之徒，无不咸集。长塘丰草，走马放鹰；高

阜平冈，斗鸡蹴鞠；茂林清樾，劈阮弹筝。浪子相扑，童稚纸
鸢，老僧因果，瞽者说书。立者林林，蹲者蛰蛰。日暮霞生，
车马纷沓。宦门淑秀，车幕尽开，婢媵倦归，山花斜插，臻臻
簇簇，夺门而入。

南京秦淮河边，河房栉比。每年端午，士女填溢，竞看灯
船。一些好事之人，聚集百余只小篷船，篷上挂羊角灯，如联
珠一般。船首尾相衔，有连至十余船者。船如烛龙火蜃，屈曲
连蜷，蟠委旋转，水火激射。舟中镲钹星铙，燕歌弦管，腾腾
如沸。士女凭栏哄笑，声光凌乱，耳目不能自主。午夜，曲倦
灯残，星星自散。明人钟惺有《秦淮河灯船赋》，备极形致。
桨声灯影里的秦淮河，堪称人文又一胜景。

苏州虎丘八月半，游况空前。这天夜里，土著流寓、士夫
眷属、女乐声伎、曲中名妓戏婆、民间少妇好女、崽子娈童及
游冶恶少、清客帮闲、奚僮走空之辈，无不鳞集于此。从生公
台、千人石、鹤涧、剑池、申文定祠下，至试剑石、山门，全
都铺上毡席，人们席地而坐，登高望之，如雁落平沙，霞铺江
上。到了天暝月上时分，有百十处掀起鼓吹，大吹大擂，翻天
动地，呼叫声也难听清。到了更定，鼓铙之声渐歇，丝管之乐
繁兴，还杂以歌唱。更深，人渐散去，士夫眷属都下船水嬉。
席席征歌，人人献技，南北杂之，管弦迭奏。到二鼓人静，管
弦之声也已撤去，洞箫一缕，哀涩清绵，使人感到好不凄凉。
至三鼓，人皆寂静，突然一夫登场，高坐石上，没有伴奏，纯
粹是清唱，但声出如丝，裂石穿云，听者心血为之而枯，不敢
击节叹赏，只有点头而已。

北京水关一带，有积水潭、海子，当地人称为净业寺、德胜桥、莲花池。当盛夏时，莲花刚开，莲香扑鼻，园亭尽皆宴赏，选席征歌。当中元节夜，有盂兰盆会，寺僧云集，放灯莲花中，谓花灯，酒人水嬉，缚烟火，作成凫、雁、龟、鱼等的形状，水火激射。尤其到了冬天，水中结成坚冰，人挽木小兜，驱驶如飞，称为"冰床"。雪后，集十余床，垆分尊合，月在雪，雪在冰，煞是好看，也算独特一景。

此外，在宁波与开封，也有一些独具风格的人文风景。宁波府城内，近南门有日月二湖。月湖一泓汪洋，明瑟可爱，直抵南城。城下密密植桃柳，四周湖岸，间植名花果木。湖边士大夫园亭栉比。每当清明日，二湖游船甚盛。城墙下，桃柳烂漫，游人席地而坐，边饮边歌，声存西湖一曲。开封南薰门外，有古吹台、李空同别墅。每遇清明、端阳，城内王孙公子担榼携酒，在此踏青游玩，为郊外一景。

扬州清明、西湖春、秦淮夏、虎丘秋、北京水关冬，宛如一幅幅生动的人文风景画。张择端作《清明上河图》，追摹汴京景物，使人有西方美人之思。如果稍做比拟，那么在明代城市风情景物中，西湖春、秦淮夏、虎丘秋、北京水关冬均团簇一块，如画家的横披，而只有扬州清明，鱼贯雁比，舒长达三十里，宛若画家的长卷。

城市风景，当然以自然造化构成美景，不过也以名人而闻名于世。名人既可以是土著的，也可以是流寓的，甚至可以是为宦于此的。明人徐世溥在《与友人》书中，盛称明万历年间天下文治向盛，列数天下名人："若赵高邑、顾无锡、邹吉水、海琼州之道德风节，袁嘉兴之穷理，焦秣陵之博物，董华亭之书画，徐上海、利西士之历法，汤临川之词曲，李奉祠之本草，赵隐君之字学，下而时氏之陶，顾氏之冶，方氏、程氏之墨，陆氏攻玉，何氏刻印，皆可与古作者同敝天壤"。（周亮工《尺牍新钞》）人以技名，而城市又以此人此技名。名人作品一度成为城市的象征。开封城内，大相国寺殿内，有碑一通，上刻张平山画布袋佛，背面观音菩萨，并由李梦阳题赞，左国玑书，号称"中州三杰"。在北京，百巧骈集，争相高尚，即使如技艺之微，也往往造极工巧。嘉靖、隆庆年间，有"八绝"之号，即李近楼号"琵琶绝"，苏乐壶号"投壶绝"，王国用号"吹箫绝"，蒋鸣岐号"三弦绝"，郭从敬号"踢球绝"，阎橘园号"围棋绝"，张京号"象棋绝"，刘雄号"八角鼓绝"。

在明代城市中，一些掌握了绝技的工匠、艺人，时常与士大夫交游，提高了自己的身份地位。除北京"八绝"外，东南一带技艺名家更是人才辈出。他们推陈出新，争奇斗胜。如陆子冈治玉，鲍天成治犀，周柱治嵌镶，赵良璧治锡，朱碧山治金银，王小溪治玛瑙，濮仲谦的雕竹，庄希叔装潢书画，胡文明、张鸣岐的铜炉彝鼎，龚春、时大彬的瓦瓶，何得之的扇面，王二的漆竹，姜华雨的箦箓竹，洪漆之漆，吴明官的瓷器，都堪称绝技，风靡一时，闻名全国。

城市中走街串巷买卖人的叫卖声，以及店铺的招牌，组成了一幅幅丰富动人的市井风情画。没有店铺的小手艺人、小贩或相面、算命、占卦之人，往往手执招牌，或敲打特殊的响器。在苏州，"其行卖于市者，或扣金，或击竹，装檐皆分色目，见其装则知其所藏"（嘉靖《吴江县志》）。如卖针线脂粉者，则手摇"惊闺"；看病郎中，则手摇"报君知"；算命先生，则打"响板"；北京收购废旧物品者，则击小鼓，可能就是拨浪鼓；杭州市上卖冰雪者，则"敲铜盏"。在开封，卖簪珥、女笄、胭脂、胡粉者，摇小鼓，两旁自击，其实就是拨浪鼓；磨镜洗剪刀者，用鳞砌铁叶，进退有声；卖彩线绣金者，则摇郎当；执勺卖油者，有阁阁杤声；卖豆沫者，则拍小铜钹。

　　一些店铺为了招揽生意，则有招牌、招子，或称之为幌子、望子。酒店，一般高挂酒旗，聂大年西湖十景诗，其中《苏堤春晓》有句云："遥望酒旗何处是，炊烟起处有人家。"（田汝成《西湖游览志余》）小说《梼杌闲评》说到酒肆，也说"青帘高挂，飘飘招住五陵人"。鞋铺，则挂铁鞋幌。（《如梦录·街市纪第六》）所谓铁鞋幌，大致为铁鞋样子，以作招牌。《通俗编》云："幌子者，市肆之幖，取喻张扬之意。"又称为"装幌子"。在这些招牌或幌子上，不仅标明该店的字号和经营内容，而且带有一些广告用语。如正德时北京由朝廷开设的酒馆，其酒望云："本店发卖四时荷花高酒。"又有两块匾，一云"天下第一酒馆"，一云"四时应饥食店"。（徐充《暖姝由笔》）明末开封的接骨庞家，招牌上写着："安牙骨，上胯骨，跌打损伤，药到病痊，只此一家。"

　　这种招牌，在明人小说中也有反映。如《梼杌闲评》说到扬州街上店铺，一家门面上悬着粉牌，上写着"定织妆花销金

洒线"，一面上写着"零剪纱罗绫缎绢绸"，楼檐下悬着一面
横牌，写着"陈少愚老店"。《金瓶梅》说到街上卦肆，青布
帐幔，挂着两行大字："子平推贵贱，铁笔判荣枯；有人来算
命，直言不容情。"据有人统计，在明人绘制的《南都繁会景
物图卷》中，有幌子、招牌109种之多。其中钱庄的招牌上写着
"出入公平"等字样。

明仇英《南都繁会景物图卷》（局部）

文化变革的冲击波

　　自明代中期以后，商品经济的飞速发展，导致城市中的人们在生活、思维观念上不断变化，出现了种种新的动向。

　　城市物质生活的丰富，尚奢风气的形成，必然带来道德危机。这种危机最明显地体现在情与理、义与利、天理与私欲的矛盾冲突上。

　　在情与理的关系上，李梦阳突破传统，堪称开了风气之先。他曾说"天下有殊理之事，无非情之音"（李梦阳《空同集》），宣扬情与理的矛盾，主张情可以并且应该突破理的束缚。正因为如此，李贽、袁宏道对李梦阳一直十分推崇。

　　李贽也谈"情"，而且这种"情"是出自"童心"的真情。他对个人的"情欲"持肯定的态度。他说："夫童心者，真心也。……夫童心者，绝假纯真，最初一念之本心也。"（李贽《焚书》）李贽"童心"说的基础是对"自然之性"的崇尚。他将"私欲"概念引入"真人"中，他的"绝假纯真"的"童心"，实际上是对传统道德准则的突破。

　　李贽的思想直接影响了公安派与汤显祖。公安派的"独抒性灵"说，最大的特点就是"能通于人之喜怒哀乐嗜好情欲"，能做到"情随境变，字逐情生"。汤显祖也肯定个人"情欲"的存在，冲决理学的藩篱。有人曾劝汤显祖不要"逗漏于碧箫红牙队间"，应该去做一番圣贤事业，即去讲道。汤显祖却认为别人"讲性"，而自己喜欢"讲情"。（陈继儒《牡丹亭题词》）黜理言情，对"至情"的歌颂与礼赞，实际上是对传统儒学礼教堤防的冲决。

明末通俗文学作家冯梦龙的作品深受市民喜爱。他有关"情"的观点，多能起到惊世骇俗的作用。他说："人知惟圣贤不溺情，不知惟真圣贤不远于情。"又说："情生爱，爱复生情。情爱相生而不已，则必有死亡灭绝之事。"最后，他断言："故人而无情，虽曰生人，吾直谓之死矣。"（冯梦龙《情史》）为此，他给自己取了一个佛号，叫"多情欢喜如来"。他又编辑了《情史》这样一本类书，通过收集自古及明有关"情"的事略，以类系之，使"情"通俗化、平民化，并深入民间。

这种对个人情欲的肯定，事实上迎合了市民阶层的生活情趣。汤显祖所作《牡丹亭》一剧，之所以受到大众社会的欢迎与认可，最根本的原因就在于剧中包含着"生可以死，死可以生"这种一往情深的情感。《牡丹亭》所具有的感人力量，就在于它孜孜不倦地追求幸福和反对传统婚姻制度的积极浪漫主义理想。这个理想作为与传统思想对立的一种力量出现，而且在传奇里占了上风。剧中的杜丽娘是一个爱自然、爱生命、爱自由的人，她那种不顾一切的爱情，只有在晚明这样的城市社会里才能成为浪漫思潮的最强音，而在传统的闭锁世界里是不可能出现的。

毋庸讳言，对情欲的肯定，势必冲决传统的罗网，从而使道德沦丧，使纵欲主义思潮泛滥。从某种意义上说，市民文化堪称"性文化"的同义语。纵欲主义的性观念，表现赤裸裸、淫荡的性生活的色情文学和艺术，成了晚明城市"性文化"的主要内容。

自明代中期以来，城居士大夫阶层日趋腐朽没落。他们受狂禅习气的影响，在性生活上崇尚不严肃的纵欲观念，性关系极为混乱。自成化以后，朝野竞相谈论"房中术"，恬不为耻。方士因为献房中术而骤贵，反而为世人所艳称。嘉靖年间，陶仲文进红铅得幸，官至礼部尚书，甚至以进士起家的盛端明与顾可学也都借助"春方"才做了大官。因女色已无法满足兽欲的发泄，这批没落士大夫转而追求男色。这样，晚明的城居士大夫养娈童成风，龙阳之好成了流行于士大夫上流阶层乃至下层士民的一代社会风尚。由于享乐主义的生活观所带来的两性乃至同性关系的混乱，导致了梅毒这种性病在京城逐渐流行。

社会上的这种好尚，势必会被再现于文学作品中。这一时代出现了如《金瓶梅》《绣榻野史》《闲情别传》《浪史》这样的色情小说，一方面宣扬露骨的肉欲，另一方面又从侧面反映了当时市民中伦理观念的渐趋崩溃。这类色情作品，旨在描绘世情，刻画颓俗，其中色情狂的描写只是受了时代风气的影响，不足为怪。但是，这种色情描写，其数量之大也绝不可等闲视之，如《金瓶梅》全书一百回，其中描写性交者居十之六七，既多且极具变化，堪称集性交描写之大成。

纵欲思潮同样影响到了一些艺术作品的审美情趣。为了迎合部分市民的庸俗情趣，赤裸裸地表现肉感的图画纷纷出笼，如《金瓶梅》的插图，描写男色的小说《弁而钗》的插图，都公然在书肆中发售。即使如《西厢记》这样表现男女爱情的作品，因受享乐思想以及市民低级趣味的影响，在插图中也出现了一些不健康的画面，如《奇妙全相注释西厢记》中的《酬简》即是。就瓷器绘画的内容来看，有关男女私亵情状的画面也陆续出现在隆庆、万历时期的瓷器中，适应了当时的享乐主义思潮，这对中世纪禁欲主义是一个大胆的冲击，反映出市井小民对活生生的人性、肉欲的现实追求。

新的"义利观"的出现，同样标志着城市中的传统道德开始趋于沦丧。中国传统儒学主张"内圣外王"，将道德与政治合而为一，体现为二元论的特点。董仲舒片面发展了儒学，

明仇英《西厢记图页》

使它形成为道德一元论的儒学变态，牢固地确立了伦理价值观的基本原则，这就是他提出的"正其谊不谋其利，明其道不计其功"。后世儒生基本上因袭了董仲舒这一陈说，以不言利为高，由此造就了一大批迂腐之儒，他们高谈心性，主张"内本外末"，即只讲个人道德修养，排斥实际的"理财"，一旦让他们付诸实事，往往体现为不切实际。一至宋儒，这种迂阔的特性就更是暴露无遗。

王阳明心学最大的特点就是为学不离却人伦物理，主张从平常日用中求得心性的和谐，这已与宋儒"远人情"的做法大异其趣。在此基础上，王氏后学高拱、李贽、焦竑、陈第等都从人生日用的基本原理出发，提出了新的"义利观"。

高拱的义利观大致可以析为以下三大内容。其一，生财是自古以来圣贤的"有用之学"，而理财更是"王政之要务"，不被圣人所废。其二，何谓"义"？何谓"利"？高拱认为，"聚人曰财，理财曰义"。又说："义者利之和，则义固未尝不利也。"那么，怎样评判"义"与"利"这两者的区分？高拱又回到王阳明心学的老路上去，认为义利之分，只在公私之判。"苟出乎义，则利皆义也；苟出乎利，则义亦利也。"换言之，高拱以内心的公私作为评判人们行为的标准，也就是肯定"公利"，否定"私利"。其三，既然肯定了"生财""理财"是"王政之要务"，那么怎样"生财"与"理财"呢？这需要有一条正确的道路。他以为，"生财"是有一定的大道的，不应该"外本内末"。因此，他特别反对"聚财"，而那些"聚敛之臣"，如桑弘羊、裴延龄之流，也就自然地被置于

贬斥之列。（高拱《问辨录》）

这种义利观的影响是极为深远的，即使论学与王学迥异其趣的吴廷翰，在义利观上也不得不受到时代思潮的影响。他说："义利原是一物，更无分别。故曰：'利者，义之和也。'又曰：'利物足以和义。'盖义之和处即是利，必利物而后义乃和。后人只见利是便宜的物，不知从义上来，遂不向义上求取，而义利始分，君子小人始别。然凡利不从义上来者，皆非圣人之所谓利也。故曰：'国不以利为利，以义为利。'然专言义而不知利之为义，则义反失之，而非圣人言义之本旨。《易》曰：'利用安身。'又曰：'利用出入。'故舍义而言利者，必有人欲陷溺之危；舍利而言义者，亦无天理自然之安。"（吴廷翰《吉斋漫录》）显而易见，吴廷翰虽然适当地保留了传统的说法，但他那种将义利合而为一的思想，实际上就是适应时代思潮，肯定了利存在的客观必然性。

焦竑在研究诸子学的同时，也同样称颂桑弘羊，主张"仁义"与"功利"并存。（焦竑《澹园集》）

陈第与焦竑交好，在王学盛行的明代晚期，他的思想势必在一定程度上受到王学的影响。陈第的"义利观"在很大程度上是变化高拱之说而成。他反对悬空讲学，贬斥因"静坐"而导致的废业，认为士农工应该从自己的本业中去体会其中的道理。他以为，"义"与"利"的区别，不是体现在人们行为的对象上，而是反映于人们行为的内心态度上。因此，他认为："义即在利之中，道理即在货财之中。""公己公人"称为"义"，"益己损人"称为"利"。这种不废"利"与"货财"的观点，是对董仲舒以来的宋明理学的一大反动。同时，陈第对"治生"也抱极大的兴趣，认为"儒者以治生为急"之说是名言，只有讲究"治生"，才能"庶人足家，天子治四海"。在此基础上，陈第更提出了对人的私欲有所肯定的"寡欲"说。（陈第《松轩讲义》）陈第所谓的"无欲"的境界，已经不是宋明理学式的"去人欲"，而是在肯定人的私欲的前提下，进行适当的节制。

李贽是冲决传统儒学藩篱最彻底的人，在明代思想史上写下了光辉的一页。他首先反对董仲舒"正其谊不谋其利，明其道不计其功"的说法，以及张栻"圣学无所为而为"的论断，认为儒者也是"谋利"的，也要讲究"利"，当然这种功利还只是表现为道德上的追求。他进而认为，孔子在求仁过程中也希望有所收获，即获得一定的利益。这种在道德修行上对利益的追求，其实就是对"圣学无所为而为"的最好针砭。

在这里李贽还只是采用了以传统儒学之矛攻董仲舒、张栻那种变态儒学之盾，从中也掺杂了传统儒学变化的因素。随之，李贽对"私欲"的肯定不但是对宋明理学"存天理，去人欲"的排斥，而且是直接对原始儒学追求"公利"、反对"私利"的否定。

王阳明在义、利关系上，主张以内心的公与私作为评判人们行为是义抑或利的标准，归根结底是在道德论上推崇"公"，排斥"私"。李贽是王门后学，一向也是讲求"心学"，但他已经抛弃了王阳明以"公"为心的思想，提出了以"私"为心的新命题。他认为，世间一切治生产业等事，即百姓日常生活中自然而然的"趋利避害"的思想，如"好货""好色""多积金宝""多买田宅"等，都是那些上人君子所不愿意听的最鄙野俚俗的"迩言"，而他自己所考察的正是这种"迩言"。李贽把物质利益，把趋利避害，作为整个道德的基础，合乎这种物质利益的是善，违反这种物质利益的是不善，是恶。所以，他又把市井小民的谈做生意、谈力田作，都认作"有德之业"。正是基于这样的道德论断，李贽才提出"圣人不能无势利之心"，追求财与势是"禀赋之自然"，也是圣人所不免的。

至明末，朱健又在人性论上提出了"凭情附欲"与"徇私快欲"的新学说，为个人的"情欲"与"私欲"大唱赞歌。他追求个人的"真性""真情"，对个人自私的真性实情毫不掩饰，认为"爱真可邻于刻核，刻核所以为真也。谊全可介于私别，私别所以为全也"。（朱健《苍崖子》）对"刻核""私别"的称颂，完全基于求"真"之上，这就揭开了传统伦理纲常虚伪的温情脉脉的面纱，将追求"刻核""私别"的真性情，大胆地展示在人们面前。晚明人文主义思潮的个人主义特色，发展到朱健，已经处于总结的阶段。朱健是晚明个人主义的殿军。

这种人文主义思潮，到李贽与公安三袁，已经是蔚为风气。他们的学说适应了市民阶层的需求，一问世就立刻引起了轰动，成为一时文人学子孜孜以求的东西。明人陈明卿云："卓吾（李贽）书盛行，咳唾间非卓吾书不欢，几案间非卓吾不适。"当时的风尚由此可见一斑。正是因为有了这样的名气，所以在当时出现了一些仿冒李贽的伪作，书商从中谋取商业利益。他们套李贽的口气，冒用李贽的批评，肆意作伪，以致到了后来，"坊间一切戏剧淫谑，刻本批点，动曰卓吾先生，耳食辈翕然艳之"。即使袁宏道也没有幸免这种伪作之难，他一死，书坊就有一部《狂言》问世，其实也是被人冒用的赝刻。所有这些，都足以证明李贽与公安派的学说在晚明知识界与市民阶层中引起了极大反响，堪称一石激起千层浪。

明代城市人个性的自由，个人生活的放荡不羁，早在宣德年间就初露端倪。如浙江湖州府同知李迪，"嗜酒猖狂，蔑弃礼法。或衣亵服，袒裸公堂，每事任己，不肯从公"（《明宣宗实录》）。显然，李迪很有自己的个性，是一个不守礼法之士。一至弘治、正德年间，稍成气候。桑悦、徐威、唐寅、祝允明、张灵都是弘治、正德年间"狂简"之士的代表。他们或"佻达自恣，不为乡党所礼"；或"玩世自放，惮近礼法之儒"；或持论"闶肆俶诡"，行事常常怪模怪样，放诞自任，不合礼法。如张灵就曾经更衣打扮成乞丐，还"朱衣金目，作胡人舞"；祝允明不但"好酒色六博，不修行检"，而且还亲自"傅粉墨登场"，"与梨园子弟为伍"；桑悦居家装束常是"褐衣楚制"，在郡邑间招摇过市。（钱谦益《列朝诗集小传》、阎秀卿《吴郡二科志》）

成化、弘治年间是一个被儒家知识分子百般称颂的时代。当时程朱理学盛行，士尚质行，学无异端，一切都在理学这面大旗的笼罩之下。正是在这样一个时代，在江南城市中恰恰形成了一个追求个性解放的文化氛围，他们放浪形骸，互相交游，互为影响，在人格上开始摆脱传统，趋向独立。这样，行事狂简就成了他们共同的个性特质。他们不迷信圣人，口吐狂言，有时以孟子自况，有时更自认超越了孔子。这批吴中才子，文才轻艳，倾动流辈，行为时常跳出名教之外，并留下了许多令人艳羡的美好故事。

弘治、正德年间江南才士的个性解放，只是整个思想解放的先兆。由于理学势力的强大，这股追求独立人格的风潮仅仅限于江南一隅，不久也就渐趋沉寂。吴中名士张灵临终前所作的两首诗，足以证明这批落魄不羁之士的时代悲剧。其中一首云："一枚蝉蜕榻当中，命也难辞付大空。垂死尚思元墓麓，满山寒雪一林松。"另一首云："仿佛飞魂乱哭声，多情于此转多情。欲将众泪浇心火，何日张家再托生？"（朱承爵《存余堂诗话》）由此可见，只有王阳明心学崛起，在理论上实实在在地解决了圣人与个人的关系，才能使思想解放成为客观的现实。经过李贽对王学的改造，在晚明城市中形成了一股追求个性自由的风潮。晚明是产生"狂人""达人""豪杰""巨人"的时代。

大体说来，晚明产生了一大批自具个性特色的人物：王艮之怪，何心隐之侠，卢柟之豪，李贽之狂，张献翼之诡，袁宏道之放，钟惺之僻。这都是晚明人性复苏过程中所涌现出来的代表人物。不妨举一些例子：

王学左派的代表人物王艮，喜欢头戴"五常冠"，身着深衣古服，怪诞不经，专以危言耸人听闻。

卢柟为人豪宕不羁，"独好倜傥恢旷之行，嗜殊调，好

观古人奇节"。他同时崇尚一种"高士"的人格："高士有奇姿，光华扬紫氛。……托迹在岩阿，悲啸有余音。"（卢柟《蠛蠓集》）

反传统斗士李贽替自己写的"自赞"，全面概括了他的个性特点："其性褊急，其色矜高，其词鄙俗，其心狂痴，其行率易，其交寡而面见亲热。"（李贽《焚书》）他对自己性格的狂僻，不作丝毫的隐晦，对自己"口与心违"的缺陷也不加任何的讳饰，而是将自己为人处世的矛盾处大胆地展现在人们面前，并给以深刻的自我批判。

张献翼，喜欢身着红衣，"好为奇诡之行"。平时置有五色须，每当出行的时候，随身携带，走几步就变更着戴。（郑仲夔《耳新》）

公安派文人袁宏道，"性疏脱，不耐羁锁"，体现为一种狂放不羁的性格。因此，袁宏道26岁时就写下《怀龙湖》诗一首，其中有这么一句，叫"楚人原以凤为歌"，把对古人的高蹈之狂的神往和对当前狂人李贽的赞叹二者重叠起来，成为自励和自慰的艺术形象。

竟陵派文人同样具有个性自由的特色。钟惺不囿于传统的礼教，在居丧期间作诗文，游山玩水，"不尽拘乎礼俗"。他的这种行为，理所当然不是"俗儒所能测也"。（谭元春《鹄湾文草》）

明代中期以后个性解放的历程及其特点，大致为弘治、正德年间，人性初步复苏，在江南才子中出现了"狂简"的人物性格。自嘉靖以后，一方面继承了魏晋风度的心灵通脱思潮，另一方面又沐浴了城市商业的风风雨雨，更进一步地出现了追求"狂狷"人格的时尚。所谓狂，归根结底就是"志大言大"。明代中期以后的狂人，往往下视古人，鄙视圣贤，自高自大。他们认为古人尽管是高大圣贤，但已成为过去，何必再去步趋形似。他们往往放言高论，不论是自己做不到的事情，还是自己不敢去做的难事，也都敢于率意妄言，以图一时之快。比较而言，"狂"者，实指纵情肆意，追求快乐自在；"简"者，实指疏于礼法，不为礼俗羁锁。狂简的特点，概括言之，就是冲决传统礼教，追求个性自由。就狂狷而言，两者的气质和风度也各有不同。"狂"是进取，"狷"是有所不为。更准确地说，"狂"是偏于对正统的进攻，如李贽对儒家的大胆批判；"狷"是偏于孤僻，如钟惺"性深静，不乐与俗人接，或时对面坐起，若无睹者"。（计六奇《明季北略》）前者偏于外向，后者偏于内向。

个性的活跃自由，不仅有赖于王纲的解组，更有待于礼教的崩溃。礼教崩溃的直接后果，无疑导致了在城市中各种平等观念的蜂拥而起：有圣凡关系的平等，人们已意识到人人皆可为尧舜，人人都能成佛成仙，从而使圣人、神仙头上的神圣光圈荡然无存；有君臣关系的平等，进而对君权提出了羞怯的乃至大胆的批判；有父子关系的平等，对绝对主义孝道观形成不同程度的冲击；有财产关系的平等，人们憧憬一个清平世界，人人能满足自己的欲望；有职业关系的平等，等级差异的观念日渐淡薄；有男女关系的平等，对妇女作出了重新的评价。

晚明平等观念的产生，主要得力于王学的崛起及西方基

督教精神的传入。在明初程朱理学一统天下的封锁世界中，人
们只能以"天人相关"或"天人合一"这种自然法则的理论，
为社会秩序提供现实的基础。与此相应的科举八股，使得人
们做文章时只能代圣人立言，在文章中反复地出现"圣人曰"
或"先贤曰"这种陈腐的套话，不敢对圣贤有丝毫的不尊与不
敬。"理学之变而师心也，自东越始也。"（董其昌《容台文
集》）以文人画家名噪一时的董其昌的评判不但堪称真知灼
见，而且符合明人思维观念演进的历史实际。这里所说的"东
越"，其实就是指王阳明，不过是中国文人传统中的以地望相
称的手法。探究王阳明的整个哲学体系，其关键在于探究圣人
与个人之间的关系，即圣人与"愚夫愚妇"之间的区别与联
系。他首先将圣人内在化或主观化，才得以将圣人概念的通俗
化成为可能。在他看来，人们只要将自己内心的"良知"体认
明白，就可以达到"圣人气象"。换言之，"圣人"与"愚夫
愚妇"之间并不存在着一条不可逾越的鸿沟。就"良知良能"
而言，"愚夫愚妇"与"圣人"在本质上是相同的。同时，
王阳明对"异端"也有自己独特的看法，认为"与愚夫愚妇
同的，是谓同德；与愚夫愚妇异的，是谓异端"（王阳明《传
习录》）。与传统的以孔子、"六经"作为区分是非的标准的
见解相异，王阳明将"愚夫愚妇"的见解作为判别"同德"与
"异端"的准绳。

　　自万历中叶以后，西方耶稣会士来到中国，他们带来了
被传统士大夫蔑视为"奇技淫巧"的西洋科技，而且传入了天
主教的教义，使晚明的士人与百姓耳目一新。基督教精神中

明蔡世新《王阳明像》

"不知足"的说法，也会使社会各阶层对既得利益者发泄不满情绪，最终导致"悖常逆伦"与"上下不和"现象的出现。如《天主实义》第三篇中曾借中国士人之口说："谁有安本分而不求外者？虽与之四海之广、兆民之众，不止足也。"这种观念必然会与中国传统儒学发生尖锐的冲突。在传统儒学精神中，大致认为人人所固有的东西不外乎"本心""本性"与"大道"等，自古以来的圣贤大儒都以心性修养并使内心臻于完善作为一生追求的终极目标。儒家以这套东西诱导百姓为善，使君主能保持富有四海的生活。而作为一般的匹夫匹妇，即使是一箪食、一瓢饮，或居于陋巷之中，也能做到不改其乐，终究不会羡慕君主的富贵。而这一切，都源于安于其分。

儒家正是依靠这套学说，通过"人人各安其分"的行为规则，才使得"上下和睦，而四海晏然，天下于是太平矣"（杞忧道人《辟邪集》）。而如今，耶稣会士却说人人不应安于其分，即使富有四海，也不该知足。这无异于让百姓向官吏看齐，而官吏则向君主求平等，无怪乎晚明社会各阶层成员蠢蠢欲动。

李贽是王门后学，王学的渊源促使他能大胆地冲决儒学的罗网，不以孔子的是非为是非，而是自出机杼。焦竑也受到王阳明学说的启迪，认为至高无上的"道"人人具有，人人有自己的"一副家珍"，即使愚夫愚妇也不例外，应该回光返照，做到"自知"，而不该"傍人口吻，随人脚跟"。（焦竑《澹园集》）身为唐宋派文学主将的唐顺之，在学术方面笃信朱熹，可是他并不因此迷信朱熹。有一天，他忽然说"吾觉朱子所解书，无一句是者"（焦竑《玉堂丛语》），最终还是对朱熹这位先贤提出了怀疑。东林党人缪昌期对愚夫愚妇的看法极为重视。他所谓的"国是"，就是众口一词，以匹夫匹妇的所是所非作为仲裁是非的标准。这是一种出于人心之自然的公论。即使是天子也不能侵夺公卿大夫的公论权利；同样的道理，公卿大夫也不能侵夺愚夫愚妇的权利。（缪昌期《从野堂存稿》）显见，缪昌期"国是"出自匹夫匹妇的主张，实际上是一种舆论大众化的学说，从而提高了匹夫匹妇的社会地位。

不仅圣人的地位受到了动摇，佛与神仙崇高而神圣的地位也在这场圣人凡人化（即儒学平民化）的运动中变得朝不保夕。"天下宁有人外之佛，佛外之人乎？"（李贽《焚书》）李贽这种说法，其理论的基础就是"天下无一人不生知，无一物不生知"；正因为人人生而知道，所以人人都可成佛。这种将带有神秘玄妙色彩的佛还原为人文气息颇浓的人，实与王阳明将圣人凡人化有异曲同工之妙。伴随着这一过程而来的是"神仙之道"的世俗化。如郑郧就通过对"神仙之道"的实际探究，感到它也不过是"家常吃饭事耳"（郑郧《峚阳草堂文集》）。这一通俗化过程无疑使圣人、阿弥陀佛、神仙头上失去了扑朔迷离的神圣光环，神被还原为颇有人情味的人。

人人皆可为尧舜，人人都能成佛成仙，这种观念是晚明所特有的。当然，这种圣凡关系的平等，究其实不过是一种"德性民主"，即道德上的平等观，体现在它背后的还是"圣人"与"愚夫愚妇"之间实质性的等级差异。

平等观念导源于实际的经济财产关系。在明代现实的经济关系中，存在着种种的不平等：仗权倚势的缙绅豪强田连阡陌，无权无势的农民贫无立锥。现实经济关系的不平等转而引起农民的反抗，当他们揭竿而起的时候，事实上已经是对现实的等级关系以及人身依附关系的无情破坏，而当这些生活在社会最底层的百姓呐喊出"铲平""均平""均田免粮"的口号时，既是对等级关系的冲击，也是对平等观念的理想追求。明代一次接着一次的农民起义，对有闲阶层中的部分开明之士产生了很大的触动。有些开明的缙绅地主预感到赋税与徭役负担的不平，最终会导致传统经济基础的彻底崩溃，所以为了传统统治的长治久安，他们不得不附和农民的经济要求，谨慎地提出了"均田""均徭"与"均役"等经济主张。这当然还不是一种赤裸裸的财产平等观念，而是一种抛弃传统特权而共同负担赋税徭役的认识。

作为上述这种思想的深化，在晚明又出现了一种"均欲"的观念。当人文主义思想家提出人人都有一颗"私心"的时候，其实就是对不同阶层的人们追求财富与权力的平等看待。既然是人人都有一颗谋求财富的私心，那么人人也就有追求财富的平等权利。在王阳明那里，还只是公利原则的平等，即人人在道德上是平等的；而在李贽的学说中，则已经是一种私利原则的平等。吕坤追求一个理想中的"清平世界"："六合之内，有一事一物相陵夺假借而不各居其正位，不成清世界；有匹夫匹妇冤抑愤懑而不得其分愿，不成平世界。"（吕坤《呻吟语》）在这个清平世界中，不仅财产是平等的，而且人人能满足自己的欲望。这种理想观念，导源于社会中贫富不均这一无情的现实。吕坤认为，天地生出许多人物，其中的物产足够养活他们，但是还有很多人不能满足他们自己的欲望，不能暖衣饱食，就是由于"不均"。所以，圣王治天下，"不说均，就说平"（吕坤《去伪斋集》）。显见，吕坤这种理想主义的"均衣平食"的观念，既有传统的乌托邦式的"大同"思想的成分，又与明代中后期崛起的人文主义思潮合拍。

如果说在明末轰动一时的"郑鄤杖母"一案，其主人公郑鄤秉承父意，假借鬼神之说杖打母亲，带有一丝犯上作乱、冲击孝道的意味，那么其结局却是令人十分遗憾的。这件事不仅成为政敌们攻击郑鄤的诱因，而且连郑鄤本人最后也因此落了个磔死西市的悲惨结局。不过，这件事本身却预示了传统的伦理观念受到了威胁。比他稍早一点生活在万历年间的四氏子，更是以殴打自己的父亲而演出了一幕父子平等的活剧。每当四氏子之父责打他时，他就还手打父亲，而且还将道理说得头头是道。他著为论说："父子主亲，父若挞子，当其举手之时，亲谊已绝，子安得不报挞？又且君父一也，君有罪，汤武诛之，可以称圣；父有罪，子挞之，容得不号贤乎？"（张潮《虞初新志》）无论是郑鄚杖母，还是四氏子挞父，尽管他们的行为显得有些违情悖理，而且作为单个的行动也无多少值得称道之处，但是，四氏子那种父子与君臣关系的理论，却并不是强词夺理，而是对中国传统的绝对主义的孝道观的冲击。可以说，这种父子关系的平等观，得力于西方耶稣会士东来以及由他们传入的基督教伦理观。众所周知，传统的中国社会是以孝作为道德评价的，不孝之人不仅被视为家庭逆子，而且还被贬为社会败类。传统的孝道观是人本主义的孝，带有泛孝主义的色彩，它的基本原则是儿子对父亲的绝对服从。而基督教文化中的孝则是神本主义的孝，《圣经》上说"当孝敬父母"，这是基本的原则，但同时又说："你们作儿女的要在主里听从父母，这是理所当然的，要孝敬父母使你得福，在世长寿，这是第一条带应许的诫命。"可见，基督教的孝道观是有范围的，"在主里"即是其范围。明末耶稣会士阳玛诺神父在《天问略》一书中宣称，如果父母之命与基督教的义务相背而仍然听从就是一种罪恶，在这种情况下，违背父母之命反而具备某些美德。阳玛诺的说法与郑鄚的行为简直如出一辙，所不同者，阳玛诺要人们尽基督教的义务，而郑鄚遵循的却是鬼神的旨意。

在朱元璋建立的大一统的明王朝初期，传统等级关系并然有序，职业的差别清清楚楚。人们被划分为士、农、工、商四民，在四民之外，才是娼妓、仆隶、惰民、乐户这些不入流的贱民。《大明集礼》从饮食、服饰、居室、轿舆车马等方面规范了不同等级之间的生活差别，并且提供了礼制的依据，而《大明律》则在法律上保证了这种差别的实际存在。

自明代中期以后，由于城市商业渐趋繁荣，农村人口不断分化，使得不同阶层间的互换与互替不断出现，等级差异的观念日渐淡薄。由于科举制度的存在，位居四民之首的士大夫不可能一劳永逸地保持门阀高第，或因官场受挫，或因子孙不肖，或因其他原因，仕宦家族不断衰落的例子俯拾皆是。同样的道理，农、工、商子弟只要勤苦发愤，得中科举，或者通过捐资纳官，也可以改换门庭，跻身士大夫的行列，获得一些特权。在晚明，"士商相混"的现象在城市中是极其普遍的。同时，晚明是一个社会极其动荡的时代，士、农、工、商与兵各不安分守己，而是好乱成习。在晚明，士变、民变、佃变、奴变、兵变的事例，在史籍的记载中屡见不鲜。隆庆六年（1572），"处州生员请托不遂，殴及方面；松江童生考不与选，辱及府官。仿效成风，恬不知法"。万历十七年（1589），又发生"诸生群噪"。民变也时有发生。万历十年（1582），杭州军民在丁仕卿领导下，发动"市民之变"，"拆更楼栅门，焚劫乡官宅舍"。士卒违犯军令的现象也比比皆是。如泰昌元年（1620），"南都营军挟赏鼓噪，拥入巡视京营礼科给事中晏文辉公署，烧毁传敕二道并卧房"。正如时人所言，晚明的城市社会已是"士庶敢于犯上，浸成乱阶"。弃农经商的现实经济浪潮，再加上来自城市社会各阶层的变乱行为，使得传统的等级关系受到最大限度的冲击，促成"工商皆本"与职业平等这些思想观念的产生。

在晚明，缩小城市中各阶层间不平等的要求来自多方面。首先，神圣的宗教情感可以暂时填平阶级之间的鸿沟。例如，明末基督教传入中国时，有三位贵族妇女皈依了基督教，取名玛利、安娜、保拉。在中国，贵族一般不习惯和下层平民百姓交往，而这三位贵族妇女入教以后，却打破了不同阶层间的隔膜，邀请属于下层百姓的农妇信徒到自己家里做客，参加她们的聚会。她们认为，由于共同的宗教纽带，"哪怕村里的农妇也和她们平等，而并不因自己的生活地位就不高贵"（《利玛窦中国札记》）。其次，城市商业繁荣以后的经济利益，也对传统的阶级关系形成冲击。工商业历来被人视为贱业，为士大夫所不齿，可是在晚明，士大夫却喜欢"与市井富儿交"，更有甚者，缙绅人家嫁女，也是"惟财是计"，门第的高低却不计较。（伍袁萃《林居漫录》）晚明士大夫尚利意识极浓。据黄佐记载，当时广东士大夫"闻人仕，众必问曰：好衙门否？闻人退，众必问曰：有收拾否？且耀金珠、广田宅以骄里闾者，世不以为过也"（张萱《西园闻见录》）。与此同时，一些有名的手工工匠，凭借自己的产品在社会上打出了名声，进而与士大夫平起平坐。如制瓷名匠吴十九，在当时驰名天下，"士大夫多与之游"（杜文澜《古谣谚》）；治竹、铜、窑，在明代一般被视作贱工，可是嘉兴王二的漆竹器物，苏州姜华雨的篛簝竹，嘉兴洪漆的漆器，张铜的铜器，徽州吴明官的瓷器，都凭借制作精湛而使制作者成为一时名家，而这些人"且与缙绅先生列坐抗礼焉"（张岱《陶庵梦忆》）。还有一些世家大族的仆隶因为从事工商业，随之家业大发，反而蔑视起家主人来了。

这种客观的现实，导致了职业平等观念的出现。如李贽就对镌石的石工大为赞叹，认为镌石属"技"，但"亦道也"。（李贽《焚书》）张岱也从吴中良工的绝技中悟出了新的道理，即"技也而进乎道矣"（张岱《陶庵梦忆》），从而对工匠大为礼赞。商业在传统社会算是末业，商人虽不属贱流，然也为士大夫所不齿。晚明的士大夫对商人却大加称赏。如李梦阳确认商与士"异术而同心"，真正善于经商的人，是"处货财之场而修高明之行"，做到"虽利而不污"。（李梦阳《空同先生文集》）李开先也冲破传统观念，大胆为商人说话，肯定商人和高利贷在后期传统经济里的地位和作用。黄宗羲更是主张"工商皆本"，达到了工商平等观念的顶峰。

在中国传统的政治结构中，在文人士大夫与一般民众之间，所谓的民主或平等存在着职能的两分现象。当有功名的士大夫被获准向君主上书言事或请命时，他们正在参与政事；当一般民众通过暴力或起义打破传统政体的管制，并直接对君权构成冲击时，那么这种暴力也使他们的参政变得合法化了。思想的活跃有赖于王纲的解纽，而王纲的解纽，更有待于轰轰烈烈的农民大起义。所以，一旦势如狂飙的农民大起义推翻了明王朝的腐朽统治，那么清初黄宗羲、唐甄这批思想家就会从这一触目惊心的变化中，形成更为尖锐的反君权思想。

值得指出的是，晚明的士大夫已将笔触伸向社会的下层，为城市下层平民歌功颂德。如袁宏道对贱人不加轻视，专门为四个钝仆立传，作《拙效传》；黎遂球作有《明歌者二乔张丽人墓志铭》，记载了一个活泼巧慧的美丽歌伎张丽人；张溥写有《五人墓碑记》一文，对"编伍"之人的仗义行为大加称赏。

城市男女关系的平等，有待于礼教这根绳索的松动，而这种松动在理论上是由李贽开启的，至明末黄宗羲，使这种理论更臻完善。李贽这样解释"礼"与"非礼"："盖由中而出者谓之礼，从外而入者谓之非礼；从天降者谓之礼，从人得者谓之非礼；由不学不虑、不思不勉、不识不知而至者谓之礼，由耳目闻见、心思测度、前言往行、仿佛比拟而至者谓之非礼。"（李贽《焚书》）黄宗羲也曾说："吾心之化裁，其曲折处谓之礼，其妥帖处谓之义，原无成迹。今以为理在事物，依仿成迹而为之，便是非礼之礼，非义之义。盖前言往行，皆圣贤心所融结，吾不得其心，则皆糟粕也，曾是礼义而在糟粕乎？"（黄宗羲《孟子师说》）可见，他们从王阳明心学的哲学前提出发，将"礼"解释为出自内心、与生俱来、不学而知的本能，而不是一种外力强加于人的道德规范。

明代的文人学士对传统的礼教大多别有新解，并进而对不受礼教束缚的妇女大为称赞。如号称"江南第一风流才子"的唐寅，对慧眼识英雄的红拂妓极为赞赏。他有诗赞红拂妓云："杨家红拂识英雄，着帽宵奔李卫公。莫道英雄今没有，谁人看在眼睛中？"

明尤求《红拂图》

　　李贽一旦对"礼"作出新的阐释，必将对妇女作出重新评价。他认为，人虽有男女之分，识见却没有男女之别；识见虽有长短之分，但并不是男子之见为长，女子之见尽短。（李贽《焚书》）吕坤早就意识到传统礼教对男女约束的不平等，认为礼教"严于妇人之守贞，而疏于男子之纵欲"，这是"圣人之偏"。（吕坤《呻吟语》）赵南星也从男女情感的相同点中看出了传统社会中的男女不平等现象，对这种故意造成的男女差别甚感不满，于是，他采用笑话的形式对男女不平等的古老观念有所针砭。笑话的情节大致是这样的：有一个叫赵世杰的人在半夜里睡醒，对妻子说："我梦中与别人家的妇女交媾，但不知妇女是否有类似的梦？"妻道："男子与妇人有什么差别？"于是，赵世杰就将他的妻子痛打了一顿。赵南星在文后的赞中对此事做出了评判。他认为，这对夫妻在半夜里论心，都说出了出于真情实感的不妄语。但使他疑惑不解的是，这种话由丈夫来说则可，而由妻子说则不可。所以，他只好说，此事若去问李贽，一定能得出奇解。（赵南星《笑赞·打差别》）有关妇女的问题，谢肇淛也自出新说，与传统卫道士的见解迥然不同。他极为欣赏"父一而已，人尽夫也"这句话，对妇女的再嫁不加苛责，认为此话虽得罪于名教，但实堪称至理名言。他的理由很简单，在男女关系上，不但"夫择妇"，而且"妇亦择夫"。（谢肇淛《五杂组》）在视男尊女卑为理所当然的时代，这种"妇亦择夫"之说，实可称冲击礼教的大胆之言。

在妇女解放思想渐趋萌芽的晚明时代，不仅一批启蒙思想家在理论上存在着男女平等的思想，而且一部分城市妇女也在实际行动中逐步冲破礼教的防线，追求男女平等，确立自己在社会中的角色地位。这种新动向既体现在大量的历史事实中，也反映在晚明文艺作品中。

早在弘治、正德年间，女子追求个性自由的意识已初露端倪。焦竑在《我朝两木兰》一文中记载了两个身份不同的女扮男装的女子。其中后一则事实与传统戏曲中传颂的梁山伯与祝英台的故事颇为相似，只是男主人公由书生变成了商人，女主人公由女扮男装求学，变成了女扮男装外出经商。两人的爱情也不像梁祝那样建立在同窗共读三载的基础上，而是在旅途贸易的过程中，在同舟共济的日日夜夜里才建立起来。（焦竑《焦氏笔乘》）这一转变，体现了明代自正德以后资本主义经济因素的部分萌芽。

这种城市妇女追求个性自由的思潮，到万历以后达到高潮，不但思想家不时地流露出男女平等的思想，而且妇女自己也在某种程度上追求平等，大有巾帼不让须眉的气魄。如草衣道人王微，"才情殊众，扁舟载书，往来吴会间"（钱谦益《列朝诗集小传》），流传下来不少诗作。黄皆令也是清词丽句，有禅家本色，她的诗作功底深厚，意境广远，大有"不服丈夫胜女人"的气概。（钱谦益《牧斋初学集》）一些妓女在与士大夫交往时，在称谓上要求与士大夫平起平坐，并不将自己视作纤弱女子。如妓女王琐与士大夫书信往来自称"王郎"，柳如是拜见陈子龙时名刺上也自署"女弟"，宋懋澄在《真娘墓记》中也记载了真娘自称"徐郎"。本为女性，却喜与男性交往，而且在称谓上也趋于男性化，如此种种，均说明妇女在社会中的角色地位正在逐渐提高。

明代城市妇女个性意识的自我觉醒，在文学作品中更是得到了深刻的反映。这种自我意识体现在具体的爱情观上，就是择夫标准与男女爱情观的变化。凌濛初在《二刻拍案惊奇》中描述了书生凤来仪与父母双亡的小姐素梅冲破包办婚姻的柳锁自由结合的故事。在这个故事中，女主人公素梅自小就立愿要自己选择丈夫，而择夫的标准不是门第、财富或官衔，而是"只要人好"。这种男女爱情观的变化，最大的特点就是不用父母之命、媒妁之言，自己去大胆追求爱人。同书另一篇小说中，王维翰与谢天香以及周国能与妙观的结合，一是两个写字的成了一对，一是借围棋传情结双成对，完全是一种志同道合的配偶。明朝女子在才情上不服男子，在明末的戏曲中也有所反映，吴炳在《绿牡丹》中，除了有"馆阁不如闺阁"之叹以外，在《晤贤》一出中，更是唱出了"莫欺儿女亚君贤"的新声。

如果说从"女子守闺阁"向"裙钗入学堂"的转变，还只是明代妇女个性解放的起点，那么"文武习成男子业，婚姻也只自商量"就不仅仅是文人学士那种理想主义的美好愿望了，而是有客观现实基础的女性自我意识逐渐深化的最好体现。

随着妇女个性自由思潮的深入，一至明末，更是出现了"文人不能诗，而女子能诗；谏臣不上书，而女子上书"的奇异现象。（陈际泰《已吾集》）这种变异，与其说是"世之季"所体现出来的"阴阳易位"，毋宁说是女子追求个性解放的必然结果。

明中叶以后社会生活的巨大变革，事实上是一种从务农、勤俭、质朴向逐末、浮华、缛文的转变，这一变迁的结局就是引出了越礼逾制的浪潮。明初风俗淳厚，少长有礼，周急恤病，一些村落的乡下小民甚至白首而未见官府，事实上过的是一种和谐的、无争的、稳定的乃至田园牧歌式的生活，即维持着文化闭塞、风气未开、民智愚陋的传统生活。正德以后，由于风气一开，风俗渐趋侈靡，人心也喜谲诈，形成了少凌长、卑凌尊这样一种"弱肉强食"的局面。同时，流风所趋，新的艺术品种纷然迭至；时风一过，新的也就成了旧的，使人感到不新鲜。这就是市民生活的主要特征。"新曲一年一遭换"，蒲松龄对这种追寻"新鲜""当红""时兴""流行""新款"的市民消闲戏剧作了很好的描述。不仅戏剧如此，瓷器的装饰也是"制度更变，新诡动人"，非复旧时式样。

物质生活中冲破等级名分大防的后果，必然带来背离传统礼教的观念。"不以分制，而以财制"，有钱就可以享用高贵的衣饰器用。金钱可以变辱为荣，以贱易贵，甚至可以凌驾于纲常名教之上。利欲横流使传统的忠孝节义观念也发生动摇，只要利心一发，即使父子兄弟、素厚朋友，也可以"反心而不顾"。利欲观念冲击了传统的孝道观念，而孝道一受冲击，传统的家庭生活也就很难维系，"分门割户"成了晚明一代的时尚。这种时尚，加上城市的奢侈生活所带来的"蔑少长之礼，以势利相凌轹"的习俗，再结合精神生活方面的"异调新声"，以及学术上的"慕奇好异"，构成了晚明城市生活不同于传统的、近代化的新动向。

从上述种种新动向中已不难看出，晚明城市正处于一个变革时代，传统文化正面临着一个伟大的转折。自明中叶以来，由于近代人文主义"鼹鼠"在暗中不断啃啮，传统文化已有摇摇欲坠、无可挽回的彻底崩溃之势，新的文化时代正微露晨曦。在这种时代，人情骚动，思潮翻腾，生活新诡，是一种自然的趋势。人文主义思潮所带来的一阵清新之风似乎把人们从沉睡的束缚中唤醒，人们正带着全新的意识去迎接新时代的到来。